高等职业教育新形态精品教材

大学生生涯探索与职业发展

主　编　冉小平　王　靖　高　云
副主编　周玟瑾　马　涛　郎中楼　何思璇
编　委　张平平　陈　敏　石明乾　张小艳
　　　　粟　棋

北京理工大学出版社
BEIJING INSTITUTE OF TECHNOLOGY PRESS

内 容 提 要

本书根据大学生职业生涯规划与就业指导的教学内容标准进行编写。本书分为上、中、下三篇，共计六个模块，主要内容包括上篇：生涯与职业导论（模块一 生涯与职业概述）；中篇：生涯探索与规划（模块二 唤醒自我 探索兴趣和性格、模块三 探索自我 探究个人能力和价值观、模块四 评估自我 绘制生涯行动计划）；下篇：职业适应与发展（模块五 发展职业能力 做持续最优选择、模块六 探知职业世界 适应职场生活）。

本书可作为高等院校各类专业的教学用书，也可作为大学生进行创业的参考用书。

图书在版编目（CIP）数据

大学生生涯探索与职业发展 / 冉小平，王靖，高云主编. -- 北京：北京理工大学出版社，2024.12.
ISBN 978-7-5763-4619-0

Ⅰ. G647.38

中国国家版本馆CIP数据核字第2024NX5922号

责任编辑：武君丽　　　　　　**文案编辑：**武君丽
责任校对：周瑞红　　　　　　**责任印制：**王美丽

出版发行 / 北京理工大学出版社有限责任公司
社　　址 / 北京市丰台区四合庄路 6 号
邮　　编 / 100070
电　　话 / （010）68914026（教材售后服务热线）
　　　　　　（010）63726648（课件资源服务热线）
网　　址 / http://www.bitpress.com.cn
版 印 次 / 2024 年 12 月第 1 版第 1 次印刷
印　　刷 / 河北鑫彩博图印刷有限公司
开　　本 / 787 mm×1092 mm　1/16
印　　张 / 12.5
字　　数 / 261 千字
定　　价 / 45.00 元

FOREWORD 前言

在人生的广阔舞台上，大学时期无疑是一段至关重要的旅程。这不仅是一个学习专业知识、积累人生经验的阶段，更是一个探索自我、明确职业方向的关键时期。每一位踏入大学校园的青年学子，都怀揣着对未来的无限憧憬，渴望在这片知识的海洋中，找到属于自己的航向，绘制出独一无二的生涯蓝图。

党的二十大报告指出，实施就业优先战略，强化就业优先政策，健全就业公共服务体系，加强困难群体就业兜底帮扶。完善促进创业带动就业的保障制度，支持和规范发展新就业形态。近年来，随着我国经济的飞速发展、科技的不断进步和经济体制改革的深化，社会对人才的需求量不断增加，对从业人员的要求也越来越高。自 2011 年以来，全国高校毕业生人数按 2%～5% 的同比增长率逐年增长。2020 年，全国高校毕业生人数达 874万人，较 2011 年增加 214 万人；2023 年，全国高校毕业生人数达到 1 158 万，2024 年，全国高校毕业生规模预计为 1 179 万人，同比增加 21 万人，创历史最高。鉴于此，高校开展职业生涯规划教育的重要性已不言而喻。

正是在这样的背景下，我们精心策划并编写了这本关于大学生生涯探索与职业发展的教材。本书旨在通过系统的理论与实践指导，帮助广大大学生在生涯规划的道路上少走弯路，更加高效、自信地迈向成功的未来。

本书内容全面、结构清晰，从自我认知、职业探索、能力提升、实践锻炼、职业规划等多个维度出发，为大学生提供了一套完整的生涯探索与职业发展指南。我们深入剖析了当前社会职业发展的趋势与特点，结合大学生在生涯规划过程中可能遇到的各种困惑与挑战，给出了针对性的解决方案和建议。

在自我认知部分，我们引导读者深入了解自己的性格、兴趣、优势、价值观及职业倾向，帮助读者明确自己的定位和目标。在职业探索部分，我们详细介绍了各类职业的特点、发展前景以及所需技能，为读者提供了丰富的职业信息。在能力提升部分，我们注重培养读者的综合素质与核心竞争力，包括沟通能力、团队协作能力、创新思维等。在实践锻炼部分，我们鼓励读者积极参与社会实践、实习实训等活动，以实践促成长，以经验促发展。在职业规划部分，我们则帮助读者制定切实可行的职业规划方案，为未来的职业发展奠定坚实基础。

此外，本书还特别注重案例分析与实战演练的结合。我们精选了多个真实、典型的生涯规划案例，案例具有很强的启发性和参考性，包括章前阅读材料和正文中的案例分析，便于读者不断探索自我和反思自我。同时，我们还设计了丰富的实战演练环节，提供了一些心理测试、职业兴趣测试等互动量表，让读者在实践中巩固所学知识，进一步探索自我，提升生涯探索能力。

我们深知，生涯探索与职业发展是一个持续不断的过程，需要不断地学习、实践与反思。因此，本书不仅是一本教材，更是一本引导读者进行自我发现和成长的伙伴。我们希望每一位读者都能从中汲取到力量和智慧，勇敢地走出自己的舒适区，去探索未知的世界，去追寻属于自己的梦想。

本书由冉小平、王靖、高云担任主编，由周玫瑾、马涛、郎中楼、何思璇担任副主编，张平平、陈敏、石明乾、张小艳、粟棋参与本书部分模块的编写。全书由冉小平统稿、校对，马涛等人负责查阅资料、图表绘制。我们衷心感谢每一位为本书付出辛勤努力的作者、编辑和工作人员，以及所有支持和关注本书的朋友们。

尽管编者在编写过程中始终保持严谨、认真的态度，但由于水平有限，书中难免存在不足之处，敬请批评指正，以便我们修订、改正。愿本书能够成为你生涯探索与职业发展道路上的得力助手，助你绘制出属于自己的精彩人生画卷。

编　者

CONTENTS 目录

上 篇
生涯与职业导论

模块一
生涯与职业概述

有计划的职业生涯

比尔从小立志做一名优秀的商人。比尔中学毕业后考入某知名大学，但他并没有就读贸易专业，而是选择了工科中最普通的专业——机械专业。大学毕业后，比尔并没有马上投身商海，而是考入另一知名大学攻读经济学硕士。出人意料的是，在获得硕士学位后，他仍然没有从事商业活动，而是在政府部门工作了5年。随后，比尔在具备了成功商人所需的各种素质后，应聘到一家公司进行锻炼。在大展拳脚2年后，他开办了自己的商贸公司。经过20年的发展，他的公司从20万美元资产的小公司发展成了2亿美元资产的大型商贸公司。回顾比尔的职业生涯轨迹，可以看出比尔对自己的职业生涯有一个十分清晰的规划，并且在实现职业生涯规划的过程中也充分发挥了个人兴趣与能力。同时，他还着手职业技能的培养与综合素养的提升。在坚持不懈的努力下，其职业生涯规划最终变成了现实，比尔本人也成为商界传奇。

思考：

（1）比尔的学习和工作经历对他实现职业理想起到了什么作用？

（2）你的职业理想是什么？你想过如何实现自己的职业理想吗？

项目一　生涯与人生

【学习重点】

（1）了解生涯的特点。

（2）了解学习生涯知识的意义。

（3）了解生涯三个阶段。

（4）学会判断自己处于生涯中的哪个阶段。

（5）了解生涯与人生有何不同。

任务 1　初识生涯

一、何为生涯

生涯，英文为"Career"，其原意就是车辙，即车在泥泞的道路上走过时压出的痕迹。当你为人生选择了一个"Career"，就在冥冥之中选择了一条车辙，比如高中时选择文科或理科、高考志愿填报、就业时选择 A 公司或 B 公司等，当你选择了一条路，这条路会带你走向未知的深处。

究竟何为生涯？最早的出处可以追溯到先秦时期庄子所著的《庄子·养生主》："吾生也有涯，而知也无涯。"此处的"生""涯"二字各有含义：前者指生命，每个人一出生就自带自己的基因、家庭，自带自己各种独特的选项来到世界；后者指边界。生涯，即是人带着各种独特的天赋、机会、阶层等来到人世，每个人生而不同，而死却一样，关键是在两者之间如何选择。所以，东方版的生涯概念，是将一个人的整个人生中经历的一切事件都纳入生涯概念中。生涯是指在一个有限的生命中间，我们怎么样一次一次地做车辙与车辙之间的选择，你选择什么路，最终要成为谁，到了终点的时候在这个路中间留下些什么，以及这条路上你与谁在一起，等等。生涯就是在有限的人生中如何持续地做最优选择。

从经济学的角度看，生涯就是个人在人生中所经历的一系列角色，是个体接受教育培训后职业发展的结果。而美国国家生涯发展协会对生涯给出的定义是："个人通过从事的工作所创造出的一个有目的的、延续一段时间的生活模式。"它是生活里各种事态的连续演进方向，综合了人一生中依序发展的各种职业和生活的角色，由个人对工作的投入而流露出独特的自我发展模式。"而生涯大师唐纳德·E. 舒伯（Donald E. Super）认为："生涯是以人为中心的，只有在个人需求它的时候，它才存在。"生涯本身的界限并未大到与"生命"或"生活"对等，却也没小到仅仅包含"工作""职业"，它本身具有丰富的内涵与范围。具体来说，它具有以下特点。

（1）空间性。生涯以事业的角色为主轴，包括了其他与工作有关的角色。人是一种复杂的社会性生物，没有人能够脱离群体而存在，在同一个时间会承担许多不同的角色。这些角色不一定都与职业息息相关，但是每个职业都会以自己独特的方式对生涯产生一定的影响。对于一个中年女性员工来说，"母亲""女儿""妻子"等角色都会对她的职业选择产生不小的影响。

（2）独特性。每个人的生涯发展都是独一无二的。即使以相同的顺序经历同样的角色，不同人的个人特质也会让其表现不尽相同。正如同比尔·盖茨（Bill Gates）和马克·扎克伯格（Mark Zuckerberg），二人都在少年时期展现出了计算机天赋，又先后进入哈佛大学学习，然后辍学选择创业。这看似高度重叠的一段人生，结果却截然不同。盖茨的微软关心的问题是："我们如何能让你和你的公司更有生产力？"而扎克伯格的Facebook则关心："我们如何更好地让你和你的朋友保持联系？"这些都是个人特质在生涯中的独特体现。

（3）现象性。只有在个人寻求它的时候，它才存在。与生命的客观存在不同，生涯是个人主观认识的产物。只有当一个人开始考虑自己的未来应该如何发展时，生涯中的一切才会变得渐渐清晰。生涯中的位置是客观存在的，但是因为个人的种种主观因素，不同的人会有不同的看法。只有自己眼中的生涯，才是真正的生涯。

（4）主动性。人是生涯的主动塑造者。如同上一条所说，只有当人主动探索的时候，生涯才会出现，所以人才是生涯的建构者。个体的遗传因素、社会阶层、偶发因素等都会一定程度上影响生涯发展，但真正决定它的是个体作出的生涯决策，真正行动的仍是个体本身。从这一角度来看，生涯毫无疑问是由个体主动塑造的。

二、何为职业生涯

根据中国职业规划师协会的定义，职业规划是对职业生涯乃至人生进行持续的、系统的计划的过程，是指对一个人职业生涯的主客观条件进行测定、分析、总结后，对自己的兴趣、爱好、能力、特点进行分析，根据职业倾向，确定最佳的职业目标，并为实现目标作出安排。

职业生涯是指个体职业发展的历程，一般是指一个人终生经历的所有职业发展的整个历程。职业生涯是贯穿一生职业历程的漫长过程。科学地将其划分为不同的阶段，明确每个阶段的特征和任务，做好规划，对更好地从事自己的职业、实现确立的人生目标非常重要。职业生涯是个人通过从事工作所创造出的一个有目的、延续一定时间的生活模式。

职业生涯也可以从另一个角度分为外职业生涯和内职业生涯。外职业生涯是指从事职业时的工作单位、工作地点、工作内容、工作职务、工作环境、工资待遇等因素的组合及其变化过程。内职业生涯是指从事一项职业时所具备的知识、观念、心理素质、能力、内心感受等因素的组合及其变化过程。

三、学习生涯知识的意义

学习生涯知识对我们又有哪些意义呢？

生涯是人一生的缩影，和人生的幸福感紧密相关，而所谓的幸福其实十分简单，就是将"喜欢做的事"变成"正在做的事"，但这一点却是那么难以做到。人生的长度终究有限，如何更加准确地找到自己"喜欢做的事"，又如何更加快速地将其变成"正在做的事"，便尤其重要。中国人长期以来的传承文化，让生涯似乎只有父承子业这一种模式，自己决定生涯发展的能力十分匮乏。生涯知识的学习，并不能保证能够将"喜欢做的事"变成"正在做的事"，却能做到用较短的时间使两者尽量接近。而这种接近的效果不仅仅体现在工作中，更是在个人成长、人际交往、家庭生活等方方面面发挥作用。

（1）更加准确地找定位。鲁迅先生曾说"世上本没有路，走的人多了也就成了路"，许多人把这句话当作自己的人生警言，凭借一腔热血勇往直前，毫不畏惧，直到撞得头破血流，仍然不肯停下。固然应该为他们的执着坚守而鼓掌，但不由觉得遗憾，倘若他们秉持这种精神奔跑在一条对的道路上，又会有多少成就呢？生涯知识最大的作用之一就是能够快速找到一条正确的道路，不至于在无用功上浪费宝贵的时间。

（2）更快地获得职业发展。生涯的研究中不仅关注个体本身，职业世界的各种现象也是研究对象之一。在近百年的研究发展中，研究者们已经总结出了一些企业中选贤举能的基本规律，并在此基础上开发出模型和工具，帮助个人迅速发现自身能力与企业要求之间的矛盾，及时做出调整，加速职业发展进程。

（3）更容易接近自己的梦想。每个人都有或大或小的梦想，但是能够真正实现梦想的人少之又少。究其原因，可能一是通往梦想的道路处于一片混沌之中，难以辨别；二是自身能力和资源匮乏，无法支持自己追逐梦想。运用生涯的知识，能够对梦想和自己进行分解评估，找到自己欠缺的部分，从而有针对性地进行提高。在生涯发展的道路上，能够有足够的技巧保证自己不会过度偏离梦想，以达到最小的损耗。纵使梦想的实现是一个概率不太大的事件，掌握了合适的知识技能，也会使这个概率变得大一些。

任务 2 探寻生涯发展

一、何为生涯三阶段

生涯三阶段模型是描述个人职业生涯发展不同阶段的理论模型，是新精英生涯结合美国积极心理学家马丁·塞利格曼（Martin E. P. Seligman）提出的职业三阶段理论、舒伯生涯发展理论及员工个人生涯发展规律开发的职业生涯管理模型。生涯三阶段模型提出，职业三要素（兴趣、能力和价值观）与需求很难同时达到匹配，而是按照阶段性慢慢形成匹配的。不同阶段有不同的职业发展目标与匹配重点。

生涯三阶段模型提出了职业生涯发展分为三个阶段，在每一个阶段，个人职业生涯发展都有不同的侧重点。一般情况下，个人在职业发展的过程中会从生存期逐渐向自我实现期逐渐推进。

生存期（Job）：主要指职场新人所在的阶段。生存期以生存为核心目标，以能力为核心职业匹配要素。这个阶段工作主要是为了生存，满足生理需求和安全需求，挣钱是为了"养家糊口"。所以，当你的收入还不能满足你的支出或刚刚满足你的支出时，你就还处于职业发展的生存期。

发展期（Career）：以发展为核心目标，以价值为核心职业匹配要素，同时兼具发展事业的责任。当人的能力提升，收入不断增加，慢慢地收入大于支出，有更多的收入结余时，人们开始有机会去追求发展，希望获得归属与新生。这时候人们不仅仅通过工作"养家糊口"，还希望能跟志同道合的人交往，希望获得工作的成就，这时就进入了职业的发展期。在职业发展期，有些人可能就会开始为自己的事业探索进行投资，探索自己的兴趣领域，寻找自己热爱的事情。

自我实现期（Calling）：以兴趣与自我实现为核心目标，以兴趣、能力、价值观三者为核心职业匹配要素。人们在职业发展期，会寻找自己热爱的事情，持续地投入以修炼能力，并慢慢通过能力去兑换相应的价值，当有一天热爱的事业所兑换来的回报高于自己的生存线时，就进入了自我实现期。此时，人们不仅仅有被尊重和认可的需求，还希望自己能够把所有的潜能发挥出来，为社会贡献自己独特的价值。如果在发展期没有开启探索的话，也许人一辈子都不会进入自我实现期。

二、每个阶段的生涯任务

表 1-1　每个阶段的生涯任务

生涯阶段		阶段性主要任务
生存期	生存	经济独立
发展期	发展	发展职业能力和资源
	探索	探索并发展职业可能、自我探索
自我实现期	切换	重心从职业线转移到事业线
	实现	自我实现

表 1-1 为每个阶段的生涯任务。

生存期：挣钱，获得经济独立是第一位的。这个阶段对职业的选择余地不大，基本是能做什么就先做什么，努力降低自己的生活成本，让自己有更多的结余去学习和发展，提升能力，扩大资源。核心的要素是职业的选择与定位。

发展期：这个阶段有两部分，一部分是发展，另一部分是探索。在发展部分，获得职业的晋升和发展是重点，主要做核心竞争力的培养和资源的扩大，让自己在职场中获得更多自己想要的价值。在发展的同时，还可以积极地进行自我探索和其他职业可能性的探索，探索自己更热爱什么，做什么事情会更开心、投入，并慢慢在能让自己开心投入的领域投入时间和精力提高能力。核心的要素是职业的适应和发展，如何面对不确定性作出合适的职业决策也是这个阶段不变的主题。

自我实现期：让自己感兴趣、快乐是最重要的，主要考虑自我价值的实现，也有两部分：切换和实现。切换期会逐渐降低对职业线的精力投入，慢慢投入更多的精力在事业线上，提升能力兑换价值。当能完全通过热爱的事业养活自己的时候，就可以考虑实现自己的事业线。核心的要素是找到工作与生活之间的平衡。

三、生涯与人生

生涯与人生有何不同？生涯更多是以"职业"为主线，而没有过多涉及亲密关系、理财、财富等，所以生涯其实是人生的一部分，而且是很核心的部分。因为现代人70%～80%的收入（含社交关系、成就感、人生价值等）都来自职业，一些女性可能比男性少一点，更多来自家庭关系、亲密关系，大约50%。

生涯就是自主选择人生的能力。

综上所述，人的生涯应该是从自我觉醒开始，从你意识到"我应该自主选择开始"。意识到自己是一辆什么样的车，在做了许多准备和规划后，准备去往哪里？准备走什么路？带谁一起去？到最后，当你的车没油了，开不走的时候，你留下了些什么？

➤【案例拓展】

案例1：小绍，女，23岁，大学刚毕业，进入一家外贸公司做行政，工作内容比较琐碎，每月收入2 500元，仅能满足生存需要。她觉得这样的工作太没有价值了，希望能做更有价值的工作。她想要换工作，但是不知道能做什么，就来找表姐小欢求助。

案例讲解：

（1）定位问题。小欢知道小绍学习成绩一般，也没有什么实习实践经验，这份行政工作是找了很久才获得的机会。通过能力探索，发现小绍没有什么核心能力，所以小绍目前的当务之急不是换工作，而是对职场不适应。

（2）分析问题。做完能力探索，小绍发现自己的能力并没有想象中那么强。小欢对她说："你目前处于职业发展的生存期，希望获得经济独立，养活自己，那么你的核心任务就是提升能力。当你不为生存担忧的时候，就进入了职业发展期，才能有精力去探索更多的职业可能性。"

（3）解决方案。小绍问："我如何能更好地度过生存期，进入发展期呢？"小欢说："你说你未来想做市场类的工作，那么你首先要做好目前的本职工作；其次开始学习与市场工作相关的知识和技能；最后可以报名外面的培训提升能力。"小绍听完说："看来我需要先降低自己的生活成本，这样我就能报课程学习了。"

案例2：张兰，女，37岁，在一家知名互联网公司做财务经理。这份工作四平八稳，张兰处理工作也已驾轻就熟，上班对她来说已经成为一种习惯。她经常会怀念自己刚参加工作的时候，那个时候她对工作充满了期待，面临挑战时总能够想办法解决，经常是热情满满的状态。在这样的情况下，她开始参加外面的一些活动和学习，有烹饪、绘画、形象设计等，在学习中做小组练习时，她请小伙伴小米帮自己解决困惑。

案例讲解：

（1）澄清问题。小米进一步听张兰描述了目前的情况，发现她遇到了职业倦怠的问题，现在是在用职业外积累的一点点小感觉来补偿职业内的无感。

（2）分析可能性。小米说："从你目前的状态来看，已经到了职业发展期的中后期。你在职业发展的过程中已经发展出了自己的核心能力（财务），也获得了你想要的价值，并且在积极地探索新的可能性。那你觉得目前职业外的这些可能性，有哪些是你期待未来发展成职业的呢？""形象设计和职业规划好像是能激发我动力的兴趣，我觉得这两个方向未来存在作为我的职业的可能性。"小米说："那你目前为这两个可能性都做了哪些能力方面的储备呢？"张兰说："形象设计我已经学习了1年多的时间，我做过一些小型的沙龙分享，都是公益的；职业规划刚开始学，感觉挺好的。"

（3）解决方案。小米听了后说："如果用我们职业三阶段的模型来分析的话，你现在已经走到了职业发展期中的探索阶段，不过你的这个探索好像还没有确定。"张兰说："其实我没来上这个课之前是没有确定的，但是课程上到现在，经过前面的自我梳理，结合之前的实践体验中的感受，能感知到自己真心特别喜欢形象设计的事情。我喜欢美的表达，形象设计就是在做这样一件事情。我会把形象设计作为我的事业目标。"小米说："真好，那么你接下来的重心就要往事业线部分转移了哦。你需要在形象设计部分投入更多的精力，那个部分的能力才能被养起来。你现在已经持续在做公益了，慢慢地也可以尝试收费了。"张兰说："是的，我还要继续提升我的能力，等到这个部分开始有稳定收入时就好跟家人沟通了。现在是储备期，我已经做好准备了。"

▶【思考与练习】

1. 选择题

（1）下列不属于生涯发展三个阶段的是（   ）。

A. 生存期   B. 成长期   C. 发展期   D. 自我实现期

（2）下列关于生涯角色的说法，正确的是（   ）。

A. 生涯角色一经确认，就会伴随一生

B. 一个人在同一时间内，只能扮演一种生涯角色

C. 每个人一定会经历"父母"这个角色

D. 有些生涯角色可能一生都不会扮演

2. 思考：生涯与人生有何不同。

3. 课堂讨论：

假如今天你要开车出门远行，需要准备些什么？请用生涯的逻辑来解读。

项目二　生涯与职业

【学习重点】

（1）了解四大生涯经典理论及应用。

（2）了解个人特质与职业要素。

（3）了解个人与职业匹配。

（4）用帕森斯理论理解生涯与职业。

（5）了解每个生涯阶段的主要生涯任务。

任务 3　了解生涯经典理论

1908 年是美国城市化迅速发展的时期，大量的农田被挤占，农民涌入城市。这些涌入城市的农民，不知道自己在新的陌生的工业世界里应该做些什么。而此时现代工业开始萌芽，大量专业职位空缺，这就需要一定方法将人与职业迅速匹配。于是，波士顿大学教授弗兰克·帕森斯（Frank Parsons）在美国波士顿成立了职业局。职业局对这些农民进行测量后，按照人的身高、体重等进行快速分类，将他们送到工厂从事不同的职业。这便成为最早期的职业规划，也开启了生涯辅导的先河，帕森斯因此被人们称为"生涯之父"。慢慢地也衍生出霍兰德职业六型等诸多生涯理论，每一个理论的提出和发展都建立在不同学科和不同研究成果上，具有不同的价值。

一、特质因素论

人职匹配：社会是机器，人是齿轮。

1909 年，帕森斯在《职业的选择》一书中阐释了特质因素理论，提出了人与职业相匹配是职业选择焦点的观点。即个人都有自己独特的人格模式，每种人格模式的个人都有与其相适应的职业类型。

早期美国的职业选择理论一直受到"特质因素论"的影响。"特质"是指能够透过心理测验所测得的特征，包括能力倾向、兴趣、价值观和人格等，这些特征都可以通过心理测量工具来加以评量；"因素"是指能够胜任工作表现必须具备的特征，包括在工作上要取得成功所必须具备的条件或资格，可以通过对工作的分析而了解。特质因素论就是研究个人心理特质与职业因素相匹配的理论，这个理论有以下四个基本的假设：

（1）每一个人都有其独特性，这种独特性反映在兴趣、能力、需要、价值和人格特质上。

（2）每一个职业和工作也有其独特性，这些独特性反映在工作项目、所需能力、所提供的报酬等方面。

（3）个人与职业的独特性都能够透过评估工具测量出来。

（4）如果个人的特性和职业的特性是吻合的，双方都会感到满意。

这种理论不太重视个人心理特质如何形成。特质因素论的心理学家擅长对各种心理特质予以分类，根据客观与精确的统计与测验原理编制心理测验。

（一）人职匹配的类型

在学习理解特质因素论时，首先要了解人职匹配的类型。人职匹配可分为两种类型，即因素匹配和特性匹配。

（1）因素匹配，可以将其理解为"职业找人"。例如，需要有专门技术和专业知识的职业与掌握该种专门技术和专业知识的择业者相匹配；或脏、累、苦这种劳动条件很差的职业，需要有吃苦耐劳、体格健壮的劳动者与之匹配。

（2）特性匹配，可以将其理解为"人找职业"。例如，具有敏感、易动感情、不守常规、个性强、理想主义等人格特性的人，宜于从事审美性、自我情感表达的艺术创作类型的职业。

（二）人职匹配的步骤

特质因素论强调个人具有的特性与职业需要的素质与技能（因素）之间的协调和匹配。帕森斯认为，职业选择行为有三个主要步骤：一是认识自己，包括自己的兴趣、性格、价值观念、能力及各方面的局限等；二是认识职业世界，包括各职业要求的工作条件；三是对自己及从工作世界方面所得到的资料做适当分析，找出两者之间的关系，并对它们进行适当的适配。

工业革命后期，大量专业职位空缺，无业农民急需工作。特质因素论的主视角是企业，是企业根据自身所需挑选它想要的零件。作为个体的齿轮是无法窥见钟表的全貌的，个体的工作状态往往是单调乏味的，最典型的代表就是生产流水线。因此，从某种意义上讲，有了职业发展概念后，工作者变得更累，人们工作的多样性、成就感和价值感均被剥夺。

（三）理论启示

特质因素论以企业发展为核心，其背后的底层逻辑是钟表与齿轮。也就是说社会的职业体系是既定的、固定的、不能改变的，像一架钟表。而个人作为齿轮，要根据自己的半径、形状找到最适合自己的位置，嵌入这个系统，让这个钟表系统正常运转起来。通过这个理论可以得到这样的启发：一是个人有其特质，并可以通过有效的测验工具加以测试；

二是工作有其特殊要求，具备这些要求的人能够成功完成该工作的任务；三是个人与职业之间的适配是必要且可能的；四是个人特质与职业要求越匹配，成功的概率越高。

帕森斯的特质因素论也提供了探讨个人和职业之间关系的思路：一是强调了个体差异的现象，这促进了各类心理测量及评价工具的发展，推动了人才测评在职业选拔与指导中的运用和发展；二是强调认识职业世界的重要性，这推动了有关职业资料的分类与建立；三是注重借助心理测量工具的使用来指导咨询师进行实际咨询。因此，在学生生涯规划工作中，使用特质因素理论在一定程度上能够保证人职匹配的科学性、合理性。

当然，特质因素论也存在一些局限，该理论认为个人的职业生涯目标是单一的，一个人一辈子只有一个适合的目标。而事实上，一个人可以有很多适合的目标。此外，该理论主张职业选择是基于心理测量的结果，而影响个人职业选择的因素除了个人特质，还包括其他很多因素，如家庭背景、突发事件等，这些因素都是特质因素论的研究者没有考虑到的。

二、生涯发展理论

生涯全貌：社会只是旅途，人是其中的节点。

每个人都有自己的生涯发展，孔子也不例外。子曰："吾十有五而志于学，三十而立，四十而不惑，五十而知天命，六十而耳顺，七十而随心所欲，不逾矩"（《论语·为政》）。这段话便简洁明了地描述了孔子的生涯发展，以及在不同的时间点上关键的发展重心。在西方生涯发展理论的推演中，影响最大的首推舒伯。前面曾提到，帕森斯开创了职业辅导的工作模式，此后的半个世纪，新的理论发展都在特质因素论的人职匹配框架之下进行，所关心的问题都集中在"职业选择"这个焦点上，只有少数学者对生涯发展的问题发生兴趣，舒伯是这些学者中最为突出的一位。舒伯的生涯发展理论，让生涯发展的概念取代了职业辅导的模式，开启了一个崭新的局面。

（一）典型人物代表

20世纪50年代是全球的人本主义思潮兴起的时代，美国爆发了很多的运动。第二次世界大战结束后，百废待兴，经济大发展，全球的人文主义运动兴起。人们渴望稳定与幸福，所以将视角从企业转移到了个体身上。生涯发展理论主要以人生不同阶段的发展任务来描述生涯发展。1953年，舒伯以发展心理学为基础，系统地提出了有关生涯发展的观点，他按时间维度将人的一生划分成五个不同的发展阶段：0～14岁为成长阶段；15～24岁为探索阶段；25～44岁为建立阶段；45～65岁为维持阶段；65岁以上为衰退阶段。1981年，舒伯提出"生涯彩虹图"。他第一次提出"人是有生长发展阶段的，人在不同阶段要做什么事情"。

（二）舒伯生涯发展理论

自20世纪50年代起，舒伯以新的方式对职业生涯发展进行思考，他整合了发展心理学、差异心理学、现象心理学与职业社会学的长期研究成果，最终确定了一套围绕职业生涯过程的生涯彩虹图理论。该理论较好地概括了个人职业生涯的发展历程。舒伯认为，职业生涯发展是个人成长历程的一部分，是生活中各种事件的演进方向与历程，除了职业角色，个人在生活中还扮演子女、学生、公民、休闲者、配偶、父母等角色。舒伯将生涯视为从出生到死亡的过程，包括成长阶段、探索阶段、建立阶段、维持阶段和衰退阶段。

1. 成长阶段

成长阶段是 0～14 岁。这个阶段是孩童开始发展自我概念，以各种不同方式来表达自己需要的阶段。通过对现实世界的不断探索和探究，开始对自身角色加以修饰。个人在这个阶段的发展任务是塑造自我形象，形成对工作的正确态度并开始了解工作的意义。这个阶段包括以下 3 个时期。

（1）幻想期（0～10 岁）。这个时期主要考虑"需要"方面的因素，以幻想游戏中的角色扮演为主。

（2）兴趣期（11～12 岁）。这个时期主要考虑"喜好"方面的因素，个人喜好是其活动的主要决定因素。

（3）能力期（13～14 岁）。这个时期主要考虑"能力"方面的因素，能力逐渐发展成为主导力量，并能考虑工作所需的条件。

2. 探索阶段

探索阶段是 15～24 岁。这个阶段的青少年通过学校的专业学习、社团活动、社会实践等机会，对自我能力及角色、职业进行了一番探索，扩展了在其职业生涯选择方面的范围，因此在选择职业时有较大弹性。个人在这阶段的发展任务是使职业偏好逐渐趋于明确和具体，并将其实现。这个阶段包括以下 3 个时期。

（1）试探期（15～17 岁）。这个时期将需要、兴趣、能力与机会等方面的因素相结合进行考虑，并在想象、讨论、课业、工作中加以尝试后作出暂时性的决定，开始思考可能的职业领域。

（2）转换期（18～21 岁）。这个时期开始进入就业市场或进行专业训练，更加重视现实的考虑，并试图实现自我，试图将一般性选择转换为特定的选择。

（3）试验期（22～24 岁）。这个时期开始初步确定职业选择，并探索确定其为长期职业的可能性，对投入该职业的承诺仍是暂时性的，若不适合则可能再经历上述各时期，以确定方向。

3. 建立阶段

建立阶段是 25～44 岁。经过探索阶段的尝试和验证，该阶段一般能确定在整个生涯中属于自己的位置，并在 31～40 岁开始考虑如何保住这个位置，并固定下来。如刚参加工作的时候，一些人会有多次跳槽的经验。在体验过不同的行业、企业、职位后，越来越清晰地知道自己在职业中要什么，慢慢聚焦在一个职业上，并且开始持续投入努力，获得更好的发展。这个阶段包括 2 个时期。

（1）稳定期（25～30 岁）。这个时期的个人趋于安定，也可能因对生活或工作上的变动尚未感到满意而做进一步的调整或变动。

（2）晋升期（31～45岁）。这个时期的个人致力于工作上的稳定与安定，大部分人处于最具创造力的状态，身负重任，业绩优良，表现优异。

4. 维持阶段

维持阶段是45～65岁。该阶段作为个体已逐渐在职场上取得满意的地位，他们心态趋于保守，享受着数十年工作的成果和经验，较少有具有创意的表现，但仍希望继续维持属于他们的工作位置。在这一阶段同时会面对新生力量的挑战，少部分人将面对失败和不如意的困境。例如一些企业的老员工总会产生危机感，担忧自己是否会被职场新人所取代。所以老员工在进入维持阶段之前会持续提升自己的能力，扩大自己的资源，以帮助自己更好地度过维持阶段。

5. 衰退阶段

衰退阶段是65岁以上。由于生理和心理机能日渐衰退，作为个体不得不面对现实，从积极参与到慢慢隐退。在这个阶段需要注意发展新的角色，寻求不同方式以替代和满足需求。例如一些退休后的老人开始帮儿女们带孩子，一些人会发展自己的兴趣，如学习书法，重新进入学习者的角色中。

生涯发展理论以人的发展为核心，其背后的底层逻辑是树。一棵树从种子到树苗，再到苗壮成长，再到参天大树，再到枯死凋零，需要经过不同的阶段，人亦是如此。大学生在职业生涯发展的探索阶段，经历了试探期、转换期，即将迈入试验期，因此在这一阶段一定要对自己进行充分探索，同时积累足够的社会实践经验，这样才能在毕业后较快且顺利地实现个人与职业的合理匹配。

三、学习适应论

持续发展：把社会比作<u>丛林</u>，人只是作为<u>丛林</u>中的生物探险、进化而已。

1970年以后，科技发展推动企业发展，新的事物、新的行业、新的岗位层出不穷，就像如今雨后春笋般的互联网企业一样。人们得以开展多段生涯，只要你的学习速度足够快，你就能适应社会的发展节奏，进而获得职业成功。1990年，彼得·圣吉（Peter Senge）出版《第五项修炼——学习型组织》，正式提出学习型组织的概念。1993年，佛罗里达大学心理学家K. 安德斯·艾里克森（K. Anders Ericsson）首次提出"刻意练习"（deliberate practice）的概念。学习适应论的核心便是外界情况变化了，需要学习新知识才能适应其发展，这特别接近达尔文的适者生存理论。

（一）社会学习的生涯观

约翰·D. 克朗伯兹（John D.Krumboltz）在阿尔伯特·班杜拉（Albert Bandura）的社会学习理论基础上，认为职业发展的核心能力是要学习如何抓住机遇，结合自己在生涯领域的研究，形成了生涯决定的社会学习论。埃德加·H. 沙因（Edgar H. Schein）认为应当在变化中找到不变的东西，他提出"职业锚"，虽然外界的工作会变，但只要找到自己的工作类型，这一类型工作的体质就不会变，这样就可以发现自己的职业锚。CIP理论认为职业发展的核心是如何持续地做好决策，例如，如何做职业发展清单、决策平衡单等。

社会学习理论认为个体的学习经验会在很大程度上影响行为的表现，学习经验包括了对环境中强化事件的行为接触和认知分析。这种观点并不意味着人类是环境中被制约的被动有机体，反而认为当人感受到环境的制约之后，应该主动依据自己的行为目标和需要做适当的控制和调整。和传统心理学过分强调个人特质的作用不同，社会学习理论对环境的影响也十分重视。例如，现在每年都有一个口号"史上最难就业季"，但真的是找不到工作吗？其实许多应届毕业生所谓的找不到工作，是找不到与自己专业完全对口的工作，他们的这种执念展现出了特质因素论的局限性。而按照社会学习理论的观点，他们只需要找到工作，然后不断学习工作要求的技能，去适应环境就好了。从这个角度来看，社会学习理论在现实中的实用价值更强。

社会学习理论在解释生涯决定方面试图对心理和社会的观点进行整合，在社会学习的生涯观中有良好的体现。其主要观点如下。

1. 人必须扩展其能力与兴趣，生涯决定不能仅仅基于现存的特质。

能力和兴趣可以通过学习而得，不同的学习经验带来的能力兴趣会有不同。就如同现在的兴趣和小时候的兴趣，就会有很大的区别，童年的玻璃球和橡皮筋，现在只是一段美好的回忆，这些都是在成长过程中不断学习的结果，经过多年学习之后的兴趣更能适应自己现在的生活状态。发展能力的过程也是如此，不能拘泥于现状，要不断地学习与调整。

2. 各行业的工作内容并非一成不变，人必须随时培养职业应变能力。

随着信息时代的到来，职业种类剧增，互联网行为就是最典型的例子。马云从教师变成翻译，最后投身互联网，除了展现出他超凡的眼光，更应该看到他不断的学习和适应。从英语专业的学习，到投身互联网成为一代商业巨头，他的成功就是在不断的转换中获得的。每个人都需要随时做好准备，保持自己的应变能力。

3. 必须鼓舞人采取先试，而不是坐待诊断结果。

没有谁比自己更了解自己，不必等到所谓专家帮自己下一个结论。对未知和改变的恐惧与生俱来，人们总期待能出现一位先知告诉自己最合适的道路，以此逃避选择和改变。"啃老族"的产生很可能有一部分原因就在于此。并不是每一处岔路都有路标，与其在原地惶惶终日，不如选择个方向走走试试，不管目的地是何处，沿途风景都将成为宝贵的财富。

(二) 把握偶发事件

每个人都无法摆脱环境的影响，必须在环境中生存，而每个人同时又在影响环境。偶发事件就是这种复杂的交互影响下的产物，是每个人生涯中的一部分。幸福绝非偶然，但偶然是一种机缘，在生涯当中也可以扮演重要角色。21世纪以来，工作环境剧变，意外的发生并不少见。面对无法避免的偶然事件，考虑如何规避无疑是在浪费时间，如何有效应对、善用机缘，才是最需要关注的问题。

1. 规划偶发事件

规划与偶发似乎矛盾。在此用这种说法，主要指不要排斥偶发事件，要学会悦纳。偶发事件带来的很可能是另一次生涯发展的机会。德国音乐家路德维希·凡·贝多芬（Ludwig van Beethoven）26 岁时听觉就日渐衰弱。如此偶然的重大打击并没有摧毁他的意志，苦痛反而成为他创作的力量，后世也永远记住了他扼住命运咽喉的英姿。

2. 培养抓住机会的技巧

善用机缘，前提是抓住机缘。好奇、坚持、弹性、乐观、冒险，这些特质都能帮助人们尽快发现偶发事件的存在，能够争取到更多的时间来面对偶发事件。周星驰的成功就是他依靠积累、在机会出现时抓紧不放手的回报。从配角演起的他，从来都认为自己是主角，在《喜剧之王》中，只要导演不喊"CUT"，他演的死尸即便被打也不会动，这就是他能够抓住机会的原因。他所有抓住机会的技巧就是："我是一个演员。"

3. 对"难以决定"保持包容的态度

"难以决定"不一定是问题，也可能是一种开放的态度，并非缺乏作出决定的能力。对未来保持着探索和接纳偶然事件的信心，不固定于已有的计划，更有可能获得多样的生涯。

（三）社会认知生涯理论

社会认知生涯理论（Social Cognitive Career Theory，SCCT）对心理、社会、经济等影响因素进行了整合，动态地揭示了人们如何形成职业兴趣，做出职业选择并获得不同绩效。SCCT 理论源于班杜拉的一般社会认知理论，强调认知调节的作用，以及人的行为受到自我效能和社会过程交互作用的影响。更重要的是个人如何行使自己的力量进行职业选择。

传统职业选择分成几个基本过程：初步的选择和目标的确定；行动阶段，如参加特定能力的培训；完成的情况成功或失败。而 SCCT 在目标和行动之间作出了区别，关注的是目标对行动的调节作用，整个过程是动态变化而非静态的。与霍兰德理论相似，两者都认为在理想状态下人们会先选择与兴趣一致的职业，不同之处在于 SCCT 将目标作为中介变量置于兴趣和职业选择之间，兴趣通过影响目标的形成，进而对行动产生效果。

兴趣被视为职业选择的重要因素，而 SCCT 的兴趣模型中强调了经验和认知因素对职业兴趣的影响。莱特（Lent，1989）等认为，与活动相关的自我效能和结果期待会对兴趣的形成产生重要和直接的影响。自我效能是指个人在特定情景中从事某种行为并取得预期结果的能力，即"我能做到吗"，是个体对自身能力的信念；结果期待是对参与活动想象中的结果，即"我做了，会变成什么样"，通过与自我效能相似的学习经验获得。面临考试，自我效能强的人相信自己能够出色地完成，而其结果期待就是取得高分。这些判断是基于他们在平时学习作业中的表现获得的。

社会认知生涯理论从社会认知理论借鉴了来自个人的三个决定因素：自我效能、结果期待和个人目标。这三个概念构成了 SCCT 的基石，是行使个人力量的主要机制。其中尤以自我效能最为重要，因为自我效能对职业选择的影响巨大，并且也有具有很强操作性的提升方法。强的自我效能可以提升个人幸福感，以及对周围环境的掌控感，面对困难的时候也能保持乐观积极的心态；弱的自我效能则会不断怀疑自己，被负面情绪所困，挫败感较强。主要影响自我效能的因素有自身的成败经历（过去五次考试我都取得了好成绩，这次考试我还能得到好成绩）、观察到的别人的经历（他和我水平差不多，他能通过这门考试，我也可以）、言语鼓励（面试之前朋友的支持往往会让自己更有信心通过面试）等，前两者依靠个人自身的力量，容易得到提升，而言语鼓励是周围环境的支持，靠个人的努力难以做出有效改变。

学习适应论背后的底层逻辑是适者生存，即"社会需要什么，就能通过学习成为什么"。如果最先学会了电商，可以适应第一波电商发展大潮，成为头部电商品牌；如果最先学会了拼团购物，可以打败传统电商；如果最先学会了直播带货，又可以打败传统电商和拼团购物。

四、后现代理论

强调意义和价值：生活是画布，人是艺术家。

2000 年以后，信息时代的到来，全球范围内的不确定性急剧攀升，类似疫情全球爆发这样的黑天鹅事件的发生频率越来越高，瞬息万变的世界使越来越多的人开始关注"过程"。人们在迷茫的主基调下，开始追问自己，工作的意义到底是什么？活着的意义到底是什么？正如卡尔·古斯塔夫·荣格（Carl Gustav Jung）所说，"很多现代人所受的痛苦，不是源于依据临床观察而定义的神经质，而是源于他们对生活的麻木感和空虚感"。人们怕的不是累，而是累的没有价值。

后现代理论的底层逻辑是探索人生的可能性。人生就像一张空白画布，关于这幅作品，每个人都可以有无限的想象力。

（一）生涯混沌理论

混沌理论起源于 19 世纪 80 年代，法国数学家朱尔斯·亨利·庞加莱（Jules Henri Poincaré）指出，存在一种非周期的轨道，它不会永远增加，但也不会接近一个不动的点。这一重大发现奠定了混沌理论的根基。生涯混沌理论是指事物的发展是一个非线性的、不可预测的过程。混沌理论从学术领域走向公众领域，从物理学、化学等领域扩展到社会科学领域，并成为一门具有交叉学科特点的理论，被人们所熟知。

2003 年，普顿尔和布赖特将混沌理论引入生涯领域，认为生涯发展符合混沌现象的基本特征。

（1）生涯是一个复杂开放的动态系统。个体生涯心理在静态结构上，是一个相空间的"分形"结构，是复杂、不规则的。

（2）生涯是一个非线性动态变化的过程。个体生涯起始状态的微小差异可能导致巨大的变化，看似无足轻重的事件往往会对当事人的生涯发展产生难以预估的影响。

（3）生涯是稳定与不稳定的统一。生涯没有终极稳态，变化随时可能产生。

（4）生涯具有自主与自驱动性。生涯发展具有主动适应的特征，每个人在一定程度上都可以按照自己的想法塑造自身的生涯历程。

（5）提升生涯灵性才能以不变应万变。生涯灵性指个体在适应复杂的生涯历程时需要具备的积极的心理特质，是一种更通用和强大的适应力。

由此可见，生涯混沌理论承认了人类的局限性，对生涯不再有强烈的控制欲，认可阶段变化，认为不可预测性和不确定性是生涯发展的本质特征。生涯混沌理论作为重要的生涯理论，启发人们要提高对生活和工作中不确定性的反应意识，注重探索和开发的过程，更要保持积极心态和培养快速适应的能力。

（二）生涯建构理论

乔治·凯利（George Kelly）的个人建构理论认为"自己就是科学家"。每一个人在成长的过程中观察到发生在自己周围的种种现象后，渐渐地用自己的方式形成自己的理论，预测自我的行为，然后根据预测行事。这种行为方式类似于科学家的行为方式，即建构。2002年，马克·萨维科斯（Mark Savickas）创建了生涯建构理论。2012年，他提出了生活设计的概念，指出个体是生涯的所有者和创作者，主张自我生命设计。他认为生涯不是自我展现出来的，而是被建构出来的。同时，他也认为每个人的生命意义都属于他们自己，生涯之路没有固定的路线，却都有一个大致的主题、有一个肩负的使命和任务要去完成。建构是一种行动，不同的生涯阶段有不同的生涯任务，这些任务促使个体主动去完成它们，从而建构个人生涯。

萨维科斯的生涯建构理论包含人格特质、生涯适应力和生涯主题3个组成部分。

1. 人格特质

萨维科斯批判性地继承了霍兰德职业选择类型理论来理解个体职业人格类型。但萨维科斯的关注点有所不同：更侧重来访者的主观看法，而非测评分数；更关注来访者意图中呈现的可能的我，而非过去的我。萨维科斯认为从过往经历中可以发现一个相对稳定的职业人格，并且该职业人格会与职业呈现出一定的匹配性。

2. 生涯适应力

生涯适应力是"个体对于可预测的生涯任务、所参与的生涯角色，与面对生涯改变或生涯情境中不可预测之生涯问题的准备程度"。生涯适应力是个体与环境交互作用的结果，是一种可以培养并能帮助个体前进的能力，其中包括生涯关注、生涯控制、生涯好奇和生涯自信。个体生涯适应力的发展贯穿这4个维度，最终形成其与生涯规划、决策和调整的独特态度、信念和能力。生涯适应力模型见表1-2。只有行动起来，才能创造新的自我和生涯；也只有在行动中，才能提升适应力。所以对于个体而言，重点不在于是否作出决定，而在于是否付出了行动。

表 1-2　生涯适应力模型

维度	生涯疑问	态度与信念	能力	生涯问题	因应能力	生涯干预
生涯关注	我有未来吗？	计划的	计划	不关心	觉察、投入、准备	生涯导向练习
生涯控制	谁拥有我的未来？	确定的	作决定	不确定	自信、有条理、执着	决策训练
生涯好奇	未来我想要做什么？	好奇的	探索	不真实	尝试、冒险、询问	收集信息
生涯自信	我能做到吗？	有效的	解决问题	不自信	坚持、努力、勤奋	建立自尊

3. 生涯主题

萨维科斯认为个体的自我概念和愿景目标可以通过一个生涯主题来展现（如同一个故事的主题）。生涯主题由一个或一系列个体急切希望解决的问题和个体解决问题的方法构成。个体生涯发展的目标和行动都围绕主题的宏观指引展开。那些看起来碎片化的、相互矛盾的、含混不清的经历会变得清晰而连贯，并提供了对未来生涯选择的指引，以及面对各种职业变动（尤其是因外界因素而被迫作出的变动）的方案。

生涯建构理论较多地应用于生涯咨询中。在咨询中，萨维科斯很喜欢请来访者讲故事，他认为生涯即故事，人们透过故事理解并创造人生，讲述个人故事有助于人们觉察那些本就存在但模糊不清的意识，这种咨询的思路其实适用于每个人对自我的觉察。

例如，可以根据这些问题讲述自己的故事。

（1）关注过去和当下的经验。

我的过往回忆（我是一个什么样的人）。

我的当前感受（我要如何度过这一生）。

我未来的期望（这一生有何意义）。

（2）解释其重要性和赋予意义。将故事引向即将面临的未来，以设计出更加有活力的生涯计划。

生涯建构理论在后现代生涯理论中影响最大，研究者最多，体系较为清晰，实践运用最广，并衍生出不同取向的后现代生涯咨询辅导流派，在生涯干预方面为生涯教育、辅导和咨询提供了理论基础和具体方法，不断引起关注。

对于生涯的四大经典理论对照见表 1-3，要理解其各自的边界。特质论的本质是找到最佳定位，也就是解决如何做选择的问题，它不适用于选项不充足的情况。如一个大学生本来就不好找工作，可选项很少，却用特质论分析一通，这个工作跟自己性格不合，那个工作跟自己三观不匹配，最后没得选了，只能失业。发展论是把人生比作旅程，其本质是走通人生最优流程，它能够帮助你从很长的时间跨度中分析出现阶段的重点是什么，它不适用于火烧眉毛的情况。比如，在高考前就别思考长期的人生意义问题了，先把高考考完才是最重要的。适应论把社会比作丛林，职业者便是这个丛林里的生物，生存的首要条件是掌握关键技能，解决发展慢、缺乏竞争力的问题，不适用于定位错误的情况，以适者生存为核心。比如，一个内向、不愿意与人打交道的人非要去做销售。后现代理论的本质是寻找工作的意义，解决工作没动力、工作无感的问题，不适用于连饭都吃不饱的情况。比如，如果不工作就会立刻入不敷出，就不要天天寻找工作的价值和意义了，填饱肚子最重要。

表 1-3　生涯的四大经典理论对照表

理论	本质	解决	手段	不适（边界）
特质论	找到最佳定位	面对选择，该做什么？学点什么？	自我探索，职业探索定位理论	资源不足没得选
发展论	人生最优流程	从长期看，现阶段几个角色冲突时，重点是什么？	阶段盘点，核心任务，平衡工具	火烧眉毛
适应论	掌握此刻的关键技能	发展慢，缺乏竞争力，如何解决？	—	定位可能不对（定位不清晰）
建构论	创造工作意义	工作无感，没动力的时候怎么办？	—	生存问题没解决

五、我国生涯发展现状与趋势

近年来，"生涯规划""生涯"这种词被反复提及，它们的搜索指数也在上升。在现在这个阶段，许多人都逐渐意识到生涯知识和以往"职业规划"之间的区别与优势，愿意相信生涯规划才是许多问题更根本的解决方法。生涯的视角能够超越职业本身，关注一个人生活的多个方面，试图让他／她变得更幸福，而并非更成功。由此来看，生涯在中国仍然有巨大的发展潜力。那么中国现在的生涯环境如何呢？从现在最主要的生涯市场——企业、高校、中学这三个角度来看一看。

（一）企业的生涯发展现状

企业在职业世界中占据了绝大部分的戏份，许多人一生的职业生活都是在企业中完成的，这也就预示了企业对生涯知识的需求最大。企业是最早开始从职业辅导转换成生涯辅导的地方，从原本单一的职业发展变为关注人整体生活的平衡。

随着国家经济的发展，大部分公民的吃穿不需要太发愁，这个时候关于"幸福"的话题讨论就变得活跃起来。经济学中经典的三千美元定律——当人均国民生产总值能够超过这条线的时候，幸福感和金钱收入之间的相关性骤然减小，对幸福的评价标准更加多元化——就是在讲这个道理。

现在职业世界中的新鲜血液以 90 后为主，管理者则更多的是 80 后，他们之间存在着巨大的文化代沟。如何处理好 90 后新员工的入职等问题，在企业中越来越受到重视。同时，由于市场经济的高速发展，企业的生命周期逐渐缩短，人在职场中的生活更加动荡，以前那种一次择业终生受用的模式很可能永远不会存在了。这些部分都是职业规划难以解决的，而恰恰是生涯发展的理念能够给出指导的。

从生涯知识的获取方式来看，新员工可以接受线上或线下的培训，而对于中高层管理者来说，只有面对面的线下培训才能起效果，同时需要辅以足够多的教练辅导，甚至会采用企业咨询的方式进行整体的学习，HR也会在培训之后需要大量的督导帮助。而能够提供培训和督导的成熟生涯从业者，现在仍然相当稀缺。

（二）高校的生涯发展现状

我国从2000年开始提出"双向选择，自主择业"的理念，为了落实这个概念，于是出现了"职业规划"的说法。一开始主要是在高校中出现，主要为大三、大四的学生提供"就业指导"。但十多年过去了，大家都意识到这是一种让企业选人更加困难的方式，越来越难从有良好求职技能的应聘者中分辨出能力出色的人。于是"生涯"的概念在高校中开始出现。

第一个改变就是把"就业指导"变为了"生涯规划"。我国对超过3 000名在校大学生进行调查后发现，在频率高的问题中，"职业规划"这个问题排在最后面，"个人成长""学习深造"这些问题才是最热门的。大学生从思考模式到可利用的资源，基本都在校园之内，并不在职业世界之中。于是，国家将大学生成长的资源也回收到校园之内，通过生涯教育让大学生能够良好地适应自己的大学生活，对未来职业发展有更多的准备，提高职业适应与发展的潜力，这就完成了从"职业"到"生涯"的转变。

同时，高校的指导思想也从原来的特质匹配论转变成了适应论。以前的课程都是先进行自我探索，加深对自己的了解，然后在万千职业之中找出一种与个人特质达成良好的匹配，而这种所谓的良好匹配可能和学生正在学习的专业一点关系都没有。这样反而会让学生更加困惑，不知道自己学习到底是为了什么。而现在的课程逻辑中，首先需要解决的是学生的学习问题，让听者了解自己通过目前的学习能够获得什么，让收获与自己的特质建立链接。对于大学生而言，学科很可能就是其最核心的资源，所以生涯教育的目的就是让大学生在自己的理想主义思想中，加入一点现实实用的部分，告诉他们如何适应优秀的素质能力模型，让他们更好地完成适应的部分。

最后，生涯的观念能够帮助大学生获得更好的职业体验。课上讲得再天花乱坠，还是不如让学生去亲自实践练习。职业的定位并不是课程本身达成的，而是通过课上、课下的互动来实现的。生涯教育区别于传统职业教育，能够给学生提供一些简单好用的工具模型，让学生能够在生活中使用，解决一些小问题，甚至亲自进入职业世界接受磨炼。大学生的生涯教育刚刚起步，需要大家共同去探索，建立起一套合适的发展方式，以提高大学生的持续竞争力。

（三）中学的生涯发展现状

近年来，国家从宏观层面更加关注人的生涯发展，从过去高校开设生涯课程，到如今的高考改革，把生涯发展观念植入人的发展更前面。同学们不妨回忆一下：原来英语能考一次，现在改成可以考两次；原来是在考完试以后，拿到总分再填专业，而现在不是；以前是把所有专业的总分加到一起去，匹配哪个专业就上哪个，而现在不是了，专业本身就有一个分数，和总分双线匹配。这意味着，如果要进入想去的专业，必须从高一就开始思考自己要去哪个专业，在高一时就不能把某一科目随便丢掉。让学生把生涯规划的意识，从拿到高考分数结果的那一天，提前到了高一，每个人都必须思考这件事情。如果强求在每一科目都考高分，那么肯定比不过那些放弃一部分科目、聚焦在自己目标上的人。

从高考这个硬指标来看，中学生的未来职业探索越来越重要。这就需要更多的生涯专业人士结合中学生心理特点等对生涯教育做出合理的调整，形成适用于中学生的生涯教育方式。现在中学生的生涯选择很大程度上是随性而为的，有许多不太成熟的想法。如果不提供合适的生涯教育，帮助他们学会理性地做出选择，生涯选择很可能沦为无意义的空想。

（四）生涯的未来发展趋势

既然你正在阅读这本书，你应该已经认可了生涯这个新兴领域，看重的自然不是它目前的状态，更重要的是这个领域未来发展的潜力。由于现代人的个人特质会有更长的发展时间，在信息爆炸的背景下想要达到长期的稳定也比以前难得多，根据量表测评结果进行匹配的传统模式正在受到冲击，量表测评结果的时效性会缩短。同时，职业世界的变化速度也远非以前能够相比，很难作出长期的预测。这就要求人们有更强的适应能力，紧跟发展的大潮流。生涯的本质恰好提供了一些本源的、能够应对复杂变化的思想。

（1）帮助人们发现和发展自己的天赋。这是每个人都需要的，每天都需要面对的。利用好自己的天赋，才能找到适合自己的工作模式，进而获得更长远的职业发展。

（2）职业发展和幸福。职业发展一定要找到个人和企业能通过生涯规划达成双赢的模式。一个员工只要全心全意为自己干，哪怕只有三年，他的价值都比赖在企业十年价值高，职业幸福感也更强。

（3）平衡生涯。很多人会面临沉迷游戏等问题，其本质就是休闲和工作不平衡，不懂得休闲，也不懂得工作。找到休闲和工作之间的平衡点，才能在工作好的情况下也玩得尽兴，这就是平衡生涯的意义。

生涯与生活之间其实很难分出界限，因此生涯生活化是一个必然的趋势。就好比"生命之花"本来是用来作重大战略决策的方法，一年都用不了一次，但一旦做成生命之花的概念之后，成为一种实用的细小的工具，就会撬动同学们大学乃至人生整体的幸福感，这样的东西是值得推广的，是能够真正提升生活幸福感的。生涯规划在未来必然要推广成为广大人群的需求，而这需要的是所有对生涯有了解的人共同的努力，去帮助每个人成长为自己的样子。

任务4　理解生涯与职业

想要找到自己职业生涯发展方向、找到有意义的志业，可以从认识职业生涯开始。职业生涯探索就是围绕个人的职业生涯发展进行的有方向性的探索与行动。

一、工作与生涯

（一）工作、职业与志业

职业是由一系列的工作组成的，比如教师这一职业，它的价值不仅仅是备课、上课、开展教研活动、组织家校互动活动等，更是教书育人和立德树人。

一般来说，工作与职业是两个不同的概念。工作是指在一个岗位上完成的一系列任务和进行的一系列活动。这个概念将人们局限在对工作的态度、职业道德、价值取向，以及职业形象等。所以，职业在某种程度上决定了一个人的身份识别和自我认知。

那么志业与职业又有什么不同？梁漱溟先生曾描述自己的生活状态为："有志业而无职业，一生都从志愿和兴趣出发而无工作着。"相对于职业，志业是个人的追求在职业上的体现，超越了职业本身的要求。一个找到自己志业的人，会感到付出是快乐、幸福的。每个人都可以追求自己的志业。本书将通过讲解自我探索与评估相关知识点，帮助大学生走出所谓的迷茫期，更好地认识自己，找到适合自己的职业乃至志业。

（二）生涯与职业生涯

工作到底意味着什么？有人认为它可以让自己实现经济独立，有人认为它是自己的兴趣所在，也有人认为它可以让自己发挥出自己的能力并获得成就感，还有人认为工作即一种生活方式……从这些回答中，我们可以发现人们要寻求的并不是一份工作，而是自身的职业生涯发展，找工作仅仅是大学生生涯规划与职业发展中的一个步骤。假如现在有一份每月 3 000 元的工作岗位，同时，你父母也愿意每月给你 4 000 元，你愿意选择工作还是父母给予？我想多数人会选择前者。

人们进行职业生涯探索的时候，是在全面思考这一生应该怎么度过，正如希腊德尔斐城的阿波罗神庙镌刻的"认识你自己"，人们需要回答的是"我是谁？""我从哪里来？""我要到哪里去？"

二、找到职业发展的方向

了解了什么是职业生涯，那么应该如何找到职业发展的方向呢？大学生不妨以找到与自身匹配的职业为起点，为职业发展做好准备。

（一）明确人职匹配的"点"与职业发展的"面"

20 世纪初，"职业指导之父"弗兰克·帕森斯（Frank Parsons）提出了职业指导"三步范式"：第一步是求职者评价自己的生理和心理特点等；第二步是分析不同职业对人的要求，并获得有关的职业信息；第三步是人职匹配，个人在了解自己的特点和职业要求的基础上，借助职业指导者的帮助，选择一项既适合自己又有可能获得的职业。帕森斯的这个理论对于职业生涯管理具有很强的现实意义，可以指导人们对自己选择的职业进行理性分析，并确定适合自己的职业。在今天，人职匹配仍然是用人单位招聘人才的重要标准，只是评估的内容和方式有所变化。

当今的社会瞬息万变，职业的变化速度加快，人职匹配可以帮助人们在特定的时间找到一份工作，但不能帮助人们解决自身面临的发展与成长问题。随着心智的成熟和生活方式的改变，人们会不断地对职业选择做出调整，职业发展贯穿一个人的一生，职业生涯的拓展是自我认知的拓展和实践；工作和生活的满足感来自我们的工作和生活，在多大程度上实现了个人的能力、志趣、个性和价值，也即是人职匹配。学者金树人用一句话来概括生涯发展：生涯之学，即应变之学。

萨维科斯提出的"生涯适应力"概念是指个体在应对不同工作任务及角色转变过程中的准备程度及应对能力，是个体在生涯发展过程中应对社会和职业挑战时的核心能力。至于具备生涯适应力是一种什么状态，萨维科斯认为人们需要回答以下问题。

我是否关心自己的未来？（生涯关注）

我的未来掌握在谁的手中？（生涯控制）

我的未来能拥有什么？（生涯好奇）

我是否相信自己有能力拥有它？（生涯自信）

在尝试回答这些问题的过程中，人们会找到自己对于职业发展的信念、态度和能力，以及将采取的应对策略与具体行动。

（二）多角度定位自己的职业发展方向

很多人表示自己没有想象过未来的生活，也没有对未来有所期待和憧憬。实际上，他们不是没有自己的梦想或期待，而是不知道如何实现自己的梦想，进而选择了不期待，甚至丢掉了自己的梦想。只有那些理性定位梦想并不断为之努力的人，才能找到自己的志业并最终达到志业高峰。既然这样，看看职业发展方向的定位罗盘涉及哪些要素，如图 1-1 所示。

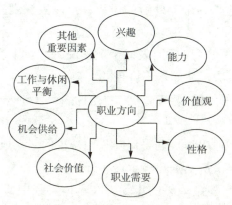

图 1-1　职业发展方向的定位罗盘

从图 1-1 中可以看出，找到适合自己的职业发展方向并不是一蹴而就的，不能通过一个测评、一次探索甚至一个看似很好的工作机会，来确定自己的职业发展方向。职业发展方向的定位罗盘提供了系统的探索内容，可以简单地将这些内容分为"向内看"和"向外看"两个维度。"向内看"的内容包括认识自己的兴趣、能力、价值观、性格等；"向外看"的内容包括职业需要、社会价值、机会供给、工作与休闲平衡等。值得注意的是，定位的职业发展方向并不意味着要把自己的一生固定在某个职位上，而是先确定一个适合自己的职位，然后不断探索定位罗盘中的内容加强自身的定位能力，不断地明确与调整自己的定位。

三、职业生涯探索的基本步骤

有的人并没有做过所谓的规划，也找到了心仪的工作或实现了自己的梦想；有的人寻寻觅觅，却总因种种原因找不到满意的工作或实现不了自己的梦想，感觉非常挫败；有的人目标坚定，在挫折和困境后终于得到了自己的理想工作。

到底有没有必要开展职业生涯规划，又该怎样开展职业生涯规划？其实，可以把职业生涯规划比作攀登山峰，确实有人在误打误撞中可以发现一条风景壮美又能到达山顶的路。不过，这只是少数人，大多数人还是要踏踏实实地做规划，才能发现那条路。

职业生涯规划的基本步骤包括觉知与承诺、认识自己、认识职业世界、决策、行动、再评估与成长。完成一次循环后，人们又会面临新的职业生涯发展问题，比如如何升职、如何适应职业变化，以及如何平衡工作与生活等。人们将进入下一次循环，再次去认识自己、看清职场，作下一步的决策。所以，职业生涯规划伴随着人们的一生。

人们的职业发展往往是从"我的未来是什么样子"或者"我要成为什么样的人"，即"觉知与承诺"开始的。

（1）觉知与承诺。在这个阶段，人们了解到职业生涯规划的重要性，具有探索的意愿，并且愿意花时间和精力规划自己的职业生涯。

（2）认识自己。这是一个向内看的过程，可以从自身的兴趣、能力、价值观、性格等方面入手，去认识自己，不断了解自己是什么样的人、想成为什么样的人、自己的优势是什么。

（3）认识职业世界。这是一个向外看的过程，可以去探索并且了解人才市场的需要、职业机会等。

（4）决策。一个好的决策可以帮助人们走上正确的职业生涯发展之路。在这个阶段，要明确决策的关键原则和方法，从而作出合理的决策。

（5）行动。职业发展是一种体验性发展，人们将根据目标开展具体的求职活动或其他探索活动等。

（6）再评估与成长。职业生涯规划是伴随人们一生的。完成一个目标的时候，也就意味着将进入下一次循环，再次从"觉知与承诺"开始探寻。

以上职业生涯规划的步骤是理想的步骤，在具体实践中，每个人都可以有自己的节奏，比如有人从"认识职业世界"开始规划职业发展的生涯道路。不过，无论从哪里开始规划，以上的每一个步骤都是不可或缺的。

❖【案例拓展】

案例1：赵飓在大学毕业后短短两年内已经换了3份工作。刚毕业时，赵飓通过校招进入某工程单位担任施工员，但没半年他就嫌弃混凝土浇筑的活太脏、太辛苦，于是辞职了。辞职后，由于几次找工作碰壁，加上高提成的诱惑，赵飓选择到某房地产公司担任房产经纪人，从事房产销售工作。可是从事房产销售工作后连续两个月没有业绩，赵飓只能拿到底薪，无奈的赵飓再次选择了离职。通过网络，赵飓了解到现在程序员的薪资较高，想到自己具备计算机基础，他决定学习编程。于是，他注册成为外卖骑手，在三餐高峰期送外卖挣钱，其余时间通过网络自学编程，但学习的不顺利又让他有点灰心。过年回到家，母亲问赵飓在"折腾"些什么，到底要干什么工作。赵飓一时答不上来。母亲又说村里建起了合作社，集体种果树，去年收益不错，让他回来一起干，赵飓听了又有点动心。

案例思考：

（1）案例中的赵飓对自己的未来有明确规划和方向吗？

（2）请给案例中的赵飓提几点职业生涯规划建议。

分析点评：案例中的赵飓频繁地更换职业，却在每一份职业中都没有成就，其根本原因就是缺乏职业生涯规划。大学是职业生涯规划的第一站，大学生首先要树立正确的职业目标，一旦确定了职业目标，就可根据职业目标来规划自己的学习和生活，并为获得理想的职业和生活积极地准备。要开启自己的职业生涯规划，大学生就需要先了解职业生涯规划的相关知识。

案例2：刘洋最近很发愁，因为他临近毕业，还没想清楚自己未来要做什么工作。同宿舍的小李早在大二就在准备考研，如今进行最后的复习；好友小王在去年实习期时，就直接去了自己心仪的公司实习，并已经和公司谈妥，只等正式毕业就完成入职……而刘洋在大学期间浑浑噩噩，在实习期也是随便找了家单位，对自己今后发展没有任何规划。无奈之下，刘洋去咨询了学校就业办公室的老师。老师告诉他："人一生从工作到退休，有30～40年的时间，这段时间对人的一生都极其重要，如果不事先进行必要的规划，那么几乎无法保证你自己度过一段较为理想的职业人生。你现在就应该想一想，自己未来要从事什么职业，要如何发展。"咨询后，刘洋作出了决定，要趁着毕业前有限的时间，多了解一些职业和工作的知识，以作出正确的抉择，免得日后追悔莫及。

案例思考：

（1）案例中的刘洋面临着什么问题？他为什么会有这样的困惑？

（2）你如何评价刘洋最后的决定？他应如何确定自己的职业规划？

❖【思考与练习】

1.选择题

（1）帕森斯特质因素论的个人特质中不包含（　　）。

A. 能力   B. 人格   C. 人品   D. 兴趣

（2）关于帕森斯理论，下列说法错误的是（   ）。

A. 匹配的过程只能由内至外，即从个人特质出发寻找职业

B. 帕森斯认为，当个人特质和职业要素匹配度高时，工作更有幸福感

C. 当某一部分的匹配出现问题时，应当有针对性地做出调整，提高匹配度

D. 帕森斯主要解决的问题是职业选择

2. 生涯叙事练习。请你回顾一上自己过往的生活经历，通过回答以下 6 个问题，慢慢贴近自己的感受，找到自己的人生主题。

（1）在生活中，你最为敬佩的楷模是谁？他们最为打动你的地方在哪里？他们有没有共同点呢？

_____

_____

_____。

（2）你最喜欢的杂志、电视节目或网站是什么？你被吸引的理由是什么？

_____

_____

_____。

（3）你最喜欢的书或电影是什么？对你的未来有什么启发？

_____

_____

_____。

（4）你最喜欢的座右铭是什么？也就是你对自己的建议是什么？

_____

_____

_____。

（5）你的成功经验有哪些？你当时的感觉是什么，你有什么发现？

_____

_____

_____。

（6）综合这些内容，你发现其中有哪些联系，反映了什么主题？

_____

_____

_____。

不同理论对于生涯规划的具体步骤、最终要达到的目标都不相同，你可以选择最适合自己价值观的生涯发展路径，也可以在不同的发展阶段，灵活地采用多种生涯视角，来帮助自己更好地适应多变的社会发展形势，获得内心的成就感和满足感。

中 篇
生涯探索与规划

模块二
唤醒自我　探索兴趣和性格

【材料阅读】

性格决定命运，兴趣只是点缀吗

　　夜晚，女生302宿舍展开了卧谈。张帆列出了一张清单："成为外企高管的必经之路"。清单详细列出了成为外企高管需要打造的几项能力，还给自己安排了相应的课程。看着她每天目标明确地执行计划，杨洋羡慕地感慨："你真有激情啊，对外企这么执着！"但张帆却回答："其实我谈不上喜欢外企，只是目前也不知道自己喜欢什么，就按照家长的规划积极行动，我相信这样也能有所成就！"

　　陈悦接话说："的确，现在喜欢什么也未必就要做哪行，我将来就不会以艺术作为职业，还是会依靠外语专业找个工作解决生存问题，业余时间发展艺术爱好，兴趣和工作双线并行，人生体验更多！"

　　张帆继续发表意见："虽然外企不是我的兴趣所在，但我的个性适合进外企。专家说了，职业要和性格相符合。相信凭借我雷厉风行的个性，在外企可以发展得很好，用激情和毅力做出事业！"

　　杨洋听了感到困惑，自己性格内向，喜欢安静，难道只能做翻译？自己的兴趣是当老师教外语，这矛盾吗？性格能不能改变呢？

项目三　探索性格：我适合做什么

【学习重点】

（1）了解九型人格，了解自己的性格适合做什么。

（2）了解性格与生涯发展的关系。

（3）应用MBTI测验了解自己的性格，探索自己是什么样的人。

（4）通过"MBTI性格类型—特征—职业对照表"探索性格与职业。

任务 5 性格与生涯（自我觉醒）

性格探索是职业发展中的重要部分。性格与职业的有效结合可以让人们成为更为高效的职场人。例如，性格敏感的人在工作中能够意识到他人的特点，并且能够理解他人，这份理解得到别人的积极反馈，就会带来对自身性格优势的发挥；反之，如果敏感带来的是人与人之间的猜疑，理解他人的结果是个人单方面的情感付出，这时敏感的性格就会成为职业发展的阻碍。认识性格可以帮助人们做出职业选择，从而在生涯发展中发挥自己的性格优势来取得良好的职业发展。

一、什么是性格

每个人都有对客观现实稳定的态度和与之相应的习惯化的行为方式，如有的人总是热情周到，有的人总是沉默寡言。人的行为具有某种一致性，也就是说，人们天生具有某种应对能力，在生活中对自己、对他人、对事情表现出一致的应对方式，这些稳定的态度和习惯化的行为方式所表现出来的心理特征就是这个人的性格。

（一）性格的含义

性格是个体对现实的稳定的态度和习惯化的行为方式，一个人独特的、稳定的人格心理特征。性格不是天生的，是在先天素质的基础上，通过后天的家庭、学校、社会的影响，经过自己积极主动的实践活动才逐步形成的。性格的形成是一个长期的、复杂的过程，不仅受遗传因素的影响，也反映了一个人的生活环境和生活经历。人们的生活环境和经历不同，性格则会不同，性格具有独特性，在不同情境中表现出特定的气质和特定的行为方式。虽然人的本性是比较难改的，但可以在一定程度上改变自己的性格。可以从以下两个方面理解性格的含义。

（1）不是人对现实的任何一种态度都代表其性格特征。性格是个体在长期实践活动的过程中稳定的行为方式。在有些情况下，人对事物的态度是一时的、情境性的、偶然的表现，不能视为性格特征。比如，一个人平常反应机敏，但在某种特殊情况下，一反常态，表现为行动呆板沉闷，就不能把呆板看作此人的性格特征。

（2）性格总是表现出一个人独特的人格特征，并且在一个人的行为中打上了烙印。世界上没有两个性格完全相同的人。即使两人的性格同为忠诚、坚定或勤奋，但两者的表现也不尽相同。

（二）性格的类型

1. 内向型和外向型

性格可以分为多种类型。最基础、最直观、最传统的划分方法是瑞士心理学家荣格的性格划分方法。他按照个人心理能量倾向将性格划分为内向型性格和外向型性格，并对这两种性格的特征和其适合的职业进行了初步的归纳总结，见表2-1。

表2-1　内向型和外向型性格的特征及其较适合的职业

性格类型	性格特征	较适合的职业
内向型	感情比较深沉，待人接物小心谨慎，喜欢单独工作，喜欢思考，具有自我分析和自我批判精神；不善于表达自己的思想、不善社交，对新环境的适应不够灵活	较适合从事有计划的、稳定的、不需要与人过多交往的职业。如自然科学家、技术人员、会计师、打字员、程序设计员、统计员、资料管理人员、一般事务性工作人员等
外向型	活泼开朗、善于交际、心直口快、感情外露、待人热情，与人交往时随和、不拘小节，适应环境的能力较强；注意力不稳定，兴趣容易转移，活动不能持久	较适合从事与外界广泛接触的职业，如管理人员、律师、推销员、警察、记者、教师、人力资源工作者等

需要注意的是，具有典型外向型性格或典型内向型性格的人并不多，大多数人的性格属于混合型性格，即兼具内向型和外向型性格的部分特征。同时，性格的内向与外向是相对而言的，只有从表现程度来进行比较分析才有一定的参考意义。

2. 九型人格

近年来，一些教育学、心理学研究人员根据我国居民的实际情况，将职业性格总结为9种基本类型，这9种职业性格的主要特征及其较适合的职业见表2-2。

表2-2　9种典型性格的性格特征及其较适合的职业

性格类型	性格特征	较适合的职业
变化型	这类人好奇心强，喜欢从事挑战性强、充满变数的工作，不愿安于现状，乐于尝试新事物、挑战新环境	演员、记者、业务代表等
重复型	这类人性格稳重内敛，喜欢从事别人看起来单调、枯燥的工作，哪怕是不停地重复同样的内容，也不会感到厌烦	流水线工人、档案管理员、图书管理员等
服从型	这类人性格温顺，相对于自己做主来说，他们更喜欢听从别人的指挥	秘书、翻译等
独立型	这类人性格独立，喜欢按照自己的意愿和计划来指挥一切行动，并从中得到满足感	律师、公司主管、警察等
协作型	这类人善于融入环境，能够更好地配合别人的要求，让工作更顺利，并从中产生满足感	接线员、咨询师、社会工作者等
劝服型	这类人的影响力强，善于观察别人的反应，并抓住其中的关键，趁机劝服别人接受自己的意见，从而建立起一定的威信	作家、人力管理、辅导员、宣传代表等
机智型	这类人头脑十分灵活，在突发状况中仍然能够很快地掌握主动权，镇定自若地解决问题	侦查员、消防员、救生员、探险家等
表现型	这类人表现欲强，喜欢在众人面前展示自己的爱好和特长，乐于从事一些表现性强的工作	画家、音乐家、舞蹈家等
严谨型	这类人做事细心努力，追求完美，无论大事小事都能够按照规则和流程安排得妥妥当当	统计员、校对员、会计等

二、我是什么样的人——应用 MBTI 测验了解性格

　　心理学家经过多年的研究，制定出一些专业的量表，帮助人们了解更为复杂的性格。其中迈尔斯 - 布里格斯类型指标（Myers-Briggs Type Indicator，MBTI）在人才选拔和培养中运用较多，并且 MBTI 的测评结果中包括了职业推荐。MBTI 是建立在荣格研究的基础上，由凯瑟琳·库克·布里格斯（Katharine Cook Briggs）和伊莎贝尔·布里格斯·迈尔斯（Isabel Briggs Myers）共同研制开发的一套性格评估工具，用以衡量和描述人们在获取信息、作出决策、对待生活等方面的心理活动规律和人格类型。MBTI 性格类型测试系统是现在全球范围内使用较为普遍的测试之一，有 70% 以上的世界 500 强企业将之用于促进员工的发展和提升员工的组织效率。

　　MBTI 量表测量 4 个维度：内向型（I）与外向型（E）、感觉型（S）与直觉型（N）、思考型（T）与情感型（F）、判断型（J）与知觉型（P）。这 4 个维度搭配形成 16 种人格类型，其主要特征及与之较适合的职业见表 2-3。

表 2-3　MBTI 性格类型—特征—职业对照表

性格类型	性格特征	较适合的职业
ISTJ（内向、感觉、思考、判断）	一种很实际的人格类型，他们喜欢按照规定和传统的方式做事。他们通常很注重细节，喜欢有条理和有计划性地工作	适合从事会计、审计、法律、行政管理等职业
ISFJ（内向、感觉、情感、判断）	一种温和、关心他人、善于观察的人格类型。他们通常很有责任感，喜欢帮助别人	适合从事教育、医疗、社会服务、行政管理等职业
INFJ（内向、直觉、情感、判断）	一种理想主义者，他们通常很有远见和洞察力。他们善于理解和同情他人，通常很有耐心	适合从事心理学、社会工作、宗教领袖、教育等职业
INTJ（内向、直觉、思考、判断）	一种有远见和创意的人格类型。他们通常很善于分析和解决问题，喜欢运用逻辑思维	适合从事科学、工程、金融、管理等职业
ISTP（内向、感觉、思考、知觉）	一种自信、勇敢、实际的人格类型。他们通常喜欢探索和发现新事物，喜欢运用自己的技能和知识来解决问题	适合从事机械制造、建筑、航空、体育等职业
ISFP（内向、感觉、情感、知觉）	一种温柔、敏感、艺术气息浓厚的人格类型。他们通常喜欢创作和表达自己的想法，喜欢美好的事物	适合从事设计、音乐、文化艺术、媒体等职业
INFP（内向、直觉、情感、知觉）	一种理想主义者，他们通常很有同情心和理解力。他们喜欢创造和表达自己的想法，通常很有创意	适合从事艺术、写作、教育、社会服务等职业
INTP（内向、直觉、思考、知觉）	一种好奇心强、善于分析、独立思考的人格类型。他们通常喜欢研究和探索新的领域，运用自己的知识和技能来解决问题	适合从事科学、工程、计算机、金融等职业
ESTP（外向、感觉、思考、知觉）	一种冒险家、行动派和喜欢挑战的人格类型。他们通常喜欢探索和发现新事物，喜欢冒险和挑战	适合从事销售、体育、娱乐、军事等职业
ESFP（外向、感觉、情感、知觉）	一种活泼、友好、善于交际的人格类型。他们通常喜欢与人交往，享受生活的乐趣和美好	适合从事销售、服务、旅游、娱乐等职业

续表

性格类型	性格特征	较适合的职业
ENFP（外向、直觉、情感、知觉）	一种充满活力和创意的人格类型。他们通常很善于交际，喜欢与人分享自己的想法和经验	适合从事销售、公关、广告、艺术等职业
ENTP（外向、直觉、思考、知觉）	一种好奇心强、善于分析、充满创意的人格类型。他们通常喜欢挑战和探索新领域，喜欢运用自己的知识和技能来解决问题	适合从事科学、工程、创新、金融等职业
ESTJ（外向、感觉、思考、判断）	一种务实、有组织、善于管理的人格类型。他们通常很注重细节和规则，喜欢按照传统的方式做事	适合从事管理、行政、金融、法律等职业
ESFJ（外向、感觉、情感、判断）	一种温和、有责任感、善于关心他人的人格类型。他们通常很注重细节和规则，喜欢按照传统的方式做事	适合从事教育、医疗、社会服务、行政管理等职业
ENFJ（外向、直觉、情感、判断）	一种富有同情心、善于领导和组织的人格类型。他们通常很善于理解和帮助他人，喜欢创造和维护和谐的人际关系	适合从事教育、社会工作、政治、宗教领袖等职业
ENTJ（外向、直觉、思考、判断）	一种有远见、果断、善于领导的人格类型。他们通常喜欢制订计划和目标，并且善于实现它们	适合从事管理、领导、商业、金融等职业

　　MBTI 测试可以帮助人们更好地了解自己的个性特点和优势，选择适合自己的职业。但是人格类型只是一种参考，不应该成为限制个人发展的桎梏。每个人都有自己独特的经历和潜力，只要努力奋斗，就有可能实现自己的理想和目标。

三、性格与职业选择的关系

　　"性格决定命运"是广为人知的谚语，一个人的性格对其一生，尤其对其职业生涯的选择具有十分重大的意义。一个人可能因为自己的性格，丧失一个非常好的工作，也可能因为不了解自己的性格而从事了一个不喜欢、不能适应的工作，从而痛苦万分。如果在最开始就了解自己的性格，在职业选择中选择适合自己的职业，可能会避免走很多不必要的弯路。选择与自己性格相匹配的工作，会感觉得心应手，心情舒畅，对自己的工作充满热情，更容易在工作中取得成就。

　　性格的形成不仅受先天因素影响，在很大程度上也受到后天环境的影响，所以，性格具有很强的可塑性。性格与职业选择并不等于必须先具有某种性格特征才能从事相对应的职业。长期从事某种特定职业会使从业人员按照职业的要求不断改变自己原有的性格特点，进而形成一些新的特点。这些变化会让人们更适合这一工作，发现自己意想不到的潜力。

　　人的性格是非常复杂的，它与职业的关系也不是固定不变的。每个人都天生有自己擅长的一面，如果能寻找到与自己的特质相契合的环境和工作，充分发挥自己的长处和优势，那是最完美的。但是，当职业选择与性格不相匹配时，也可以慢慢改变，不断培养自己的性格，使之与职业选择相匹配。最重要的一点就是让性格类型与职业要求达到最佳匹配状态，成为更有效率的工作者。

❖【案例拓展】

案例1："追求完美"也能导致职业困惑。

李楠成绩优异，在毕业后进入了一家公司担任人力资源培训师。很快公司经理就发现，李楠虽然业务能力很强，工作热情很高，培训课程效果很好，但是很多接受培训的员工对她不满，认为她要求太高。同时，李楠与同事的关系也不佳，常因为一些小事与同事产生争执，且不退让。

这也成为李楠的苦恼，她求助于职业规划咨询师。经过测试，咨询师发现李楠是"严谨型"职业性格，MBTI性格类型则是"INTJ型"（内向、直觉、思考、判断型），有较强的"追求完美"的倾向，对他人比较苛求。

分析点评："追求完美"无可厚非，但过度地追求完美也会阻碍工作的开展。李楠作为人力资源培训师，需要忍受学员的"不完美"，如果无法改变自己的性格，或许应该考虑换一个岗位。

案例2：王凯是大学二年级的学生，学习成绩一直不错，每年都拿奖学金，他和其他几位同学组队参加了创业大赛，他作为队长，负责组织和安排，最终他们获得了校级一等奖。这次经历让他有了未来创业的想法。不过，他对自己的性格有一些疑虑：性格内向，与人打交道的时候很难提出与他人不一致的、有挑战性的想法。他不确定自己能否成为别人心目中有胆识、有魄力的创业者。他也在思考怎样在大学时期改变自己的性格。

分析点评：我们可以发现，关于职业和性格的关系，王凯的疑问主要有两点：职业是否对性格有要求；性格的稳定性如何？性格是否可以改变？事实上，性格各有优点和缺点，也确实不容易改变，但性格没有好坏之分。同种性格类型的人有很多共同点，也各自拥有一些属于自己的其他特质。一般情况，人们可以进行一定的性格调整来适应环境，同时服务自己与他人。

❖【思考与练习】

1."职业—性格"接龙

合适的性格能够为工作提供帮助。请全班同学以"职业—适合的性格"的形式，一人一句进行接龙。示例："卡车司机—小心专注""内科医生—严谨细致""销售—热情开朗"……

2.确定自己的性格类型

学生分成小组，每组4～6人。每位组员按照4个维度分别对自己进行描述，进一步确定自己的性格类型。在每个维度分享后，其他人可以帮助其寻找证据或提出疑问。在此过程中进一步确认自己的性格。

（1）外向型和内向型维度，你偏向于哪个？能佐证的例子有什么？对职业发展方向的影响是什么？

（2）感觉型和直觉型维度，你偏向于哪个？能佐证的例子有什么？对职业发展方向的影响是什么？

（3）思考型与情感型维度，你偏向于哪个？能佐证的例子有什么？对职业发展方向的影响是什么？

（4）判断型和知觉型维度，你偏向于哪个？能佐证的例子有什么？对职业发展方向的影响是什么？

3.将性格特征运用到工作情境

设想一个你理想中可能从事的职业，可以具体到何种机构中的职业，与同学一起讨论你的性格特征在这个职业情境中的表现会是怎样的。

（1）在这个职业情境中，以你的性格特征能做些什么擅长的事情？

（2）在这个职业情境中，可能会遇到什么样的困难？以你的性格特征会如何解决？

（3）在这个职业情境中，以你的性格特征会如何发挥你的专业能力？

4."接纳自己"的行动方案练习

（1）自己的性格类型会带来哪些优势？请以4人为一个小组，说说自己的性格类型具有哪些优势，并且举出生活中的例子。

（2）这些优势怎样影响自己的专业学习？对自己的职业理想有哪些负面影响？

项目四　探索兴趣：我喜欢做什么

【学习重点】
（1）怎样探索自己的兴趣。
（2）了解兴趣在职业活动中的作用。
（3）根据自身的角色，怎样处理好哪三种主要关系。

任务 6　兴趣与生涯

一、兴趣的含义

兴趣是指个体为认识、掌握某种事物，经常参与该种活动的心理倾向，或者说兴趣是一个人积极探究某种事物的心理倾向。人的兴趣是建立在需要的基础上，在活动之中发展起来的，是推动人们去寻求知识和从事活动的巨大内在动力。一个人在从事自己感兴趣的活动时，注意力会更加集中，思维会更加活跃，行动会更加持久稳定，并能产生愉快的心理状态。

按照兴趣的不同内容，可以将兴趣分为表现在对衣食住行、生活环境与条件的追求之上的物质兴趣和对学习、研究等认识活动追求之上的精神兴趣。按照兴趣所指向的目标，又可以分为对活动过程表现出来的直接兴趣和对活动结果表现出来的间接兴趣。由于个体之间存在差异，个人的兴趣也表现出很大的不同，在兴趣内容、兴趣范围和兴趣持久性上存在明显差异。

人的兴趣在广度、深度、稳定和效能方面所表现出的不同特点就是兴趣的品质。具体论述如下。

1. 兴趣的广阔性

兴趣的广阔性是指兴趣的范围大小。有些人兴趣广泛，对什么都感兴趣，琴棋书画样样都乐于探求；有的人兴趣就比较单一，只专注发展几种兴趣。

2. 兴趣的中心性

兴趣的中心性是指兴趣的深度。人不可能对所有的事物都抱有浓厚的兴趣，只是对某些方面特别感兴趣。因此，只有将广阔的兴趣与中心兴趣相结合，才能促使人更好地发展。否则，什么都知道同时又什么也不深入，浅尝辄止，博而不专，这样的人很难有大的发展。

3. 兴趣的稳定性

兴趣的稳定性是指兴趣的持久与稳固程度。人与人之间的差异很大，有的人能长期对他们从事的工作或研究的问题保持浓厚的兴趣，无论在工作中遇到什么困难都能努力克服，因此在事业上更容易取得成功。

4. 兴趣的效能性

兴趣的效能性是指兴趣对活动产生的效果大小的品质。凡是能促使人积极主动地学习和工作，并产生明显效果的兴趣，都是积极的、有效能的兴趣。

二、兴趣与生涯的关系

人们常说：兴趣是最好的老师。兴趣可以为个体提供持久的动力，是提高工作满意度的重要因素。清楚地了解自己的兴趣所在对于提高自我认识、选择更适合自身的职业，以及职业生涯规划都有非常重要的意义。

（一）兴趣对职业生涯的影响

1. 兴趣是生涯发展之路的最稳定的动力

人格心理学阿尔波特（Allport）认为，人类有一种"自主性功能"，就是兴趣。它处于动机的最深水平，可以驱策人们去行动。丁肇中曾说："任何科学研究，最重要的是看对自己所从事的工作有没有兴趣，或者说是事业心。比如搞物理实验，因为我有兴趣，我可以两天两夜、甚至三天三夜在实验室里，守在仪器旁，我急切地希望发现我所要探索的东西。"可见兴趣推动了他所从事的科研工作，并使他获得巨大的成功。兴趣高度影响着个人的关注力、技能、人格特征、发展方向等各个方面，它是人格特点的延伸和表现。在实践中可以发现，即使大学生在第一份工作中没有明确发现自己的兴趣，但在职业生涯的中期，大约40岁时就会重新考虑自己的兴趣所在，并依据兴趣对生涯做出调整，回到兴趣较浓厚的领域中来。

2. 兴趣与一个人的能力有紧密的促进关系

兴趣可以发展出更多的能力，从而使职业生涯可以进阶。例如一个人对外语感兴趣，那么就会坚持学习外语，在日常生活中也将注意力更多地集中在外语上，从而获得更强的专业技能，而更强的技能又加强了自信心和成就感，进一步加深了对该领域的兴趣，形成正向循环。

3. 兴趣是职业生涯选择的重要依据

大量研究表明，兴趣和工作满意度、职业稳定性、职业成就感之间存在着明显的关联。因此，职业生涯规划领域普遍认可，兴趣是自我探索的一个重要方面，并且研制出多种量表来测量人们的兴趣。

（二）兴趣与职业兴趣

兴趣与职业兴趣存在一定的差别，兴趣是人们力求认识和掌握某种事物，并渴望经常参与该种事物的心理倾向，是带有积极情绪色彩的认知和活动倾向。职业兴趣则是人们对某种职业或工作所抱的积极态度，是有关职业偏好的认知倾向。比如，娱乐休闲兴趣一般只是业余兴趣，不一定能发展为职业兴趣，但又或多或少与职业生涯存在一些联系。

可见，兴趣对个体的个性形成和发展、对个体的生活和职业有重要作用，主要体现在以下两个方面。

（1）对未来职业获得具有准备作用。兴趣会激励人们主动研究与兴趣相关的知识和技能，有助于为未来的工作打好基础。因此，兴趣对职业的发展有神奇的驱动力。

（2）兴趣对人们正在进行的活动具有推动作用。兴趣是一种具有浓厚情感的活动，可以使人们集中精力获取知识，并创造性地完成当前活动。

三、探索兴趣的方法

（一）霍兰德职业兴趣测量法

20世纪60年代，美国职业指导专家约翰·霍兰德（John Holland）在帕森斯的特质因素论的基础上，提出了职业兴趣理论，将职业与兴趣做了更为直接的关联。经过多年的实践，职业兴趣理论被反复验证并产生非常大的影响力。至今，"霍兰德职业兴趣测评"已经成为职业生涯规划领域广泛使用的测评工具。霍兰德在特质因素论了解自我原则的基础上进行深入分析后指出：人的性格类型、兴趣与职业密切相关，而职业方面的兴趣与性格之间存在很高的相关性；兴趣有促使人们积极进行活动的作用，凡是具有吸引力的职业，都可以提高人们的工作积极性，从而促使人们积极、愉快地从事该职业。

霍兰德把性格与兴趣结合起来研究，将个性类型分为实际型、调研型、艺术型、社会型和企业型和常规型。同样，他对人所处的社会环境和工作条件也进行了归类，划分出对应的6种职业环境类型，即实际型、调研型、艺术型、社会型、企业型和常规型。具有不同个性类型的人，比较适合在其个性类型所对应的职业环境中工作，由此获得的职业满意度、职业稳定性与职业成就感也更高。职业生涯规划的首要目标便是寻求这种个性类型与职业环境类型的适配和一致。

无论是个性类型还是职业环境类型，都不是孤立存在的。这6种个性类型通常按社会型、艺术型、调研型、实际型、常规型、企业型的顺序依次围成六边形。各类型之间存在3种关系——相邻、相隔、相斥，从而形成了霍兰德职业兴趣六边形模型，如图2-1所示。在六边形上，相邻的两类职业类型的相似性最大，如实际型和常规型。六边形内处于对角的两类职业类型的相似性最小，可认为两者相互抵触，如艺术型和常规型。

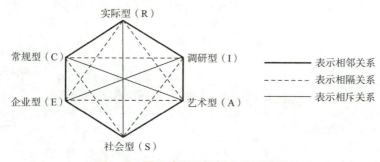

图 2-1　霍兰德职业兴趣六边形模型

1. 霍兰德6种个性类型

霍兰德职业兴趣理论对人的个性特点、适宜的职业环境和匹配度较高的具体职业进行了整理和归纳，形成了霍兰德职业兴趣理论对照表，见表2-4。

表 2-4　霍兰德职业兴趣理论对照表

代码	个性特点	职业环境	职业对照
（R）实际型	此类型的人通常具有较好的身体技能。他们可能在自我表达和向他人表达方面感到困难，不善于与人打交道。他们喜欢在户外活动，喜欢使用和操作工具，尤其是操作大型机械。他们愿意从事操作性工作，偏好于完成具体任务，动手能力强，做事手脚灵活，动作协调	经常使用工具、机器，需要拥有基本操作技能的工作，或需要身体技能、体力等方面的职业	计算机硬件人员、飞机检修工、汽车驾驶员、工地检查员、钳工、建筑工、制图员、机械装配工、木匠、厨师等
	他们遵守规则，对新观点和新变化兴趣不大。此类型的人不善言辞，喜欢独立做事		
（I）调研型	此类型的人抽象思维能力强，求知欲强，善于思考，对科学研究和科学探索有热情，并表现出对工作的极大热情，对周围的人并不感兴趣。他们习惯通过思考来解决所面临的难题，而并不一定实现具体的操作	各种与自然科学有关的职业，或者需要具备认知能力、独立性和创造性的工作	气象学者、生物学者、天文学家、药剂师、动物学者、化学家、科学报刊编辑、地质学者、植物学者、物理学者、数学家、实验员、科研人员、科技工作者等
	他们常常具有非传统的观念，倾向于创新和怀疑。此类型的人知识渊博，不善于领导他人，考虑问题理性，做事喜欢精确，喜欢逻辑分析和推理，并不断探讨未知的领域		

代码	个性特点	职业环境	职业对照
（A）艺术型	此类型的人天资聪慧，喜欢具有较多自我表现机会的艺术环境，不喜欢从事粗重的体力活动和高度规范化、程式化的任务；喜欢单独活动，有强烈的自我表现欲望，往往过于自信	要求具有语言、美术、音乐、戏剧或写作等方面技能的职业，或者需要艺术修养、创造力、表达能力和直觉性的工作	室内装饰专家、图书管理专家、摄影师、音乐教师、作家、演员、记者、诗人、作曲家、编剧、雕刻家、漫画家等
	他们的独立性、自主性、自发性、非传统性和创造性都较强，好表现，不拘小节，自由放任，不受常规约束，情绪变化大，比较敏感		
（S）社会型	此类型的人关心社会的公平和正义，比较看重社会义务和社会道德，责任感强，关心社会问题，渴望发挥自己的社会作用，具有较强的人道主义意识，社会适应能力强	涉及与提供信息、咨询、培训、开发、治疗、教学相关的职业，或倾向于需要人际交往技能方面的、与人打交道的工作	社会学者、导游、福利机构工作者、咨询人员、社会工作者、社会科学教师、学校领导、精神卫生工作者、公共保健护士等
	他们善于表达，善于与周围的人相处，追求建立广泛的人际关系网，喜欢处于集体的中心位置，喜欢通过与他人的交流讨论来解决存在的难题。他们不喜欢需要剧烈运动的工作，不喜欢与机器打交道，具有与他人共事的能力		
（E）企业型	此类型的人通常精力充沛、热情洋溢，做事有较强的目的性，喜欢竞争，富有冒险精神，自信、支配欲强、有抱负	商业或与管理有关的职业，倾向于要求具备经营、管理、监督和领导才能的工作，适合做推销工作和领导工作	推销员、进货员、商品批发员、旅馆经理、饭店经理、广告宣传员、调度员、律师、政治家、零售商等
	他们喜欢争辩，总是力求使别人接受自己的观点，通常追求权力、财富、地位，有领导才能，为人务实，习惯以利益得失来衡量做事的价值		
（C）常规型	此类型的人通常谨慎、保守、忠诚、尽职尽责、忠实可靠、自我控制能力强，尊重权威和规章制度，喜欢按计划办事，细心、有条理，习惯接受他人的指挥和领导，不喜欢冒险和竞争，缺乏创造性，富有自我牺牲精神	倾向于规则较多、高度有序性的工作，包括语言方面和数量方面等规范性较强的工作，倾向于要求注意细节、精确度，有系统、有条理的职业	记账员、会计、银行出纳、法庭速记员、成本估算员、税务员、核算员、打字员、办公室职员、统计员、计算机操作员、秘书等
	他们既不喜欢从事笨重的体力劳动，也不喜欢在工作中与别人形成过于紧密的联系，对于有明确规定的任务可以很好地完成，喜欢关注实际和细节情况，不喜欢模棱两可的指示，希望能精确地了解自己所要做的事情		

2. 霍兰德6种个性类型的内在联系

霍兰德所划分的6种个性类型并不是并列的或有着明晰边界的。霍兰德以六边形模型标示出6种个性类型之间的关系，每一种类型与其他类型之间存在不同的关系，可归纳为以下3种。

（1）相邻关系。相邻关系如RI、IR、IA、AI、AS、SA、SE、ES、EC、CE、RC和CR。属于这种关系的两种类型的个体之间共同点较多，如实际型（R）、调研型（I）的人都不太偏好人际交往，这两种类型的职业环境中也都较少有机会与人接触。

（2）相隔关系。相隔关系如RA、AR、RE、ER、IC、CI、IS、SI、AE、EA、SC和CS，属于这种关系的两种类型的个体之间共同点较相邻关系要少一些。

（3）相斥关系。处于六边形对角位置的类型之间的关系即为相斥关系，如RS、SR、IE、EI、AC和CA，属于相斥关系的两种类型的个体之间共同点较少。因此，某一个体对处于相斥关系的两种职业环境都有兴趣的情况较为少见。

人们通常倾向于选择与自我兴趣类型匹配的职业环境。但在职业选择中，个体并非一定要选择与自己兴趣完全对应的职业环境。首先，因为个体本身就是多种兴趣类型的综合体，单一类型显著突出的情况并不多，所以，评价个体兴趣类型时常以6种个性类型中得分在前3位的类型进行由高到低排列，构成其兴趣组型，如RIS。其次，因为影响职业选择的因素是多方面的，所以在依据兴趣类型的同时，还要参照社会的职业需求及获得职业的现实可能性来选择。因此，个体在进行职业选择时会进行一定的妥协，寻求与兴趣类型相邻甚至相隔的职业环境。

（二）其他标准化测量方法

（1）职业自我探索量表。

（2）斯特朗兴趣量表。

（3）库德兴趣量表。

（4）其他量表及测评系统。

（三）非标准方法

（1）通过自我分析、自省找出兴趣。

（2）通过他人分析提出自己的兴趣。

（3）回顾总结法。通过总结自身喜欢做的事情的共同点，以此来发现自己的兴趣点。比如，通过头脑风暴、自问自答等方式回顾自己喜欢做的事情并总结出令自己感兴趣的事物。一个人对自己的过去和现在回顾总结得越多，就越能发现真正的自己。通过回顾一个人的经历，看其专注于做哪些事情、在什么事情上花的时间多、选择了什么专业、选择什么样的课外活动，都可以发现其兴趣所在。例如，一个人回顾童年和求学经历，发现自己花了很多时间阅读、思考、写文章，而花了较少时间参加社交活动；学习成绩很好，善于钻研，选择了哲学专业，课外的时间经常旅游和拉小提琴，那么大致可以判断其职业兴趣类型就偏向研究型或艺术型。

四、了解自己的职业兴趣

如果大学生想要进一步了解自己的职业兴趣，可以通过下面的测试对自己的职业兴趣进行初步的认识。

【测试说明】请根据自己的实际情况对以下问题作答，不必揣摩答案。回答时如果符合，得1分；不符合，得0分。回答结束后将分数填入得分汇总表2-5。

1. 我喜欢不时地夸耀一下自己取得的成就。

2. 在工作中我喜欢独自筹划，不愿受别人干涉。

3. 我喜欢在做事情前对事情作出细致的安排。

4. 我喜欢从事广告、音乐、歌舞等方面的工作。

5. 每次写信我都要反复修改，不能一蹴而就。

6. 我经常不停地思考某一问题，直到想出正确的答案。

7. 我喜欢小心谨慎地做每一件事。

8. 我喜欢需要具备抽象思维的工作，不喜欢需要动手的工作。

9. 我喜欢成为人们关注的焦点。

10. 良好的人际关系对我来说非常重要。

11. 在集体讨论中，我常常积极主动、表现活跃。

12. 我一人独处时，会感到不舒服。

13. 我曾经渴望有机会参加探险。

14. 我喜欢修理机械的工作。

15. 我不喜欢参加各种各样的聚会。

16. 我喜欢说服别人依计划行事。

17. 音乐能使我陶醉。

18. 我办事总是瞻前顾后。

19. 我喜欢经常请示上级。

20. 我喜欢需要运用智力的游戏。

21. 我很容易做好需要持续集中注意力的工作。

22. 我喜欢亲自动手制作一些东西，并能从中得到乐趣。

23. 我的动手能力很强。

24. 和不熟悉的人交谈对我来说毫无困难。

25. 和别人谈判时，我不会轻易放弃自己的观点。

26. 我很容易结识同性别的朋友。

27. 对于社会问题，我很少持中庸的态度。

28. 当我开始做一件事情后，即使碰到再多的困难也会坚持做下去。

29. 我是一个沉静且不易动感情的人。

30. 工作时，我喜欢避免受到干扰。

31. 我的理想是当一名科学家。

32. 与推理小说相比，我更喜欢言情小说。

33. 我有时候太叛逆，明明知道对方是对的也要和他们对着干。

34. 我爱幻想。

35. 我总是主动地向别人提出自己的建议。

36. 我喜欢使用锤子一类的工具。

37. 我乐于解除别人的痛苦。

38. 我愿意冒一点险以求进步。

39. 我喜欢按部就班地完成工作。

40. 我不希望经常换不同的工作。

41. 我总留有充裕的时间去赴约。

42. 我喜欢阅读自然科学方面的书籍和杂志。

43. 如果能够掌握一门手艺，并能以此为生，我会感到非常满意。

44. 我不希望当一名汽车司机。

45. 听到别人说"家中被盗"一类的不幸事，我会对此感到同情。

46. 如果待遇相同，我宁愿当商品推销员，而不愿当图书管理员。

47. 我喜欢与各类机械打交道。

48. 我小时候经常把玩具拆开，看个究竟。

49. 当接受一项新任务后，我喜欢以自己独特的方法去完成它。

50. 我有文艺方面的天赋。

51. 我喜欢把一切安排得妥妥当当、井井有条。

52. 我喜欢当一名教师。

53. 在大家面前，我总能找到恰当的话题。

54. 看情感影片时，我常常禁不住眼眶湿润。

55. 我喜欢学习物理。

56. 在实验室独自做实验会令我很高兴。

57. 对于急躁、爱发脾气的人，我仍能以礼相待。

58. 遇到难解答的问题时，我常常能坚持不懈地寻找答案。

59. 大家都认为我是一名勤劳踏实、愿为大家服务的人。

60. 我喜欢在人事部门工作。

根据以上题目进行测试，将得分统计在表 2-5 中。测试完毕后，计算出每个类型的得分，选择得分最高的 3 项并按分数高低依次排列，此排列便是你的霍兰德兴趣编码。根据"职业兴趣类别索引表"的内容，便可查找出与自己兴趣匹配度较高的职业。当然，这个测试只适用于对自身进行局部的探索，同学们要想进一步明确职业方向，还需要在此基础上综合其他方面的能力，通过学习和实践来进一步明确与自己匹配的职业。

霍兰德职业兴趣
类别索引表

表 2-5　得分汇总表

类型	对应的题号及得分					合计得分
（R）实际型	2（　）	3（　）	14（　）	22（　）	23（　）	
	36（　）	43（　）	44（　）	47（　）	48（　）	
（I）调研型	6（　）	8（　）	20（　）	21（　）	30（　）	
	31（　）	42（　）	55（　）	56（　）	58（　）	
（A）艺术型	1（　）	4（　）	9（　）	17（　）	32（　）	
	33（　）	34（　）	49（　）	50（　）	54（　）	

续表

类型	对应的题号及得分					合计得分
(S) 社会型	10（ ）	12（ ）	15（ ）	26（ ）	27（ ）	
	37（ ）	45（ ）	52（ ）	53（ ）	59（ ）	
(E) 企业型	11（ ）	13（ ）	16（ ）	24（ ）	25（ ）	
	28（ ）	35（ ）	38（ ）	46（ ）	60（ ）	
(C) 常规型	5（ ）	7（ ）	18（ ）	19（ ）	29（ ）	
	39（ ）	40（ ）	41（ ）	51（ ）	57（ ）	
得分最高的 3 项	（1） （2） （3）					
得分最低的 3 项	（1） （2） （3）					

五、兴趣在职业活动中的作用

当人的兴趣对象指向职业活动时，就形成了人的职业兴趣。职业兴趣主要回答"我喜欢做什么？"的问题，对人的职业活动有着重要的影响。一份符合自己兴趣的工作常常能够给自己带来愉悦感、满足感。在选择职业时，人们总会将自己是否对此有兴趣作为考虑因素之一。从感到有趣开始，到逐渐形成稳定、持久的乐趣，进而与自己的奋斗目标相结合形成有着明确方向性和意志性的志趣，这是人的兴趣发展过程。从事自己感兴趣的职业活动时，人们能被激发出探索和创造的热情，可以在良好的体能、智能、情绪状态下从事有意义的职业活动，全身心地投入到工作之中而又心甘情愿。从事自己感兴趣的职业活动可以让人更容易适应职业环境的变化，可以让人在追求职业目标时表现出坚定的意志力。可见，职业兴趣是个人在进行职业选择时必须考虑的重要因素之一。

总之，对个人来说，从事有兴趣的工作就会更加努力，有努力就容易出成就。从另外一个角度理解，兴趣比能力更重要。具体来说，兴趣对人们职业活动的影响主要表现在以下 3 个方面。

1. 兴趣是人们职业选择的重要依据

正如人们在日常生活中喜欢参加自己感兴趣的活动一样，具有一定兴趣类型的个人更倾向于寻找与此有关的职业，特别是在外界环境限制较小时，人们都会选择自己感兴趣的职业。因此，对个人的兴趣类型有了正确的评估后，就有可能预测或帮助大学生们进行职业选择。

2. 兴趣可以增强人的职业适应性

兴趣可以通过提高工作动机促进个人能力的发挥，兴趣和能力的合理结合会大大提高工作效率。研究表明，如果一个人从事自己感兴趣的职业，就会发挥其全部才能的80% ～ 90%，而且长时间保持高效率却不感到疲劳；而对所从事工作没有兴趣的人，只能发挥其全部才能的 20% ～ 30%。

3. 兴趣在某些情况下具有决定性

应该努力培养自己多方面的兴趣、爱好，并且注意培养自己的主要兴趣，努力发展自己的专长，从而使自己的兴趣、爱好有明确的方向性，在进行职业选择时可以既有一个较广的适应范围，又有一个确定的指向。同时，只有将能力和兴趣结合起来考虑，才更有可能适应职业并取得成功。

综上所述，兴趣与工作满意度、职业稳定性和职业成就感之间的关系密不可分。职业生涯发展中对兴趣的探索，将有助于大学生选择自己喜爱的职业，制订合理的职业生涯发展规划。

❯【案例拓展】

案例1：兴趣与现实的冲突让冯可找不到如意的工作

冯可从营销专业毕业后，并不想从事营销类的工作，而是想要找一份自己感兴趣的工作。冯可最想从事两种工作，第一种和电子竞技相关，第二种是当星探。对于第一个兴趣，他尝试做过一份游戏测试的工作，但由于专业不对口，也没有专门的知识技能来达到职位要求，只能作罢。而星探这一行业在我国还没有发展成规模化产业，也不具备发展成为专门职业的条件。冯可对这一行业的了解只停留在想象阶段，因此也就欲投无门。虽然他找过几份和销售相关的工作，但最终都以"没有兴趣"而辞职。就这样，他一直没有找到称心如意的工作。

分析点评：从例子中可以看出，想要找到称心如意的工作，除了要考虑个人兴趣，还要考虑个人能力和行业状况等多方面因素。并非所有兴趣都可以发展成职业。就冯可而言，他需要多花时间来了解自身的能力并分析现实的环境。

案例2：兴趣成就梦想

苏翊鸣4岁时被父亲带到雪场滑雪，经过尝试后，他逐渐爱上了滑雪。后来，苏翊鸣涉足演艺行业，参与了多部电影的拍摄，在电影《智取威虎山》中饰演"小栓子"一角，颇有些知名度。他一度想走专业演员的道路，将单板滑雪作为兴趣爱好。但后来，苏翊鸣对滑雪的兴趣不可遏制。随着北京冬奥会申办成功，他萌发了成为职业滑雪运动员的念头。2018年8月，苏翊鸣入选跨界跨项单板滑雪国家集训队，成为国家队一员。2022年2月7日，苏翊鸣在北京冬奥会上获得了单板滑雪男子坡面障碍技巧亚军和男子大跳台金牌，成为中国第一位男子单板滑雪金牌得主。

分析点评：从例子中可以看出，要想成就自己的梦想，兴趣的内在驱动力量是巨大的。苏翊鸣本身在演艺界取得了一定的成就，拥有光明的前途，但他无法割舍自己的兴趣，在兴趣的强烈愿望驱动下踏上了职业运动员的道路，最后实现了自己的梦想。

案例3：职业匹配到位，工作顺心

小李是计算机应用专业的毕业生，目前在一家软件公司从事软件开发工作。这本来是一份较稳定且待遇不错的工作，但小李一直都做得不开心。经过测评，小李的兴趣类型是CIS型，此类型的人喜欢按计划办事，喜欢与人打交道，注重工作对人的影响。而他目前从事工作的霍兰德兴趣编码为IRC，适合这份工作的是喜欢独立、创造性强的人。经过分析，小李找到了问题所在，当公司软件售后服务缺少技术人员时，他主动要求调整工作岗位，到了新岗位的小李觉得工作顺心多了。

分析点评：在条件允许的情况下，个体应该尽量从事与自己的职业兴趣类型相匹配的工作。若工作与职业兴趣类型匹配度不高，个体在工作中就难以获得满足感和成就感，从而容易产生消极情绪，甚至会对工作产生厌恶感。

▶【思考与练习】

1. 选择题

（1）"职业自我探索量表"测量的是个体的：（　　　）

A. 能力　　　　　　　B. 人格　　　　　　　C. 人品　　　　　　　D. 兴趣

（2）下列说法错误的是：（　　　）

A. 霍兰德的理论在实际观察研究基础上发展而来

B. 霍兰德测试揭示了个体能否胜任某一个职位

C. 霍兰德兴趣编码并没有好坏之分

D. 个人与职业之间的霍兰德兴趣编码匹配程度越高，往往工作越幸福

2. 兴趣分享。很多人出于延续自己年少时的兴趣爱好的心理走上了职业道路，如牛顿等科学巨匠。请每位同学向其他组员分享自己的兴趣爱好，介绍自己对自己兴趣爱好的认识，以及其对自己职业生涯发展的助益。各组员轮流发言。

3. 有的大学生表示："职业生涯规划就是什么挣钱干什么，不能自己想干什么就干什么。"你如何评价这种观点？大学生的兴趣对职业生涯发展有何意义？

4. 有大学生问："如果我的性格适合的职业和我感兴趣的职业不一致，我该怎么办？"你认为会不会出现这样的情况？个人的兴趣、性格、能力、价值观之间有什么联系？它们之间会不会相互影响、相互作用？

5. 《道德经》有言："知人者智，自知者明。"《孙子兵法·谋攻篇》曰："知己知彼，百战不殆。"《鬼谷子·反应》中记载："故知之始己，自知而后知人也。"这些体现了我国古代哲人认为"认识自己"具有非常重要的作用。请和同学一起讨论：认识自己在职业生涯规划中能够发挥什么作用？如果不能认识自己，会对自己的职业生涯乃至人生发展造成什么影响？

模块三
探索自我　探究个人能力和价值观

【材料阅读】

最美奋斗者

2019 年，为隆重庆祝中华人民共和国成立 70 周年，学习英雄事迹、弘扬奋斗精神、培育时代新人，中共中央宣传部、教育部、国务院国资委、中央军委政治工作部等党政部门决定，授予张富清等 278 名个人、西安交通大学"西迁人"爱国奋斗先进群体等 22 个集体"最美奋斗者"称号。

在这些"最美奋斗者"个人和集体中，既有基层优秀党员干部，也有做出重要贡献的各行各业代表人士，还有在平凡的岗位上做出不平凡业绩的工人、农民、知识分子、干部和各界人士，以及人民解放军指战员、武警部队官兵、公安干警、消防救援队伍指战员等。

于漪，成长于抗日战争时期，从小就深刻地感受到了民族的危亡和人民的苦难，于是立志求学，希望能解救民族于水深火热之中，并使人民走向更加文明的社会。1951 年，22 岁的于漪从复旦大学教育系毕业，随即走上了语文教师的岗位。在教育岗位上，于漪长期躬耕于中学语文教学事业，坚持教学育人，推动"人文性"写入全国《语文课程标准》；主张教育思想和教学实践同步创新，撰写数百万字教育著述，许多重要观点被教育部门采纳，为推动全国基础教育改革发展做出了突出贡献。

王文教，祖籍福建南安，1933 年出生于印度尼西亚，20 世纪 50 年代初成为印度尼西亚家喻户晓的羽毛球明星，功成名就。但在 1953 年随印度尼西亚体育观摩团参加了在天津举办的全国四项球类运动会后，王文教意识到了中国羽毛球与世界顶尖水平的巨大差距。次年，王文教不顾印度尼西亚方面的阻拦和家人的反对，与搭档陈福寿一起毅然归国。归国后，王文教以发展中国羽毛球运动为己任，其与陈福寿合写的有关羽毛球训练方法的文章（后结集成书，名为《羽毛球》）成为全国各省市羽毛球队的训练指导材料。退役后，王文教先后执教福建省羽毛球队、中国国家羽毛球队，在他任总教练期间，中国羽毛球队产生了 56 个世界单项冠军，王文教也因此荣获国际羽联"终身成就奖"。

邓前堆，1964 年出生，在 1983 年患上了严重的痢疾，在村里的诊所躺了 4 天。当时给他看病的乡村医生友向叶问他："生病痛不痛苦？想不想当医生？"邓前堆就此找到了人生的方向，走上了乡村医生的道路。经过乡镇卫生院批准后，他成为友向叶医生的学徒，正式跟着友向叶医生当起了乡村医生。邓前堆热爱农村卫生事业，为了保障村民的健康，他在节假日从没休息过。几十年来，邓前堆不顾危险，靠一套滑轮、一根绳子，借助距怒江江面30米高100多米长的溜索来往于拉马底村，为百姓送医送药，累计出诊5 000多次，步行约60万千米，诊治患者13万余人次，被当地群众称为"索道医生"。

谢晋，1923年出生于浙江省上虞县。谢晋从小就对戏曲有浓厚的兴趣，后来随父母迁居上海继续读小学，对戏曲的痴迷逐渐转向电影。中学时，谢晋便利用业余时间到华光戏剧专科学校、金星电影训练班学习，并参加由于伶等人支持的学生戏剧活动。大学时代，谢晋进入四川江安国立戏剧专科学校学习，后来又在南京国立戏剧专科学校学习导演专业。毕业后，谢晋开始了长达数十年的导演生涯，先后执导了《天云山传奇》《牧马人》《芙蓉镇》《高山下的花环》《鸦片战争》《红色娘子军》等一批思想性、艺术性相统一的优秀电影，集中展现了我国改革开放以来人民思想解放、时代风云激荡的历程，为我国社会主义文艺事业繁荣发展和人民群众思想文化建设做出了突出贡献。

这些"最美奋斗者"个人和集体扎根基层、奉献人民，在各自岗位上做出了非凡事业，不仅实现了自己的职业生涯理想，而且赢得了人民的广泛赞誉，受到了党和政府的表彰，是大学生进行职业生涯规划的榜样。

案例启发：

"最美奋斗者"个人和集体是中华人民共和国成立以来，各地区、各行业、各领域涌现出来的先进个人和集体。这些奋斗者身份不同，所在领域不同，但相同的是他们都对自己有充分的认识，找到了自己的追求与梦想并为之奋斗。大学生也应该以"最美奋斗者"们为目标，自觉把自己的职业生涯发展同国家和民族的发展与兴盛紧密联系在一起，在实现自己人生价值的同时，为中华民族伟大复兴贡献力量。

项目五　探究能力：我能做什么

【学习重点】

（1）了解能力的结构：能力三核。

（2）了解能力发展三阶段。

（3）了解能力的四象限管理策略。

任务 7　能力与生涯

工作适应理论中提到：能力是指"我们能做什么"。比如：能够解一道复杂的数学题，能够说服别人改变想法，能够排除洗衣机故障，这些都表明了人们具有某些潜在的有价值的能力，并且有些能力是直接和职业相关的。当企业选择员工时，就会关注这些能力带来的价值。

早在 20 世纪初，心理学家就对人的能力差异性产生了兴趣，并研制了智力量表，用于测定学生是否适合某种教育形式。在 20 世纪职业生涯规划理论快速发展的时期，帕森斯和戴维斯等心理学家都倡导进行职业生涯规划时要考虑个人的能力特质，以及不同的能力与职业环境的匹配情况。基于此，很多能力特质的测验被开发出来，用于测量人的资质，包括语言和数字推理能力、空间能力、科学技能及动手能力。

明尼苏达工作适应理论提出：当工作环境能满足个人需求（内在满意），个人也能顺利完成工作要求（外在满意）时，个人在该工作领域才能持久发展。也就是说，个人需要努力维持与工作环境之间的一致关系，一致性越高，个人的工作满意度就越高，个人在这个工作领域也越持久。而在影响这种一致性的多种因素中，能力是雇主较看重的，也是个人较需要的。当个人的能力和工作要求匹配时，个人容易发挥自己的潜能并获得满足感。反之，当个人去做不擅长的事情时，就会感到焦虑，产生挫败感。兴趣和性格因素虽然也对工作满意度有重要影响，但它们不直接影响工作效率，不直接决定工作完成情况。因此，做自己有能力完成的工作，培养和发展个人能力，发挥潜能，这是企业和个人共同的追求。

一、能力探索

（一）能力的结构

通常面试官在面试求职者的时候会很关注他们所具备的能力是不是和职位相匹配，那么究竟什么是能力呢？

能力是一种个性心理特征，是能顺利实现某种活动的心理条件。每个人从婴儿成长到能读会算、能完成许多社会交往活动、能规划人生的成年人，已经积累了许多能力，这些能力需要我们识别出来并梳理清晰。这对于知道自己具备什么能力、适合什么工作是非常有必要的。

能力是个体将所学知识、技能和才干在特定的活动或情境中进行内化迁移与整合所形成的能完成一定任务的素质。简单地讲，能力就是能否完成一件事的证明，速度和质量是它的评价标准。比如，网站开发人员最基本的能力是写代码，能否根据网站需求将网站开发出来是是否具备这种能力的证明。职业能力，是指一个人将所学知识、技能才干，在特定的职业活动或情境中，进行内化迁移与整合所形成的能完成一定职业任务的能力。

任务能力都可以拆分成知识、技能和才干，见表 3-1。

表 3-1　能力拆分成知识、技能和才干

能力拆分	定义	举例	呈现	识别技巧
知识	知识与信息	【陈述性知识】物理、生物、法律 【程序性知识】管理方式、骑车技巧	学历、资质证书	名词
技能	运用知识和经验，通过练习而形成的趋于完善化、自动化的复杂系统	【通用技能】阅读、计算机、表达 【社交技能】说服、领导、沟通、展示 【专业技能】分析、统计、仪器使用	可衡量的业绩，实战，实践	动词
才干	自发并贯穿生活的思维或行为模式	专注、亲和力、幽默、感染力	自我观察、他人评价、专业测评	形容词

知识，就是一个人所懂得的东西，需要有意识的、专门的学习才能获得，常常与专业学习或工作内容相关，一般用名词表示。广度和深度是它的评价标准，其重要性常常被求职者夸大。知识不可迁移，需要专门学习才能掌握。

技能，是一个人能操作和完成的技术，这种技术可以从生活中的方方面面，特别是工作之外得以发展，却可经常被迁移运用到工作中。一般用动词表示，熟练程度是它的评价标准。

才干，是一个人"自动"地使用的技能、品质和特质，有的是天赋，也有的是长期习得的。才干对职业达到最优秀有很大的贡献，但单一的才干无法被识别，需要与知识技能组合运用。才干一般用形容词或副词表示，没有评价标准。

能力的三个核心要素称为"能力三核"，如图 3-1 所示。

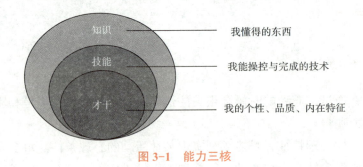

图 3-1　能力三核

（二）能力的分类

多元智能理论是由美国心理学家霍华德·加德纳（Howard Gardner）提出的，对于学校的教学改革和探讨人的发展价值有着积极的意义。该理论认为，智能是人在特定情境中解决问题并有所创造的能力。我们每个人都拥有 8 种主要智能：语言智能、数学—逻辑智能、音乐智能、肢体—运动智能、视觉—空间智能、自然智能、人际智能、自省智能，见表 3-2。这 8 种智能在个人的智能结构中处于同等重要的地位，但是会以不同的方式、不同的程度组合起来，从而使每个人的智能各具特点。传统上，学校较注重学生在数学—逻辑智能（数学）和语言智能（语文）的发展，但这两方面并不是人类智能的全部。不同的人会有不同的智能长项和智能组合，比如，建筑师的空间感（视觉—空间智能）较强，舞蹈学员的动作技能（肢体—运动智能）较强，公关专家的人际交流能力（人际智能）较强等。

表 3-2　人类的 8 种主要智能

智能种类	智能特征	相关训练活动
语言智能	关于表达、驾驭文字的能力强	读、写、讲故事或办一份报纸、期刊
数学—逻辑智能	能有效运用数学方法，推理能力强	计算、游戏、解惑
音乐智能	对音高、音色、节奏、旋律等较为敏感	唱歌、表演、谱曲
肢体—运动智能	有良好的身体技巧和平衡能力	运动、学习舞蹈、体操，制作小模型
视觉—空间智能	能够准确地感觉视觉空间，并能把感觉表现出来	绘画、雕刻、设计服装和家具
自然智能	能够识别自然界的各种动物和植物，并能进行分类	采集各种标本（树叶、化石、蛇皮）、在花园里玩、收养宠物
人际智能	能够察觉别人的情绪、意向，辨别不同的人际关系	领导团队、解决朋友之间的问题
自省智能	能很好地控制自己的情绪，并善于自我分析，有自知之明	独立思考、自我反省

多元智能理论让每个人能看到自己的长处，使人们有信心在职业生涯规划中找到适合自己的方向。在未来社会，职场强调人的专业化发展，看重人的个性化能力，不同的人在不同领域都能取得成就，不再局限于用单一的智能标准来衡量人能力的大小。了解自己具备什么样的智能，就可了解自己的个性特征，知道应重点培养哪些方面的技能，从而达到全面认识自己的目的。

例如：吴刚今年 36 岁，在一家国际互联网公司做创意总监。他个人的职业满意度非常高，公司也很欣赏他的业务能力和管理能力。吴刚在中学时成绩中等，且语文和数学这两科成绩较差，因此未受到父母和老师的重视，他自己对未来的职业成就也没有过多的期待。

但吴刚一直喜欢绘画和摄影，喜欢观察生活的细节，并用画笔或镜头捕捉并表现出来，在当时这被家长认为是"不务正业"的活动。吴刚进入大学学习平面设计后，个人能力开始展现出来，他设计的作品常常受到老师称赞。大学毕业后，吴刚顺利进入这家国际互联网公司，从美编做起，一直做到创意总监，整个过程非常顺利。在他进入职场后，数学和语文方面的能力已不是他工作的重点，而较高的视觉—空间智能成了他的优势。

（三）能力发展阶段

能力的发展可分为三个阶段，如图 3-2 所示。

第一阶段：学习知识。从"无知无能"到"有知无能"，在对某一领域的知识毫不了解的情况下，通过学习获得知识。

第二阶段：固化技能。从"有知无能"到"有知有能"，在获得相关领域知识后，通过练习固化此领域的技能。

第三阶段：内化才干。从"有知有能"到"无知有能"，在掌握此领域的技能后，通过长期反复实践将此领域技能内化为才干。

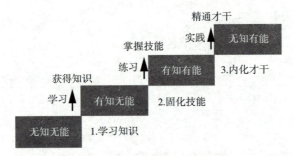

图 3-2　能力发展三阶段

例如：小强在自己的职业发展上遇到一些困惑，找到生涯咨询师进行咨询后，困惑得到解决。同时，他开始对生涯咨询师这个职业感兴趣，但是除了八年的工作经验，没有任何和这个职位相关的能力。那么他应该怎么做才能拥有做生涯咨询师的能力呢？

第一阶段：学习知识。他通过参加生涯知识的培训、收听相关网络课程、购买并阅读生涯领域的著作等方式，不断丰富自己生涯领域的知识。

第二阶段：固化技能。在一段时间的知识学习后，小强刻意在生活中和工作中使用所学到的生涯知识。通过不断练习，他发展出了不错的沟通技巧等技能，而这些技能都能在生涯咨询中得到运用。

第三阶段：内化才干。在练习了一段时间之后，小强开始进行正式的公益生涯咨询，将自己在其他地方练就的技能应用到生涯咨询之中。在帮助其他人的同时，他慢慢地培养了自己的亲和力、洞察力、同理心，形成才干。

经过这三个阶段的修炼，小强拥有了做生涯咨询的能力，可以成为很优秀的生涯咨询师。

二、能力的修炼

从能力发展三阶段来看，能力的修炼可以用九个字表示：学知识、用技能、攒才干。

技能是指经过后天学习和练习培养而形成的能力，是在知识基础上的精进。学习的知识通过实践和反复练习得到提高和延展，就发展为技能。在表 3-2 中，"智能特征"反应能力倾向，"相关训练活动"则与技能的培养有关。二者都具备的人成为专业人才的可能性较高。上述例子中的吴刚，他具有视觉—空间智能的倾向，有两种可能的发展方向：一是重视这个智能倾向，积极培养和训练，使其设计技能越来越好；二是忽视这个智能倾向，把时间花在学习数学和语文知识上，结果可能是无法发展出优秀的设计技能。因此，能力能否转化为技能，训练起到了关键作用。

大学生经过十几年的系统学习，已经培养了多项能力和技能，不管是否具备能力天赋，都经过了在各项能力上的全面训练，形成了一定的技能。大学生需要识别自己具有哪些天赋，并将之培养成优势技能。比如，有的大学生在音乐上没有什么天赋，虽然经过多年的音乐学教育，掌握了基本的知识和技能，具备了一定的音乐技能，但其音乐技能在求职中并不是优势技能。还有些具备音乐天赋的大学生，由于没有进行音乐专项训练，其音乐技能可能停留在兴趣爱好者的水平上，无法作为优势技能来求职。如果一名大学生不仅具有音乐天赋，还在音乐学院进行了专业学习和训练，那么就可以作为音乐专业人才进入职场，音乐技能就是其优势技能。

优势技能是通过训练形成的，日复一日的学校教育帮助学生形成了基本的技能。但有些技能并不能在学校里学到，或者没有足够的时间来训练形成某些技能，这就需要学生对自己的能力有准确的认识，然后制订训练计划，发展有关方面的技能。

三、大学生要树立正确的能力观念

生涯探索实践中常常有学生提出关于能力的种种忧虑，比如：有人会感到自己各方面能力和优秀的同学相比都有欠缺，常常为在短期内难以达到较高水平而苦恼；有人在某方面的能力很强，但在其他方面的能力却很弱，二者差距很悬殊，担心影响未来的职业表现；有人希望提升自己，却不知道哪种能力最值得投入时间和精力。这些忧虑涉及学生对能力持有何种观念？

（一）发展能力的重点是发挥优势还是恶补短板？

木桶理论曾经被许多人用在人的发展中，一个木桶能装多少水，取决于它最短的那块板。木桶理论也曾让很多大学生忙于补自己的短板，希望自己的"木桶"能装更多的水，从而获得更高的职业成就。然而，这个理论近年来得到全新的诠释，木桶能装多少水，不仅取决于最短的那块板的高度，还取决于木桶的直径、木板的弧度、桶底的承受力等因素。这样一来，最短的板有多高，似乎不是最关键的因素了。任何一件事情要做成功，都不取决于单一的因素。补能力的短板也许是完善自己的路径之一。然而，要想提高自己的竞争力，增强自己的综合能力，还有其他的方法。

1. 能力四象限管理

每个人都会有很多能力，可这些能力如何管理，才更有利于职业发展呢？能力根据高低及喜欢与否可分为优势、潜能、退路和盲区。能力四象限管理如图3-3所示。

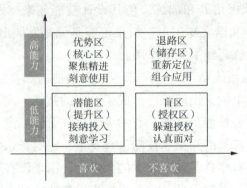

图3-3　能力四象限管理

【优势：现在的能力】

核心区的能力一定是一个人现在拥有的能力，如果为这方面的能力策略提取一个关键词，那就一定是"打造品牌"。一方面应当不断聚焦、精进，确保它具有竞争力；另一方面需要"刻意使用"，"刻意使用"是提醒自己不要仅仅闷头使用，还要主动宣传、刻意传播，让这个能力形成个人品牌。这样，核心区的能力就能源源不断地带来各种机会与资源。比如，姚明最主要的优势区就是有打篮球的身高和技术，所以他努力成长成为NBA巨星；而郭敬明的优势区是写作，所以他凭借自己的文采收获了一大批粉丝。

【潜能：希望未来有很优秀的能力】

这部分往往会是自己感兴趣、希望在未来发展得很优秀的能力，最关键的措施就是要加大投入、刻意练习。在学习过程中，一定不要同时学习很多的能力，人的精力是有限的，越聚焦效果越好，越容易形成自己的品牌。作为大学生，每一段时间内同时开始学习的能力应当是1～3个，不要超过3个。比如说，对设计很有兴趣，但现在自己的能力上有很多不足，那么要先接纳自己现在的状态，然后投入时间和精力去学习，并且经常刻意练习这个技能，以达到熟练。

【退路：过去的能力，基础保障】

这部分的能力是过去的能力，常常是人们在过去用得还不错，在生存阶段被迫锻炼起来的。虽然使用这部分的能力不能在情绪上带给人们很大收益，但它们可以成为基础保障，让人不至于一无所有。所以这部分的能力应时不时抽点时间回顾练习，保证自己仍然能够掌握它们，不至于荒废。同时，也可以对这部分能力进行重新定位，看看能否进一步发展深入，或者与自己所感兴趣的能力一起组合使用，发挥优势、带动发展。最后，这方面的能力要尽量低调，不要让太多人知道，避免招来此类任务。比如说，一些人因为在大学社团中经常组织活动，所以协调组织能力特别好，但是其实他们觉得这些事情特别琐碎，不愿意使用。那么，协调组织能力就是他们储存区的能力，既可以将这部分能力继续深入发展成为管理能力，也可以与其感兴趣的培训结合起来，组织员工内训，但是要尽量保持低调。

【盲区：正视不足，积极回避】

这部分的能力需要认真面对，正视自己在这方面的不足，然后积极地回避它。回避的具体方式有授权与合作。一个人的盲区有可能是别人的优势能力，如果能把与这些能力相关的任务授权给自己的下属完成或与同行寻求合作，那也是一个不错的选择。如果领导交付这种任务，可能需要看情况与领导沟通，向领导解释自己可能承担其他任务量更大但更擅长的任务会是一个更好的选择。比如，一些人在工作中发现组织活动对他们来说特别困难，每次都组织得一团糟，那么他们对这种情况需要回避，或者授权给合适的下属去完成。

2. 合理接纳自己的能力限制

常有大学生提出以下问题："老师，我的组织协调能力不行，我要怎么提高？""老师，我的总结概括能力太差了，我应该怎么提高？""老师，我不喜欢与人沟通，我要怎样才能让自己健谈呢？"对于这些情况，应当弄清楚：这些能力是不是必须要提高的？在自己能达到的能力范围之内吗？如果是艺术型的学生，组织协调能力并不重要，其优势能力应该是创造性和审美感，选择工作领域的时候可以选择需要具有创造性和审美感的岗位，不太需要很强的组织协调能力。现代社会分工合作的特征越来越明显，并不需要一个人同时具备所有的能力。性格类型是内向型的大学生，并不具备健谈的特点，便适合从事编辑、作家、财务、音乐制作、医疗等需要从业者有专注于自身所做业务的能力的职业，而不把健谈作为对从业人员的首要要求。因此，要合理接纳自己的能力限制，不要陷入对能力的无限追求中。

3. 找到重点应发展的能力

有些同学认为自己的能力和兴趣不在同一个领域，有能力的没有兴趣，有兴趣的能力不够。这其实涉及知识技能、自我管理技能和可迁移技能3种技能的掌握情况。专业能力通常与知识技能相关，而有兴趣的领域不是所学专业，因此知识技能的积累不够，造成暂时的能力不足。自我管理技能和可迁移技能，即前面提到的能力三核中的才干，这两种技能不是通过所学专业能学到的，但对工作的帮助往往更大。如果具备查询资料的能力和学习能力，那么学习其他专业知识并不难。因此，在现代社会，相比知识技能，更需要重点发展的是自我管理技能和可迁移技能，即才干。

（二）对能力的探索也是自我认知的提升

有些大学生认为自己能力平平，和他人相比无突出的优势，好像自己具备的能力别人都具备，别人具备的能力自己却完全不具备。如果有这种情况，应该加强对自己能力的探索。学生时代的评价体系大多局限在学习方面，比较单一；而职场人的评价体系则更加社会化，对人的要求更全面更立体。有些优势能力在学习阶段并没有体现出来，因此需要不断探索自己的能力。比如，独立的研究能力和创新性思维在求学时期较少有机会展现，但具备这些能力的人，在一个研究型的工作岗位上就能将这些能力发挥出来。探索能力的过程也是自我认知不断提升的过程，大学生要不断学着去探索自己已经具备但未明显体现出来的能力特征，为职业生涯规划做好准备。

▶【案例拓展】

案例1：对于攀登者来说，想要第一次就登上海拔6 000米以上的高峰是非常难的，这需要经过多年的训练与积累。或许一开始，攀登者只能攀登海拔2 000米的山峰，此后再经过不断的练习，可以提高攀登难度，甚至从轻装登山慢慢过渡到负重登山。当你无法直接登顶珠穆朗玛峰的时候，不妨先从较低的山峰开始练习，渐渐地，攀登珠穆朗玛峰就不再是奢望。

案例思考：

说一说，你从上述资料中得到了什么启示。

案例2：慕容仪是一名非常优秀的人事工作者，被任命为人事经理，管理其他9名员工。上任伊始，因为几个关键职位迟迟没有招聘到位，公司一项非常重要的业务正陷入停滞。慕容仪的上司诸葛铁穹因此承受着来自管理高层的巨大压力。诸葛铁穹要求慕容仪亲自参与招聘工作，尽快招募到合适的人才，而他会帮助慕容仪分担一部分管理工作。

慕容仪和诸葛铁穹一起完成了任务，他们因此得到了额外的奖金。诸葛铁穹告诉自己的上司，慕容仪最有可能是自己的继任者，因为她在这次危机中表现得非常优秀。表面上看，慕容仪和诸葛铁穹完成了他们自己的工作，但实际上他们都未能恰当地履行其真正的职责。诸葛铁穹向慕容仪传递了一个错误的信息，那就是一旦危机出现，诸葛铁穹会替慕容仪做一些管理工作，而慕容仪则会回归之前的招聘岗位。

销售总监忙着监控销售签单量，销售经理忙着拜访客户达成签约，而销售人员忙着准备文件……管理错位几乎是企业的通病，而大部分企业却浑然不知。由于上一职级的领导通常都是因其在下一职级上良好的业务表现而被提拔，他们能够很好地完成原来岗位上的工作，却不懂得如何履行领导的管理职责。在面对上级布置的任务时，他们往往来亲力亲为，将工作完成得很好。渐渐地，公司不但习惯和接受了这种状态，而且还将这种工作错位制度化，通过薪酬制度给予鼓励。这种管理层级工作下沉的状况，最终造成公司整体工作效率难以得到真正的提升，组织高层也只关注是否完成了某项工作，而没有人注意为此付出的隐性成本和员工的职业发展。

案例分析：

（1）你的能力匹配得上你的职位吗？角色VS职业？

在慕容仪和诸葛铁穹的故事中，慕容仪学到的是关注错误的方向，没有学会如何通过调配资源解决问题。诸葛铁穹也仅仅是名义上的总监，虽然领着总监职位的工资，却没有发挥出帮助用人部门寻找替代性解决方案的作用。诸葛铁穹认为慕容仪可以做自己的继任者，但慕容仪并没有为更高的领导层级做好准备。

（2）如何知道员工是否在与他们能力相匹配的领导层级上任职？

案例中慕容仪、诸葛铁穹的能力，具体来说就是业务能力和领导能力是否与其职位相匹配的问题。从角色来看，做好一名基层员工，干好一名中层主管，资深卓越的高管应科学正确地审时度势、领航所在的企业披荆斩棘、向前发展。

案例3：小张，女，25岁，毕业后进入一家企业人事销售部做助理的工作，工作2年了，觉得自己能力很强，但是公司始终都不给她机会，有种怀才不遇的感觉。小张想离职去别的公司寻找发展机会，但又舍不得这里良好的同事关系，纠结中就找HR小刘聊天，想获得帮助。

案例讲解：

（1）了解需求：小刘平时跟小张有一些工作交集，对小张的情况有一些了解，觉得小张的能力其实并没有她自己想象的那么"强悍"。小刘一边安抚着她，一边跟她说有一个工具可以帮她分析一下能力，邀请她进行尝试。小张觉得挺有趣，就应允了。

（2）进行能力分区：小刘使用能力卡片工具，引导小张把自己的能力按照是否喜欢，是否擅长的维度进行排列，最后得到了如图3-4所示的能力分区图。

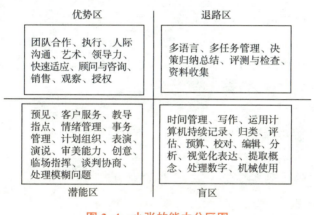

图3-4　小张的能力分区图

（3）制定能力管理策略：看到这个能力分区图以后，小张对自己的能力有了一个重新的评估，发现自己在这家公司还有很多可以去提升的部分，于是小刘帮她做了一个能力管理的计划。

小张希望在接下来的3个月对优势区的销售、执行能力做更多的投入，让领导看到她在这一方面的成绩，多分配给她一些客户资源去开发；对退路区的归纳总结能力与优势区的销售能力做链接，把销售过程中的心得体会整理出来，在部门内做分享；对潜能区中的客户服务、谈判协商能力投入时间和精力学习，拜个师父好好学习一下；对盲区里的时间管理能力硬着头皮学习提升一下，因为它对自己的工作绩效提升至关重要；对预算一类的工作，她打算跟部门的小刘搞好关系，请她来帮自己完成。

有目标就不盲目，做好这个能力管理策略以后，小张心里就踏实多了，觉得自己在公司中又有了奋斗的目标，开心地干活儿去了。

▶【思考与练习】

1.请在10分钟内写出自己具备的所有能力，不论大小，可以涵盖各个方面。然后按照能力的强弱，以10分为满分给每项能力打分。给这些能力分类，说说每一类别中各项能力有什么共性。

2.请认真完成有效沟通计划表3-3的内容。

表3-3　有效沟通计划表

沟通对象	对象特点	适合的沟通方式	技巧与注意事项
父亲或母亲			
辅导员			
实习单位的领导			
同寝室的室友			

3.团队合作能力小测试。

下面是一项针对团队合作能力的小测试，请根据自己的实际情况做出选择，不要因考虑自己应该或者觉得这样做更好而选择某个答案（单选题）。

（1）和朋友聚餐时，你一般会选择（　　）。

A.只点自己最喜欢吃的菜

B.点大多数朋友都比较喜欢吃的菜

C.点自己喜欢且大家也能吃的菜

（2）赴约时，你的表现更符合（　　）。

A.总是提前几分钟到

B.经常迟到

C.有时候早到，有时候迟到

（3）班里来了一个新同学，你会选择（　　）。

A.这跟我没关系

B.主动打招呼，帮助他（她）尽快适应班级生活

C.如果他（她）主动跟我打招呼，我就会帮助他（她）

（4）参加班级组织的体育活动时，你一般会选择（　　）。

A.积极参与，即使自己体育不太好也会在旁边加油

B.忙自己的事情更重要，能不参加就不参加

C.如果有自己喜欢的项目就参加这个喜欢的项目，没有就不参加

（5）你们团队参加比赛失败了，你会选择（　　）。

A.抱怨出现失误的同学

B.鼓励大家不要气馁

C.和大家一起找到失败的原因

（6）班里有同学生病的时候，你会选择（　　）。

A.如果跟自己关系好就帮忙照顾，不好就算了

B.不去帮忙，因为人人都应该学会照顾自己，不能指望别人

C.仔细照顾他（她），做一些自己力所能及的事情

（7）有一道数学题，同学不会做而你会做，你会选择（　　）。

A.他（她）数学老是能考过我，我不能告诉他（她）

B.给他（她）讲一遍，如果还是不懂就让他（她）去问别人

C.耐心解答，直到他（她）听懂为止

（8）午休时，班级里静悄悄的，此时你一般会选择（　　）。

A.上午的功课已经完成，安静休息

B.忙一些自己的事情，不时发出声响

C.忙一些自己的事情，但尽量轻手轻脚

（9）对于那些学习成绩很差的同学，你一般会认为（　　）。

A.他们太笨或太懒了

B.他们可能是不够勤奋，再努力点就好了

C.他们虽然学习成绩不好，但在某些方面仍然有值得我学习的优点

（10）你在参与一项活动时，发现你的小组成员能力都不如你时，你会选择（　　）。

A.自己一个人干算了，免得他们做不好还得让我重做

B.自己干最重要的部分，分给他们做其他的

C.按照每个人的情况，合理分工，共同完成任务

（11）执行某项任务时，某个同学临时有事来不了，你会选择（　　）。

A.主动分担他的工作

B.不是分内的事情，自己才不理会

C.这次替他干，下次让他帮自己干

（12）你的好朋友在考试中的成绩比你好时，你会选择（　　）。

A.衷心地向他（她）表示祝贺，并向他（她）请教

B.表面表示祝贺，心里不太舒服

C.心里很不舒服，暂时先不理他（她）

测试分析：将你的答案填到表3-4中，再根据表格中各个选项所对应的分数，计算出总分数。

表3-4　测试分值表

选项	题1	题2	题3	题4	题5	题6	题7	题8	题9	题10	题11	题12
A（2）												
B（1）												
C（0）												
选择												
对应分数												

17～24分：你是一个很有合作精神的人。你遇到事情时能够考虑到他人，因此大家都愿意和你共事，你会有很不错的发展。

10～16分：你的团队合作精神中等。你能够注意他人的感受，但是需要加强对合作重要性的认识，使自己更受欢迎。

10分以下：你的团队合作精神很差，需要有意识地去培养。当今社会，学会和他人合作能让你取得更大的成就。

项目六　探究价值观：我应该做什么

【学习重点】

（1）了解什么是价值观。

（2）探索自己的职业价值观。

（3）学习培养和发展自己的职业价值观。

（4）认识职业价值观与职业选择、职业发展的关系。

（5）了解舒伯的职业价值观。

任务8　价值观与生涯

一、什么是价值观

价值观（Values）源自拉丁语词根"valeo"，意思是"坚强起来"。为了某件事情，内心充满动力，坚持走下去，这就是价值观带来的行动力。价值观是人们在生活和工作中所看重的原则、标准或品质，是个体行动背后的深层动机，对个体的职业选择和发展产生重要的影响。

想要冲事业，但身体吃不消，到底冲不冲？

想吃又怕胖，到底吃不吃？

我们身边充满着各种各样的选择，你想要哪一个？你为什么会这么选择？

在这个世界上，每个人的资源都是有限的，但是想要的东西总是希望越多越好，资源有限但需求无限，必然要求人们做出选择。每个人在选择时，内心都有一些自己独特的准则，什么最重要，什么次重要，什么不重要，这就是价值观。价值观就是人生中各事物重要程度的排列。关于价值观有很多说法，下面是大部分专家都认同的一些观点。

价值观是——

生活方式的排列。即使是两个具有相同价值观的人，他们对同一个价值观在自己生活里的重要程度也会有不同的观点。

行为的驱动力。一个人的行为是被其最热切拥护的价值观所驱动的。比如一个人的价值观有"健康"，那么就会在健康的驱动下，促成锻炼的行为。

非常主观的。正是你对各种价值观的自由组合和优先排序，使得人们成为与众不同的自己，价值观没有对错，只有真实与否，作为在校大学生，我们要树立正确的价值观。比如，一对夫妻，妻子追求安稳，丈夫追求挑战，这两个人的价值观并没有谁对谁错之分，这些都是来自他们自己的感受。

不完全稳定。价值观会随着人的需求和视角的变化而变化。一个澳大利亚的研究发现，"9·11"恐怖袭击事件发生后，职员们对"安全感觉"这项价值观的优先级显著提高了。

价值观不是——

目标。目标是价值观的体现，是资源和价值观的交集。比如小林想从事建筑设计师的工作，那么在他现有的资源（建筑设计专业毕业，跟着老师做过很多项目）和价值观（创新）驱动下，他会很快达成自己的目标。

道德或伦理。道德是人们设立的"好行为"的标准，伦理则是约定俗成的行为准则。道德、伦理和价值观之间会互相影响，但又有本质的区别：道德和伦理对人起约束作用，价值观则对人起推动作用。个人的真实选择往往介于价值观和道德之间。比如追求自由是小蕊的价值观，但是对家庭负责任是道德约束，那么她会做出的选择是在对家庭负责任的基础上去追求自由。

需求。美国心理学家亚伯拉罕·H.马斯洛（Abraham H.Maslow）提出了著名的人类需求层次论，他指出，人类从低级到高级有五个层次的需求：生理需求、安全需求、归属需求、尊重需求和自我实现需求。这五种需求是逐级上升的，只有当低层次的需求得到了满足，人们才会去追求更高层次的需求。比如，当一个人吃不上饭的时候，不会考虑更高的归属、尊重和自我实现的需求。但是需求会影响人的价值观，越是底层的需求对价值观的影响就越大，所以人们的职业价值观会在不同阶段表现出不同的倾向。比如，职业发展初期，人们工作是为了生存的需求，也就是生理需求和安全需求，这就是一个人生活中最基本的需求，即工作就是"挣钱养家"。

二、价值观激励生涯发展

现代社会的职业模式正在发生重大变化，传统单一的、一成不变的职业模式正在受到冲击，出现了越来越多的多样化的、凸显个人选择的职业模式。价值观在多种职业选择面前扮演着重要的决策角色，它引导个体朝向自己认同的发展方向。价值观对职业行为的影响非常明显，一个乐于助人的人愿意从事教师或社工等收入不高的工作，但一个追求高收入的人则会把薪水高低作为找工作的标准。在职业生涯中，任何一项决策背后都有价值观的指引，可以说，如果不确定自己的价值观，将无法作出决策。两项工作同时摆在你面前时，你需要清楚什么对你更重要，是社会地位还是经济报酬？是助人精神还是安全感？有了价值观的引领才能在作决策时更加坚定。

心理学家发现，当一个人的心理动机来源于自己定义的价值观时，就会变得更加快乐、健康、状态会更好。价值观对于人们的内在决策过程起到至关重要的作用，内在需求决定了人们会做出怎样的价值选择。

由于个体所处的生涯发展阶段和社会环境不同，需求也会发生改变，从而可能导致价值观的变化。同时，由于社会的多元化发展，多种价值观的冲击也会导致原有价值观产生混乱乃至改变。因此，价值观需要不断地被审视和澄清才能继续激励生涯的发展。

三、职业价值观探索

(一) 如何修炼自己的价值观

价值观是对事物重要性的一套评判标准，而出于生物本能，人们对越重视的东西越是会不断努力去争取。因此，形成稳定的价值观，保证自己的生命朝向同一个方向前进，就显得尤为重要。这时候就需要修炼自己的价值观。

（1）持续确认。想要修炼出稳定的价值观，首先需要对生活有足够的体验。"读万卷书"，不如"行百里路"，许多时候别人的描述远远不能传达事物的本来面貌，只有自己切身地经历过，才能体会到真滋味。不去多多体验，永远不会遇到自己内心所想的生活。而每一次遇见，都需要进行确认，这是我想要的生活吗？经过持续的确认，才不会过早选择不想走的道路。

（2）自我激活。在反复确认之后，人们的内心会迎来不可抑制的热情，这很可能就是他们一生为之追寻的价值观。现代社会变化迅速，如何在这纷繁复杂的环境中始终保持初心，就成为一门学问。也许有人会觉得这个价值观不是自己想要的（比如金钱），却反复出现在各种经验之中。这个时候就需要进行自我激活，悦纳自己这种暂时的状态。人在不同的阶段，会因为外在环境的不同而有不同的价值观偏好，这是极为正常的。学会悦纳自己，进行积极的自我激活，会在调整中找到自己一生不变的价值观。

（3）公开主张。如果只是自己知道自己的价值观，而周围人却不知道，他们在无意中可能会做出触犯自己价值观的行为。为了更好贯彻自己的价值观，需要向周围人公开主张自己的价值观。不喜烟酒的人，需要时刻提醒朋友自己不沾烟酒，如此这般公开主张之后，聪明人自然不会再带烟酒与之接触。公开主张有助于改造出有利于坚持价值观的环境。

（4）不断践行。赵括熟读兵书，善于论战，却从未亲自领兵打仗。在长平之战中被委以重任，却被秦将白起用计杀之。纵有千般学问，仍需躬行实践，价值观的修炼亦是如此。这个过程是最困难的阶段，因为会有各种已知或未知的阻力干扰价值观的修炼。弱者往往选择了等待，期待有一位勇士脚踏七彩云接自己脱离苦海，生命就在这毫无意义的等待中挥霍了。世界上从来就没有救世主，每个人都必须咬牙践行自己选择的价值观。

（二）职业价值观探索

职业价值观是价值观在职业领域的体现，是人们选择职业的重要因素。职业价值观是指不同人生发展阶段所表现出来的阶段性人生价值追求。舒伯将职业价值观划分为 13 个维度，具体内容如下。

利他主义——工作的目的和价值，在于直接为大众的福祉尽一份力。

美感——工作的目标和价值，在于能不断追求美的东西，得到美感的享受。

智力刺激——工作的目的和价值，在于不断进行智力的操作，动脑思考，学习并探索新事物，解决新问题。

成就感——工作的目的和价值，在于不断创新，不断取得成就，不断得到领导与同事的赞扬，或不断实现自己想要做的事情。

独立性——工作的目的和价值，在于能充分发挥自己的独立性和主动性，按自己的方式、步调或想法去做，不受他人的干扰。

声望地位——工作的目的和价值，在于所从事的工作在人们的心目中有较高的社会地位，从而使自己得到了人们的重视与尊敬。

管理——工作的目的和价值，在于获得对他人或某事物的管理支配权，能指挥和调遣一定范围内的人或事物。

经济报酬——工作的目的和价值，在于获得优厚的报酬，使自己有足够的财富去获得自己想要的东西，让生活过得较为富足。

社会交往——工作的目的和价值，在于能和各种人交往，建立比较广泛的社会联系和关系，甚至能和知名人物结识并建立关联。

舒适（环境）——希望能将工作作为一种消遣、休息或享受的形式，追求比较舒适、轻松、自由、优越的工作条件和环境。

安全感——不管自己能力怎么样，都希望在工作中有一个安稳的局面，不会因为调动工作或领导训斥等经常提心吊胆、心烦意乱。

人际关系——希望一起工作的大多数同事和领导人品较好，一起相处时都感到愉快、

自然，认为这就是很有价值的事情，是一种极大的满足。

追求新意——希望工作的内容经常变换，使工作和生活显得丰富多彩，不单调枯燥。

舒伯还研究开发了职业价值观量表（Work Values Inventory），用于测试一个人对这13种职业价值观的排序，同学们可以通过后面的自测，得出每种工作价值的分数，得分最高的 3～5 种价值就是对受测者来说最重要的价值。

在为自己做职业生涯规划前，一定要明确自己的价值观，特别是职业价值观。职业价值观决定了工作中哪些因素对自己更重要，哪些是需要优先考虑和选择的。

对自己的价值观，特别是职业价值观进行分析时，可以参考学者们对职业价值观进行的分类，看自己到底属于哪一种。其实，可以对不同职业价值观的内容加以归纳总结，根据它们所体现的主要方面，来确定自己的职业价值观中主要因素是什么，这就是职业价值观探索过程。张再生教授把职业价值观的主要因素总结为 3 类，并认为职业价值观探索可以从以下 3 个方面展开。

（1）发展因素。包括符合兴趣爱好、机会均等、公平竞争、工作有挑战性、能发挥自身才能、工作自主性强、能提供培训机会、晋升机会多、专业对口、发展空间大等，这些都与个人发展有关，因此称为发展因素。

（2）保健因素。包括工资高、福利好、保险全、职业稳定、工作环境舒适、交通便捷、生活方便等。这些与福利待遇和生活质量有关，因此称为保健因素。

（3）声望因素。包括单位知名度、单位规模、单位权力、行政级别和社会地位等。这些都与职业声望地位有关，因此称为声望因素。

职业价值观是复杂的、多维度的心理因素，这些因素对职业的选择和衡量产生了不同程度的影响。从当前的实际情况来看，大学生的职业价值观普遍越来越重视发展因素，对保健因素和声望因素的重视程度则因人而异，差别较大。

个人的价值观体现在工作和生活的每件小事中，有时候人们在不经意间就根据某项价值观作为决策的依据，却没有察觉它的作用。价值观探索的价值在于帮助人们察觉那些经常被下意识运用的价值观，帮助人们看清自己最看重的、无论如何也不会放弃的东西是什么。价值观探索能帮助人们明晰什么对自己最重要；体会到什么让生命更有意义；认识到某一个工作如何影响其生活。

（三）职业价值观测试

【测试说明】：本测试共有 40 个题目，代表了 10 种职业价值观，做每个题目时需要根据自身实际的愿望或要求进行衡量。为了便于统计分析，请将分值填入职业价值观测试得分表 3-5 中对应题号后的括号内。注意：本测试结果仅供参考，不代表最终结论。（非常符合得 5 分；比较符合得 4 分；基本符合得 3 分；不太符合得 2 分；非常不符合得 1 分。）

1. 在工作中你能接触到各种不同的人。
2. 你的工作赋予你高于别人的权力。
3. 你的工作时间比较富有弹性。

4. 只要努力，你的工资会高于其他同龄的人，或者晋升、涨薪的可能性比其他工作大得多。

5. 你的工作能为大众谋求可见的福利。

6. 你的工作奖金很高。

7. 你的工作单位的同事和领导人品较好，相处比较随意。

8. 你能在工作中自由发挥才能。

9. 在别人的眼中你的工作很重要。

10. 你的工作在体力上比较轻松，在精神上也不紧张。

11. 你的同学、朋友都非常羡慕你的工作。

12. 你的工作成果常常能得到上级、同事或社会的肯定。

13. 你的工作使你感觉到你是集体中的一分子。

14. 无论你干好还是干坏，你总能和大多数人一样晋升和涨薪。

15. 你的工作使你很有成就感。

16. 你的工作使你有可能结识各行各业的知名人物。

17. 在工作中，你的新想法总能得到尝试。

18. 在工作中，你不会因为身体或能力等因素被人瞧不起。

19. 你在工作时能够组织和计划别人的工作。

20. 在工作中，你不必担心因为所做的事情使领导不满意而受到训斥或经济惩罚。

21. 你能从工作的成果中知道自己做得不错。

22. 你的工作需要经常出差参加各种集会或活动。

23. 你从事的工作经常在报刊、电视中被提到，因而你在人们的心目中很有地位。

24. 只要你干上这份工作，就不会再调到其他你意想不到的单位或工作中去。

25. 在你的工作中，不会有人常来打扰。

26. 你的工作可以使你获得较多的额外收入，比如公司常发实物或购物券、常可以购买打折的食品、常有机会购买打折的进口产品等。

27. 你的工作要求你把一切事情管理得井井有条。

28. 你的工作单位有舒适的休息室、更衣室、浴室及其他设备。

29. 你的工作有数量可观的夜班费、加班费、保健费或营养费等。

30. 你能在工作中和同事建立良好的关系。

31. 你的工作使你常常能帮助别人。

32. 你的工作作风使你被人尊重。

33. 你的工作会使许多人认识你。

34. 在工作中，你为他人服务，使他人感到满意，你自己也因此感到高兴。

35. 在工作中，你不受别人差遣。

36. 在工作中，你能和领导相处融洽。

37. 你可以看见你努力工作的结果。

38. 经常有许多人由于你的工作来感谢你。

39. 你的工作场所很舒适，比如有适度的灯光、舒适的座椅、安静清洁的环境，以及宽敞的工作空间等。

40. 在工作中，你可以领导他人，虽然可能只领导几个人，但你也很乐意。

表3-5　职业价值观测试得分

职业价值观类型	对应的题号及得分				合计得分
高收入	4（　）	6（　）	26（　）	29（　）	
社会声望	9（　）	11（　）	23（　）	32（　）	
独立性	8（　）	17（　）	25（　）	35（　）	
奉献性	5（　）	31（　）	34（　）	38（　）	
稳定性	14（　）	18（　）	20（　）	24（　）	
多样性	1（　）	16（　）	22（　）	33（　）	
领导性	2（　）	19（　）	27（　）	40（　）	
成就感	12（　）	15（　）	21（　）	37（　）	
舒适性	3（　）	10（　）	28（　）	39（　）	
人际关系	7（　）	13（　）	30（　）	36（　）	
得分最高的3项	（1）　　（2）　　（3）				

【测试分析】：对表3-5的各项得分进行分数汇总，将得分最高的3项参照下列分析进行解读，你将对自己的职业价值取向有一个大致的了解和掌握。

（1）高收入。工作的目的和价值在于获得优厚的报酬，使自己有足够的财力去获得想要的东西，让生活过得较为富足。

（2）社会声望。工作的目的和价值在于从事该工作在人们心目中有较高的社会地位，从而得到别人的尊重。

（3）独立性。工作的目的和价值在于能充分发挥自己的独立性和主动性，按自己的方式、想法去做，不受他人干扰。

（4）奉献性。工作的目的和价值在于能直接为增加大众的福祉尽一份力。

（5）稳定性。希望在工作中有一个安稳的局面，不会被调动或受到领导训斥。

（6）多样性。工作的目的和价值在于与人交往，建立比较广泛的社会联系和关系。

（7）领导性。工作的目的和价值在于获得对他人或事物的管理支配权，能指挥和调遣一定范围内的人或事物。

（8）成就感。工作的目的和价值在于不断创新，不断取得成就，不断得到领导与同事的赞扬，不断实现自己想要做的事。

（9）舒适性。工作的目的和价值在于拥有比较舒适、轻松、自由、优渥的工作条件和环境，将工作作为一种消遣、休息或享受的方式。

（10）人际关系。希望一起工作的大多数同事和领导品格较好，相处感到愉快、自然，认为这就是很有价值的事。

四、兴趣、性格、能力、价值观与职业的关系

本模块学习了兴趣、性格、能力和价值观，表3-6列出了这4个方面与职业的关系，可以让人们清晰地了解当自己在职业发展中表现出某些状态或出现问题时，需要调整哪个方面。一份理想的职业，往往让人们能够感觉到它是自己想做的、能做的、值得做的，并且做起来顺手的。

通过探索了兴趣、性格、能力和价值观，同学们能够对自己有更深的了解，离理想的职业目标便更进一步。

表3-6　兴趣、性格、能力、价值观与职业的关系

类型	概念	与职业匹配时表现的状态	与职业不匹配时出现的问题	与理想职业的关系
兴趣	兴趣是人们认识某种事物或从事某种活动的倾向。它表现为人们对某种活动的选择性态度和积极的情绪反应	心流感	专注问题	想做的
性格	性格是人们在对现实的稳定态度和习惯性的行为方式中所体现出来的个性心理特征	高效率	人际问题	做得顺手的
能力	能力是指人们成功地完成某种活动所必需的个性心理特征	自信感	胜任问题	能做的
价值观	价值观是人们在生活和工作中重视的原则、标准或品质。它指向人们一生中最重要的东西，因此它是一套自我激励机制	坚定性	转型问题	值得做的

▶【案例拓展】

案例1：王玲，女，35岁，在高校做公共课专任教师已经有10年的时间了。这份工作的优势在于每年有假期，工作时间比较自由，很稳定，能让自己照顾到家庭，但是时间一长，重复的工作内容让自己觉得特别无趣，没有热情。她希望自己能跳出这个圈子，但是又不知道出去后可以做什么，十分苦恼。于是她找到了教授职业生涯规划的佳佳老师帮她解决这个困扰。

案例讲解：

（1）需求了解：王玲给佳佳介绍自己的情况，佳佳想也许明确价值观能帮她看到现阶段什么对她来说最重要，会对她比较有帮助，于是就采用价值观卡片来帮她梳理职业价值观。

（2）浏览卡片：佳佳请王玲浏览所有职业价值观卡片，并告诉她可以按照自己的理解

给每个价值观词汇赋予自己的意义。

（3）进行分区：佳佳请王玲将所有卡片按照重视程度进行分类排序。

（4）选择8项：做好排序后，佳佳请王玲在非常重视的部分筛选出8项自己认为最重要的，并解释为什么会做这样的选择。王玲的选择是工作与生活平衡、发挥专长、美感、健康、艺术创造、创新、成就感、工作环境。

（5）进行删减：看着选好的这8项价值观，佳佳告诉王玲，由于一段时间内人的时间、精力有限，只能完全获得某一部分价值，而有一些价值可能无法被完全满足。基于这样的背景，她们对价值观进行了删减，先删掉创新、成就感；又删掉艺术创造、美感；然后删掉发挥专长；最后王玲留下的是工作与生活平衡、健康和工作环境。

（6）解读：看到结果，佳佳请王玲谈一下在删减过程中的感受，王玲说："我以为自己很需要职业上的成就感，但是在删除的时候才发现，相比较而言家庭对我来说才是最重要的。我老公很忙，无法照顾家庭，我喜欢照顾家庭，而目前的工作能满足我最核心的需求。只是我以前一直拥有，所以忽视了它对我的价值，现在看到结果心里舒服多了。"

案例2：刘长城出生于江西省赣州市寻乌县晨光镇高布村。高布村是罗霄山脉中一个典型的山村。刘长城从小的心愿就是走出大山，到城市里过上好日子。通过自己的努力，刘长城考上了赣南师范高等专科学校，成为村里少有的大学生，距离梦想近了一步。

2018年年初，在高布村的首届在读大学生座谈会上，刘长城获悉了村里的政策，对家乡近年来的变化及未来的发展有了更深的了解。他决定回到家乡，为家乡做贡献。

毕业后，刘长城回到了家乡，顺利入职驻村公司。经过两年的历练，刘长城已经成为在销售、策划、管理等各方面都能独当一面的经营能手，并且是全村最年轻的预备党员。"自己的家乡自己不建谁来建？"这句话被他挂在嘴边。未来，刘长城将继续为家乡发展贡献力量。

分析点评：从这个例子可以看出，刘长城原本的职业价值观以工作环境为主要考虑因素。但后来其职业价值观转变为以"社会需要"和"自我实现"为主要考虑因素，因此选择返乡发展，成为建设家乡的一分子。

▶【思考与练习】

1. 我国一代代青年在历史的洪流中推动国家的巨轮不断向前航行，体现出"长江后浪推前浪"的历史规律，肩负着"一代更比一代强"的青春责任。请同学们讨论并分享：根据自己的情况，要如何承担起时代赋予的"青春责任"？自己还应该树立怎样的价值观，锻炼哪些能力？

2. 阅读以下材料，回答问题。

黄浩晓大学毕业后，先后在几家公司工作过，最后找到一家科技公司做后端研发，工作环境、待遇都不错。黄浩晓踏实肯干，领导很喜欢他，把他提拔到了技术部门的管理岗位，可他却热衷于考公务员，虽然多次没考上，但仍坚持不懈地学习，报名各种"公招"考试。朋友、同学都很不理解，觉得他的工作很好，收入也不低，以后还有更大的发展空间，于是纷纷劝他别浪费时间，把心思放在现在的工作上，争取继续升职。

（1）黄浩晓最主要的职业价值观是什么？

（2）黄浩晓的价值观与职业生涯间面临何种冲突？请你给他一些建议。

3."全国敬业奉献模范"李俊贤院士价值观分析。

2021 年，我国评选出了 22 名"全国敬业奉献模范"，其中包括中国工程院院士、化工合成专家李俊贤。李俊贤院士长期从事火箭和鱼雷推进剂及聚氨酯研究分析，在我国艰苦的西北环境中默默付出几十年，累计取得 50 多项成果，在军民两端都做出了重要贡献。同时，他还关心团队建设、人才培养，在 90 岁高龄时捐赠毕生积蓄设立创新与帮扶基金，被誉为"国家腾飞的助推剂""国家精神的造就者"。

请进一步了解李俊贤院士的事迹，说一说其中体现了他什么样的价值观。

模块四
评估自我　绘制生涯行动计划

【材料阅读】

　　蒲敏是某大学文秘专业的应届毕业生，在校期间成绩优异，多次获得校奖学金，担任过学生干部，工作表现也很突出，曾获得过"校优秀学生干部"和"三好学生"荣誉称号。但是，蒲敏在校期间多次去专业对口的公司实习，并曾在大型公司中实习过两个月，均未取得满意的效果。于是在毕业后，她没有选择从事与自己专业相关的工作，而是到某企业做销售，因为她听同学说销售的收入高。但没做几个月，蒲敏就因为业绩不佳而选择离职。在接连几次求职失败后，蒲敏最终无奈地接受了妈妈的建议，准备回家乡考公务员。请问蒲敏的职业生涯为何如此不顺利？

项目七　生涯评估与行动计划

【学习重点】

（1）用 SWOT 分析法进行生涯探索并评估自己。

（2）了解"5W"分析法。

（3）学会用"5W"分析法指导自己的生涯规划。

（4）绘制自己的生涯行动计划。

任务 9　SWOT 分析法

　　SWOT 分析法，又称态势分析法，在 20 世纪 80 年代初由旧金山大学的管理学教授海因茨·韦里克（Heinz Weihrich）提出，是一种根据企业自身既定内在条件进行分析，找出企业的优势、劣势及核心竞争力所在的企业战略分析方法，能够较客观而准确地分析和研究一个企业的现实情况。其中战略内部因素（能够做的）：S 代表优势（Strengths）、W 代表劣势（Weaknesses），外部因素（可能做的）：O 代表机会（Opportunities）、T 代表风险

（Threats）。SWOT 分析法是把组织内外环境所形成的机会、风险、优势、劣势四个方面的情况结合起来进行分析，以寻找制定适合组织实际情况的经营战略和策略的方法。SWOT 分析示意图如图 4-1 所示。

图 4-1　SWOT 分析示意图

　　SWOT 分析法可以分为两个部分：第一部分为"SW"，主要是用来分析个人内部条件的；第二部分为"OT"，主要是用来分析个人所处的外部环境的。利用 SWOT 分析法，学生可以从内外条件或环境的优劣势中，非常直观地找出对个人有利及值得发扬的因素，也可以很直观地发现对自己不利或要避免的因素。这样便可以快速地发现机会与优势的契合点，对契合点进行相应的分析，就可以明确今后的发展方向。总体来讲，用 SWOT 分析法对自我进行分析和评估，在实际运用中具有明显的科学性和合理性。

　　在实际运用中，学生根据 SWOT 分析法分析出来的结论，对问题按轻重缓急进行分类，明确哪些是亟须解决的问题，哪些是可以稍微往后放一放的事情，哪些属于战略目标上的障碍，哪些属于战术上的问题。将这些需要研究的对象逐一列举出来，如图 4-2 所示的矩阵分析图。经过综合分析，学生可以更加科学、合理地对自身的学业和成长进行规划与安排，在不断的生涯探索中推动自身的职业发展。

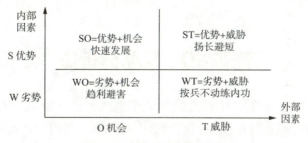

图 4-2　SWOT 矩阵分析图

　　学生在职业生涯探索决策中，应该对自身进行细致的 SWOT 决策分析，清楚自己的优势与劣势，并分析和评估出职业生涯后续会面临的机会与威胁。在实际操作的过程中，可参考以下四个步骤。

　　第一步：评估自己的长处和短处。发现短处与发现长处同等重要，所以要根据个人的价值观、性格、兴趣和能力，找出自身优势并认识自己的缺陷与不足。其作用与意义有两点：一是放弃那些不擅长的、技能要求不易达到的职业；二是规避自身的缺陷与短板。

第二步：对个人所处的环境和情况进行全面、系统、准确的研究，分析自己可能会面临的职业机会和威胁。任何行业在发展过程中都是机会与威胁并存的，这些机会与威胁会很大程度上影响一个人的职业发展。例如，某一行业由于污染严重，必然会在发展过程中受到相关因素的限制，这一行业的发展空间将会越来越小。因此，对外界因素的认识和分析是判断机会与威胁的必要条件。

第三步：确立自己的中长期职业发展目标，并根据目标制订生涯发展战略、计划及对策等。职业发展目标是一个人竭尽所能想要达到的理想位置，这就需要充分考虑外界环境给个人提供的优势，把自己的职业发展目标具体化。例如，把职位的大小、薪资的高低或具体创造的社会价值和财富进行量化，以进一步明确个人与外界环境之间的矛盾，从而找到最优的发展途径。

第四步：对职业发展目标的可能性和可行性进行系统论证。这需要同学们为第三步中所列出的职业发展目标拟订一份具体的行动计划，并结合 SWOT 矩阵中内外因素进行分析，详细论证达成这些目标的可能性。例如，分析管理职位需要具备的领导能力和管理能力水平，要获得预期的报酬需要具备的相关业务能力或专业技能等。这需要同学们结合自身情况进行思考，并对职业计划和行动进行理性分析。在了解实现该职业发展目标需要的能力后，便可从实际出发，判断满足这些条件的可能性。

综上所述，SWOT 分析法运用起来简单直观，既是寻找目标方案的有效手段，也是验证方案可行性的较好方法。应用于职业决策时，SWOT 分析法要从拟订职业发展目标的过程和结果入手，对自己"可能实现的事"进行比较透彻的分析，这是职业决策过程中最直接有效的途径之一。另外，这种把个人能力和环境因素的重要性同等看待的分析方式，非常有利于个人与环境的平衡和优化，从而增大了职业生涯可持续发展的可能性，也为大学生职业决策指明了方向。

任务 10　5W 分析法

5W 分析法是一种非常简单且有效的职业生涯规划法，也是一种"归零"的思考方式。国内外很多专业的职业咨询机构在辅助个人进行职业规划时，通常采用问句的方式协助个人逐次进行筛选。学生可以采用自问自答的方式，探究分析自身感兴趣并适合自己的职业，进而对自身的职业目标进行设定，形成适合自己的科学合理的职业生涯规划。在实际运用中，通过依次回答以下 5 个问题，并找到它们的交集，就可以确定个人职业生涯规划大体方向。

Who am I?　　　　　　　　　　我是谁？

What do I want?	我想干什么？
What can I do?	我能够做什么？
What can support me?	环境支持或允许我做什么？
What can I be in the end?	我最终的职业目标是什么？

在不同情况或不同个体之间，具体的提问内容可能有所差异，但大体的方向和原则是一致的，此处可以将这些问题分解成以下内容。

（1）个人特征（Who are you）。该问题主要是对自身进行深刻的反思，深入了解自身的优缺点，对自己作出全面、客观、科学的评价。同学们根据自身状况进行感知，把个人的性格特征、特长、能力等方面的优势挖掘出来，对自身产生一个清晰而深刻的认识，进而对自己在未来职业中的优劣势进行全面分析。一般来讲，大学生已经具备一定的理解能力与分析能力，但是大部分学生缺乏实践经验，创新能力和动手能力有待进一步加强。在对自己进行分析之后，同学们可以在学习过程中加强对自身专业知识及专业技能的学习，注重实践能力与创新能力的培养，使自身的综合素养水平得到较大的提升。

（2）个人喜好（What do you want）。该问题主要是检验自身的职业发展趋向，明确自身职业理想，是对自己职业发展的心理趋向的探索。随着年龄和阅历的增长，每个人在不同阶段的兴趣和目标不完全一致，有时甚至是完全对立的，但兴趣对职业的发展却有导向作用。所以，当代大学生在职业理想上往往存在着多样化的现象，很多大学生并不是按照自己所学习的专业选择对口的工作，而是选择与自己专业无关但感兴趣的行业。因此，在大学时期同学们必须不断地问自己：自己到底想干什么？以确定自己比较理想的职业和自己今后奋斗的目标，从而实现自己合理的职业生涯规划。

（3）个人潜能（What can you do）。这个问题是对自身现已具备的能力及自身潜能的研究分析及全面总结。大学生的个人能力决定了其在未来的职业发展水平，而个人潜力也在很大程度上影响了其职业未来的发展空间。对于当代大学生，需要从其学习能力、心理素质、团队合作能力、协调能力、交际沟通能力、人际关系处理能力及创新能力等多方面认识自己的能力。了解一个人的潜力应该从对事的兴趣、做事的韧力、临事的判断力，以及知识结构是否全面、是否及时更新等几个方面着手去认识。大学生对自己在大学期间做过的成功事件及获得的经验进行记录，找出自己认为自身存在的有待开发的潜能，并在今后的学习过程中不断有意识培养，进而有效提高自身的职业竞争力，为自己的职业发展打下良好的基础。

（4）环境许可（What can support you）。该问题主要是对周围社会和组织环境的分析，既包括社会经济发展、地方政策制度、社会行业现状、相关企业的发展、企业的规章制度、所选职业发展空间等一系列客观因素，也包括大学生自身的社会人脉和朋友关系等一些主观因素，两方面的因素应该综合起来看。有时人们在职业选择时常常忽视主观方面的东西，没有将一切有利于自己发展的因素调动起来，从而影响了自己的职业切入点。当前，朋友、熟人的引荐是较广泛的一种招聘渠道，这与一些"走后门"等歪门邪道有着本质的区别。因此，同学们在作职业决策的时候，一定要深入了解外界主客观环境给予自己职业的机遇与挑战，全面考虑影响职业环境的各种因素，以便更好地制定自身的职业发展目标。

（5）职业目标（What can you be in the end）。该问题主要是对自身最终职业目标的确立，对该问题的回答建立在以上四个问题的基础上，是大学生对自身最终职业的定位。通过对前面四个问题的明确及综合性分析研究，同学们会发现对自身职业目标有利与不利的一系列因素。这时候，同学们可以将对自身不利因素最少的、自己想做而且又能够做的、并且也喜爱的职业目标记录下来，便对"自己最终的职业目标是什么"形成一个非常清晰明了的职业框架。通过职业框架的分析确定自己最终的职业目标，并制定科学合理的适合自己的职业生涯规划实施方案。

最后，将个人职业生涯发展计划列出来，建立形成个人职业生涯规划书，通过系统学习、培训，实现就业理想目标：选择一个什么样的单位，如何在工作中提升能力，个人职务如何从低到高逐级而上。例如，建筑工程技术专业的同学，可以从技术员做起，在此基础上努力熟悉业务、提高能力，最终达到技术工程师的理想生涯目标。同时，在个人职业发展中还要不断分析可能出现的问题与挑战并思考解决方案：预测工作范围的变化情况，以及不同工作对自己的要求及应对措施；预测可能出现的竞争，如何相处与应对，分析自我提高的可靠途径；如果发展过程中出现偏差（如工作不适应或被解聘），如何改变职业方向等。

由此一来，同学们便可以逐步缩小目标范围，结合实现过程的各种条件，找到适合自己的最佳职业目标。在实际运用中，同学们可以通过回答 5W 分析法职业岗位表 4-1 中的问题，找到各职业岗位之间的交集。

表 4-1　5W 分析法职业岗位表

项目	个人特征	个人喜好	个人潜能	环境许可	职业目标
符合条件的职业岗位					
职业岗位的交集					

任务 11　绘制生涯行动计划

在对自我进行充分的评估和分析并做出职业意向决策之后，如果没有后续的行动计划，一切都只是空想。因此，有了职业发展的方向后，同学们还要根据评估分析结果制订出职业生涯行动计划，将决策落在实际行动上。

一、设立职业生涯目标

职业生涯目标是个体一生的职业发展方向、设想和希望达到的具体目标。同学们有了清晰的职业生涯目标后就会更加积极主动、奋发向上，为实现该目标而不断努力。

（一）设立职业生涯目标的原则

职业生涯目标对大学生的职业生涯发展起着重要作用，但因为不是所有的目标都能够在职业生涯发展中发挥作用，所以同学们在设计职业目标时应遵循科学的原则，提高目标的可操作性。常见的目标设立原则为 SMART 原则，包括明确性（Specific）、可衡量性（Measurable）、可达成性（Attainable）、相关性（Relevant）和时限性（Time-bound）。

1. 明确性（Specific）

目标一定要具体、明确、清晰，要能明确描述出每一项工作职责需要完成的行动，并充分了解每一个行动的目的，不能含糊不清。例如，小李本学期的目标是"努力学习，提高英语成绩"，该目标的描述就很不明确，因为努力和提高成绩的方法很多，包括上课认真听讲、课后认真完成作业、坚持进图书馆查看参考资料、做测试题等，目标中所说的"努力学习，提高英语成绩"到底是采用哪些行动呢？所以，该目标建议可以修改为"早上 7:00 起床，坚持英语晨读，本学期通过英语四级"。

2. 可衡量性（Measurable）

确定的目标还需要有一组明确的指标作为衡量完成程度的依据。如果目标没有办法衡量，就无法判断这个目标是否实现。例如"努力学习，提高英语成绩"，目标既不明确也没办法衡量，到底达到何种标准才叫提升？修改后"早上 7:00 起床，坚持英语晨读，本学期通过英语四级"，用本学期通过英语四级来衡量，有时限、有量化，这样目标就变得可以衡量了。

3. 可达成性（Attainable）

目标的设定不能太高，不能超过个体的能力范围，必须是要可以达成的。同时，目标又不能太容易达成，应该有一定挑战性，需要个体付出一定努力、克服一定困难、花费一定精力后才能完成。例如，一小时内记住 30 个英文单词的目标，对于一名普通大学生而言，既是可达成的，又具有一定的挑战性。

4. 相关性（Relevant）

制订的阶段性目标要与职业发展总目标相关联。如果阶段性目标与职业发展总目标完全不相关，或者相关度很低，那即便达到了此目标，意义也不是很大。例如，一名大四学生通过英语四级考试后才能获得学士学位，那么对于这名同学来说，通过英语四级与获得学士学位就有关联，也就是说通过英语四级考试这一目标与获得学士学位这一目标直接相关。

5. 时限性（Time-bound）

目标的完成是有时间限制的，这样的目标才能提高效率。例如，"我将在 2025 年 1 月 31 日前公开发表一篇学术论文"的目标，其中提到的"2025 年 1 月 31 日"就是一个明确的时间限制。如果没有时间限制，目标就容易一拖再拖，甚至不了了之。

（二）达成职业目标的方法

大学生进行职业生涯规划时，最重要的是要找到自己的职业生涯总体目标，并按时间段将其划分为短期目标、中期目标和长期目标，这样可以将职业生涯总体目标具体化为更容易实现的阶段性目标，并能在每个时间段找到侧重点。其实这种目标的阶段性划分方式只是目标达成方式的一种，目标达成方式包括分时间依次达成、分阶段分步达成和分难易程度逐步达成3种。

1. 分时间依次达成

大学生确立了自己追求的职业生涯目标后，虽然雄心勃勃，但往往会因为目标过于遥远而觉得无从下手。此时，同学们需要将职业生涯目标分解为若干呈递进关系的小目标，为每个小目标设置完成时间段，并写出每个时间段实现目标的具体实施方案与评估标准。尤其是距现在越近的时间段目标，实施方案和评估标准就需要越详细。因为时间距离现在越近，就越清楚自己需要做什么，所以很少会对具体目标进行改动；而时间距离现在越远，可能发生的变数就越大，需要进行调整和修改的概率就越大。

大学生在确定自身职业生涯目标的时候，因为职业生涯的总体目标太遥远，往往需要用几十年甚至一生来追寻，所以通常把职业生涯目标划分为短期目标、中期目标和长期目标。

（1）短期目标。时间一般为1～3年。短期目标通常是短期内需要掌握的工作能力等。在这个阶段，同学们需要找出自身与短期目标之间的差距，并制定出切实可行的详细实施方案和评估标准。

（2）中期目标。时间一般为3～5年。中期目标通常需要同学们对自己所从事的行业、领域有清晰的认识，对自己的职业晋升有初步的定位，如要做到公司业务部门的总经理。中期目标的设定在整个职业生涯目标阶段中起着承上启下的作用，这个目标既要根据短期目标的完成与评估情况进行适当调整，又要为长期目标的设定和实现做好铺垫、打好基础。

（3）长期目标。时间一般为5年甚至10年以上。长期目标主要是比较长远的目标，如40岁成为公司的负责人。长期目标与职业生涯的总体目标在一定程度上很接近，是实现职业生涯总体目标的最后阶段。

当然，这些时间段的划分不是唯一和固定的，大学生需要加以思考，根据自身的需要进行调整。

2. 分阶段分步达成

许多人在实现目标的过程中经常半途而废，究其原因，是由于目标和梦想较远，觉得看不到希望，所以产生懈怠和自暴自弃的消极情绪。如果同学们能把追梦的路途划分为若干阶段，把目标分解成若干阶段性目标，并将最近一个阶段的目标当成目前需要完成的目标，那么目标完成起来的难度将大大降低。比如所学的专业是人力资源管理，职业生涯总体目标是成为某公司的首席人才官，那么可以将成为这一总体目标分解为多个职业阶段目标，并规划职业晋升路线，见表4-2。

表4-2　人力资源管理专业人才的职业晋升路线

职位	业绩	知识	人才培养	目标评估标准
人力资源专员	完成工作要求，进行考核、招聘、培训等的组织工作，纪律检查合格，业绩考核在良好以上	了解《中华人民共和国公司法》《中华人民共和国劳动法》，掌握考核、招聘、培训、劳动关系等人力资源知识及应用	新员工的培训考试合格率为100%	目标完成度在80%以上，遵守纪律，差错次数每月在2次以内，服务满意度在中等程度以上
人力资源主管	管理员工满意度合格，考核、招聘、薪酬、培训工作专业能力及组织能力强	精确了解国家与企业相关的法律法规，具有应用人力资源管理知识的能力，能制定出某一方面工作的实施方案并产生良好效果	培养人力资源专员1名	目标完成度在80%以上，遵守纪律，差错次数每月在2次以内，服务满意度在中等程度以上
人力资源副经理	管理员工满意度合格，考核、招聘、薪酬、培训工作专业能力及组织能力强，部门运作支持力度强	精确了解国家与企业相关的法律法规，具有应用人力资源管理知识的能力，能制定出某一方面工作的实施方案并产生良好效果	培养人力资源主管2名	目标完成度在80%以上，遵守纪律，差错次数每月在1次以内，服务满意度在中等程度以上
人力资源经理	制定公司基本制度，设计招聘、培训、绩效、福利等规则，并合理地在企业中应用	精确了解国家与企业相关的法律法规，具有应用人力资源管理知识的能力，具有报告和方案制定能力，具有制度规划能力	培养人力资源主管2名，培养其他管理人员5名	人才达成率为80%，每年人才流失率在10%以内，人力资源工作满意度为优秀，品德良好
人力资源高级经理	制定公司基本制度，设计招聘、培训、绩效、福利等规则，并合理地在企业中应用；具有培训能力，具有人才测评能力和胜任力考核能力	精确了解国家与企业相关的法律法规，具有应用人力资源管理知识的能力，具有报告和方案制定能力，具有制度规划能力	培养人力资源主管2名，培养其他管理人员6名	人才达成率为80%，每年人才流失率在10%以内，人力资源工作满意度为优秀，品德良好
人力资源总监	公司员工成长正常进行，公司人才、人力资源利用率达到目标，企业人力资源管理及企业文化建设达到预期，制度合理	具有文化建设及导入能力，具有培训能力，具有制度建设能力	培养人力资源经理2名，培养其他管理人员7名	人才达成率为80%，每年人才流失率在10%以内，人力资源体系健全，品德良好
首席人才官	根据公司绩效，由董事会决定任命			

通过表4-2可以看出，成为首席人才官这一职业生涯的总体目标，可以划分为人力资源专员、人力资源主管、人力资源副经理、人力资源经理、人力资源高级经理和人力资源总监这6个阶段的发展，最终成为首席人才官。因此，如果同学们在制订阶段性目标的时候觉得无从下手，不知道如何设置阶段性目标，可以了解相关的职业晋升路线，并以此作为制订阶段性目标的参考依据。

3.分难易程度逐步达成

大学生确立了自己追求的职业生涯目标后，可以对职业生涯目标按照实施的难易程度进行分解，先从简单的事情做起。随着知识和经验的不断积累，在目标初期认为实施难度高的事情逐渐就会有清晰的解决思路。

分时间依次达成、分阶段分步达成和分难易程度逐渐达成，这3种职业生涯目标的达成方式并不是互相独立的，很多时候都同时运用了至少两种方式，如既将总体目标划分为若干阶段性目标，又给这若干阶段性目标设置时间段，将阶段性和时间段结合在一起。因此，大学生在实现职业生涯目标的过程中，可以根据自身的需要对不同的目标达成方式进行组合，找到最适合自己的目标达成方式。

当然，目标达成方式也不局限于这3种，同学们可以根据自身实际情况寻找更适合自己的方式，但切忌脱离实际。追梦的路上没有任何捷径可言，同学们唯一能做的只有脚踏实地。

二、编制行动计划方案

行动是目标实现的关键，要实现目标，就需要有行动计划方案作"桥梁"。当确定了职业生涯目标并将其分解后，同学们便可以通过编制并实施行动计划方案来确保职业生涯目标的实现。

（一）行动计划方案编制的要则

任何行动计划方案都不能是盲目或无条件的，大学生在编制行动计划方案时，为了确保其有效性，需要注意以下6个事项。

1.计划应以书面形式呈现

大学生在设定职业生涯目标后，就需要拟订详细的目标和计划，然后逐一实现目标。这时目标和计划需要以书面形式呈现，以便能够提醒自己目标是什么，帮助自己知道哪些目标需要在近期实现。计划书越详细，其可操作性就越强。

2.设定计划优先顺序

大学生除了要拟订详细的计划，也要懂得设定计划的优先级。设定计划的优先级能让自己了解什么是最重要的事情，什么是次等重要的事情。当大学生能够设定清楚每个计划的优先级，就不会因为要做的事情太多而不知道从哪件事情开始做起。当大学生设定计划的优先级后，就可以从最重要的事情做起，然后逐一完成计划中的每个事项。

3.订立奖赏与惩罚

有了目标和计划，同学们还需要时时督促自己严格按照计划行动并检查目标完成情况，而设置奖赏与惩罚就是督促自己的一个最好方式。一旦完成了某件事情，就给自己一点奖励，让自己更有动力完成下一个目标。当自己完成目标的进度落后了，就给自己一点惩罚，提醒自己要严格执行计划，尽力做好每一件计划内的事情。

4. 养成习惯

大学生在执行计划、追逐目标的过程中，时间一久难免感到疲倦，产生惰性。此时，习惯便是最好的帮手，它能让行动变成一件理所当然的事。养成习惯最简单的方式就是设定固定时段要做的事情，如每天睡前一小时要做的事情、每天早起后一小时要做的事情。当同学们能够替自己设定固定时段要做的事情，并且将其培养成一种习惯时，行动就能变得更持久，并且能在没有其他人督促自己的情况下坚持下去。

5. 改进计划

计划是固定的，现实生活中的状况却总是多变的。同学们应懂得根据自身条件和外在环境的变化，一边执行计划、一边改进计划，而不只是固守原本做好的那份计划。

6. 评估、修正目标

大学生因为长期处在校园内，不能体验到真实的职业环境，目标的设置可能会偏理想化。同时，职业生涯目标可能会因为自身条件和各种内外环境因素的改变而发生变化。因此，大学生在整个职业生涯规划的制订过程中还需要时刻关注内外环境的变化，不断地对职业生涯目标进行评估、修正，使自己走向成功。

（二）行动计划方案的内容

行动计划方案是建立在职业生涯规划基础之上的，其主要是在职业决策之后对职业生涯目标实现过程的规划。行动计划方案的内容主要是基于大学生职业生涯目标的划分方式而定，如果是分阶段分步达成的目标，可以按照每个阶段的目标来确定行动计划方案的内容。如果是基于时间段达成的目标，则可以按照时间顺序来明确行动计划方案的内容。例如，李某的职业生涯目标是大学教授，则可以分时间段确定行动计划方案的内容。

职业生涯目标：大学教授

职业路径：大学助教—大学讲师—大学副教授—大学教授

1. 在校期间

（1）认真学好专业知识，重点掌握专业领域，向深度发展。

（2）担任班级和学生会干部，获校级及以上三好学生和优秀干部，争取获得国家奖学金。

（3）寻找实习或兼职机会，如成为某学生组织的培训或讲师团成员。

（4）积极参加校内各项实践活动，拓展自己的实践技能和人际交往能力。

（5）拿到高校教师资格证书。

（6）主动关注高校招聘政策和岗位动态。

（7）提升自己的学历。

2. 毕业 5 年内

（1）学历层次已达到高校对新进教师最低门槛。

（2）专业技能和水平有了更深发展。

（3）在人群面前讲话能自由发挥、能说会道。

（4）顺利进入某高校担任助教。

3. 毕业 5 年后

（1）担任助教期间，认真讲好每门课程，专研学术，公开发表论文、开展课题研究等，学术水平达到讲师任职条件或破格条件。

（2）担任讲师期间，能系统讲授多门课程，专业向深度发展，公开发表高水平论文，主持研究项目等达到副教授任职条件或破格条件。

（3）担任副教授期间，能系统讲授多门课程，深耕专业领域继续向纵深发展与研究，公开发表高水平论文，主持研究项目等达到教授任职条件或破格条件。

（4）凭借自身在专业领域的研究与探索，将先进的学术知识传授给一届又一届学生，助力学生在专业领域有所成就，在助人的过程中也推动自己不断成长。

（三）制订职业生涯规划书

行动计划方案是大学生实现职业生涯目标的行动纲领，为了更有效地对行动计划方案进行执行、评价和调整，同学们必须将行动计划方案落实成具体的职业生涯规划书。职业生涯规划书是大学生在职业生涯规划过程中具体行动计划方案的书面呈现，可以帮助同学们理顺总体思路，并对整个职业生涯发展方向进行把握，并随时进行参考、评估和修正。职业生涯规划书的结构并不是固定的，但一般都需要包含以下几部分内容。

1. 职业生涯规划书的标题或封面

职业生涯规划书需要先写明标题，这样才能让人清楚这是关于什么的规划书。职业生涯规划书的封面还需包括姓名、规划的年限和起止时间。职业生涯发展的规划年限一般不做硬性要求，同学们可以根据自身的具体情况而定，但不管规划年限有多长，都可以以开始制订规划到毕业的这段时间为规划重点。

2. 个人简历

个人简历主要是简单地记录自己的教育、培训、实习或工作经历。大学生将这些经历记录下来，使自己对过往所学知识和技能有总体的把握，也能对自己的成长过程有清楚的认识。

3. 个人因素分析

个人因素分析主要是简要罗列个人的特点并对其进行分析。此处需运用自我探索时分析的结果，将个人的兴趣、性格、能力、价值观等因素分别罗列出来并进行分析。在这里，同学们可以重点对兴趣、性格和能力进行分析。

4. 外部环境分析

外部环境分析主要是简要罗列外部环境因素并对其进行分析。大学生可以结合前面所总结的具体外部环境因素，分析哪些外部环境因素对自身的职业生涯发展有利、哪些不利，分析其可能带来的机遇和挑战，以及可能对自身职业生涯发展造成的障碍。

5. 职业生涯目标

职业生涯目标主要是描写大学生选择的职业方向、职业生涯总体目标和阶段性目标。

所选择的职业方向是指第一职业目标和备选职业目标；职业生涯总体目标是指职业生涯发展中想要达成的最终目标；阶段性目标是指在达成最终目标之前，分时间段设置的具体的短期目标。

大学生需要对这些短期目标进行重点阐述，罗列出具体的短期规划。比如，在学校花多长时间去掌握某种知识技能，在工作中如何学习并提升工作技能等。对中期目标和长期目标，则不必过于详细地描述。

6. 实现目标的方案

实现目标的方案即行动计划方案，主要是针对自身与职业生涯目标之间的所有差距制定具体的方案和措施来缩小差距，从而实现各个阶段性目标。

7. 评估结果的标准

评估结果的标准主要是设定一个科学、客观的参考标准来评估各阶段性目标的实现进度和职业生涯成功程度。另外，如果大学生在职业生涯发展的过程中发现目标难以完成，还需设定一个对职业生涯目标进行修改、调整的方案。

三、管理行动计划方案

行动计划方案是建立在对自我及职业世界的分析之上的，因此，如果内外部环境发生变化，行动计划方案则有可能偏离实际。此时，同学们应当对行动计划方案进行调整、完善，通过对行动计划方案的科学评估与修正，使职业生涯规划能够充分符合自己职业发展的需要。

（一）行动计划方案的评估

为了衡量行动计划方案的有效性，大学生需要掌握生涯评估方法。在实践过程中，大学生可以根据主客观情况的变化，使用科学系统的评估方法对行动计划方案进行评估、修正与调整。

1. 行动计划方案评估的内容

职业生涯规划的目标、前景、实施方法及过程中的其他因素都会对行动计划方案的制定和实施产生影响，因此需要综合对其进行评估。行动计划方案评估的内容见表4-3。

表4-3　行动计划方案评估的内容

评估内容	具体标准
目标	理性思考是否需要调整自己的职业生涯规划目标。如果大学生难以进行与职业生涯规划目标有关的实践活动，无法获得相关的工作机会，难以适应工作或在工作中得不到相应发展，则可以调整或更换原来设定的目标
前景	思考是否需要调整自身的职业发展方向。当原定职业发展方向随着社会环境的变化而不太明朗，或发现了新的更适合的职业选择时，则可以考虑调整职业发展方向

续表

评估内容	具体标准
实施方法	考虑是否需要改变自己达成目标的实施方法。如果发现自己的实施方法在行动过程中有难度或阶段目标设置不合理，或者现实中客观因素的变化导致不得不修改职业发展方向时，就需要修改自己的职业生涯规划实施方法
其他因素	对其他可能影响职业生涯规划的因素，如家庭状况、身体状况、突发事件等的及时评估

2. 评估差距产生的原因

在评估之后，大学生往往会发现理想中的行动计划方案实施情况与现实存在差异，主要是受到以下几个因素的影响。

（1）职业生涯规划目标的设置。在职业生涯规划目标的设置上，大学生容易将目标设置得过高或过低。前者因目标远超能力，容易让自己产生挫败感，失去动力；后者则容易导致目标价值缺失，使职业生涯规划失去意义。

（2）行动计划方案与目标的匹配度。行动计划方案与目标不相匹配，就会导致目标难以实现甚至无法实现的情况。例如，王某的目标是成为一个自由职业者，但他设计的行动计划方案却是先考研，再留学，最后回国进入国企，其行动计划方案与目标的联系并不够紧密，便也难以达成成为自由职业者的职业目标。

（3）目标执行力度。在目标设置和行动计划方案都合理的情况下，若自身的执行力度不够，也会造成评估结果与目标之间的差距。例如，员工按照公司提供的职业发展线路，做到努力工作、稳步提升，就可以在两年之内晋升；但如果员工自己太懒散，工作能力没有得到稳步提升，就达不到晋升的要求。

3. 行动计划方案评估的方法

行动计划方案评估可以帮助大学生在动态的职业生涯发展过程中更全面地认识自己，做出最适合自己的职业选择，同时帮助大学生明确在不同阶段的目标发展方向和需要提升的能力，促使其不断成长。而为了提高评估的客观性和准确性，评估方法的选择尤为重要。常见的行动计划方案评估方法有对比反思法、交流反馈法和分析总结法。

（1）对比反思法。对比反思法指大学生实施行动计划方案的过程中，要善于思考和向他人学习。每个人都有不同的行动计划方案制定与评估方法，一方面，大学生要学会对他人的行动计划方案进行分析，借鉴其优点；另一方面，大学生可以通过对照他人的行动计划方案，不断对自己的行动计划方案进行反思。例如，行动计划方案按时完成了没有？参与实践活动有没有收获？实践活动与预期效果的差距是什么？为什么会产生这些差距？

（2）交流反馈法。交流反馈法又称 360 度反馈法。这套评估方法是由英特尔公司率先提出并实施的。在这套评估方法中，被评估者及所有与被评估者有密切接触的人，包括被评估者的上司、同事、下属、客户等都需要参与整个评估，然后被评估者再根据他人对自己行动计划方案的评估反馈意见进行修改。对于大学生来说，交流反馈法所涉及的评估者应该包括老师、同学、亲友和自己。其中最重要的是同学和亲友之间的评估及自我剖析评估。大学生可以通过评估来了解自己的行动计划方案在制定与实施过程中的问题。

（3）分析总结法。分析总结法指大学生对自己整体的职业生涯规划分门别类地进行分析，该方法往往可以借助表4-4中职业生涯规划评估的内容来完成。

表4-4　职业生涯规划评估的内容

分类	具体问题
分析 基准	（1）我的人生价值观是否发生了变化？ （2）外部环境是否有利于我的成长？ （3）我目前遇到的最大问题是什么？ （4）我在实践过程中发现了自己的哪些不足
目标 与 标准	（1）我现在处于职业生涯的哪个阶段？这个阶段的特点是什么？ （2）我之前制订的职业生涯规划目标是否可行？有没有其他更好的目标出现？ （3）如何判断自己是否成功
生涯 策略	（1）我是否需要调整职业生涯规划的实施策略？ （2）我对相应职业能力的获取和吸收程度如何？ （3）我在职业生涯规划目标的角色转变方面有什么问题？ （4）对我而言，现在还有什么问题是暂时无法解决的
生涯 行动 计划	（1）我的生涯行动计划是否合理？ （2）我的目标达成需要哪些人的帮助？ （3）我在达成目标的过程中遇到的最大障碍是什么
生涯 考核	（1）在目前职业生涯规划开展中，我哪些方面做得好，哪些方面做得不够好？ （2）我现在最欠缺的是什么？是知识水平、技能，还是人际关系资源？ （3）我应该如何应用所学到的知识技能？ （4）我现在应该立刻去做什么？应该停止做什么
生涯 修正	（1）我是否需要重新选择专业？ （2）我是否需要重新调整职业生涯的发展路线？ （3）我是否需要更换职业生涯规划目标？ （4）我是否需要调整具体的实施策略？ （5）我是否还有其他需要更正的方面

（二）行动计划方案的修正

在完成行动计划方案的评估之后，如果因环境发生变化或计划出现变故等导致职业生涯规划目标不能及时实现，大学生就需要根据实际情况对其进行修正。

1.修正的目的

修正后的行动计划方案，至少应达到以下目的。

（1）明确自己所具备的优势或强项，并对自己的优势或强项充满自信。

（2）找到自己的不足之处，了解自己还有什么方面需要改进和提升。

（3）找出需重点改进的地方，以便有效地优化和完善行动计划方案。

（4）针对行动计划方案中需要修正的地方制订具体的改进计划和措施，且满足科学合理、从实际出发、具有可行性和实施后本人能够取得显著进步的要求。

2. 修正需考虑的因素

修正行动计划方案时主要需要考虑外部环境及自身实际情况两个方面的因素。

（1）考虑外部环境。外部环境包括社会环境、行业环境、职业环境、学校环境、家庭环境等。外部环境处于不断变化的过程中，需要从宏观的角度来认识和把握这些变化。外部环境的变化并非个人能力所能改变，因此，在修正行动计划方案时，需要努力适应这些变化。

（2）考虑自身实际情况。在进行行动计划方案的修正时，要充分联系个人的实践经历、学习经历、家庭背景、兴趣爱好和价值观等因素，不要脱离现实。同时，也应对自己有更正确的认识，不断地完善对自己的认识，以便制定出科学、合理的行动计划方案。

【案例拓展】

案例 1：挖掘兴趣、性格，更好地为求职就业服务

曦乐，女，性格开朗、活跃，善于交际、善于思考、富于理智，外向型与内向型的完美结合。她于 2018 年考入某工商大学数字经济专业，由于对此门功课非常感兴趣，在马克思主义哲学课堂中积极主动地进行精彩的发言，被任课老师推荐到大学生记者团并成为一名学生记者。曦乐没有这方面的工作经历，刚接触新闻稿件时相当不适应。在社团老师的指导下，曦乐先后在该校的赛事和社团活动中撰写新闻采访稿，在工作过程中深入学习新闻写作，并乐在其中。在大学的几年时间里，曦乐共完成拍摄任务 1 000 余次，拍摄照片上千张，采写并发表 267 篇新闻，在换届选举中成为记者团人事部部长。后来毕业，回到家乡参加事业单位招考，被当地市级日报社录用。

曦乐在回忆中说："要问我在大学几年收获到了什么，那就是在记者团的工作经历。在那里我学到了太多别处无法学到的东西，那里是展示摄影、摄像、写作才能的最好平台。大学生记者团使我的大学生活变得充实，让我的人生丰富多彩。同时，也为我后来顺利就业打下了很好的基础。"

案例思考：

（1）本案例中的曦乐具有独特的性格特征，她对自身性格、兴趣的自我认知怎样？

（2）你的职业目标是什么？你会怎样立足于自身的性格、兴趣、能力，更扬长避短地确立自己的职业目标？

案例 2：目标的作用

有这样一则故事：一群优秀的年轻人即将从学校毕业，他们在智力、学历和环境条件等方面都没什么差异。在走入社会之前，学校对他们进行了关于人生目标的调查，其中一部分人没有目标，一部分人的目标非常模糊，一部分人有清晰的短期目标，还有少部分人有长期且清晰的目标。20 年后，学校对这群人再次进行了跟踪回访，发现当初没有目标或目标模糊的人，大都过着按部就班的生活；有清晰的短期目标的人，则大多在生活或工作上有一定的成就和收获；而那些有长期目标且目标清晰的少部分人，很多都取得了成

功，甚至还有些人成了社会精英和领袖人物。

案例分析：许多时候，人生的分歧就在于目标的选择，清晰的目标就像灯塔，为人们到达彼岸指引方向。因此，同学们应当设立明确的职业生涯目标，为职业发展指明道路。

案例3：调整职业生涯规划

谭杰以优异的成绩考入了大学，就读于生物学专业。谭杰对学术研究很感兴趣，职业生涯规划是留在科研机构做生物学方面的科研工作。谭杰在毕业时，也是按照当初的设想寻找相关的工作单位，可这时谭杰的爸爸病倒了，家庭的重担一下子就压在了他的身上。谭杰现在面临两个选择：一是继续按照自己职业生涯规划方向前进，可是这样做就无法照顾生病的父亲；二是回家乡发展，在工作的同时还能照顾家人。在反复思考过后，谭杰选择回到家乡用自己的学科知识带领同村乡亲共同富裕，可谓一举多得。

案例分析：谭杰原本的职业生涯规划是进入科研机构工作，在家庭出现意外之后，谭杰经过对家庭状况的考量，重新调整了职业生涯规划，确定了发展乡村生物农业的职业生涯规划目标。大学生在进行职业生涯规划的过程中，会遇到各种各样的问题，及时地进行评估与调整是职业生涯获得良好发展的必要保障。

❖【思考与练习】

1. 有的大学生认为："只有那些成绩好、能力强的人才需要进行职业生涯规划，自己很平庸，只需要找份普通工作，做一天算一天，直到退休。"你怎样看待这种想法？

2. 请你按照多元智能理论中提出的8种智能，逐项对照，思考自己的能力特征，并想想自己接受过哪些训练，通过这些训练具备了哪些技能，这些技能对从事相关的职业有哪些帮助，填入表4-5中。

表4-5　识别自己的优势技能

智能种类	接受过哪些训练	具备哪些技能	对人事相关的职业有何帮助
语言智能			
数学—逻辑智能			
音乐智能			
肢体—运动智能			
视觉—空间智能			
自然智能			
人际智能			
自省智能			

3.根据你的职业决策，你在大学阶段会制定怎样的行动计划方案？

_____

_____

_____。

4.请根据 SMART 原则对表 4-6 中左侧的目标进行修改，并将修改后的结果填入右侧的空格中。

表 4-6　修改目标

修改前	修改后
我要锻炼身体	
我要改变不自信的心理状态	
我要通过英语 AB 级考试	
我要加强社会实践	
我要拿到奖学金	

5.请根据目标的阶段划分方式设定你的目标。

我的长期目标：_____。

我的短期目标：_____。

我这个月内的目标：_____

我这一周或两周内的目标：_____

_____。

设定好目标之后，当到达目标设定的期限时，检查你是否完成了自己的目标。

6.分析自己的优势和劣势。

职业生涯中蕴藏着诸多机会，你的机会又在哪里呢？请运用 SWOT 分析法对自身情况进行分析，并填写在下方的横线上。

我的优势：_____

_____。

我的劣势：_____

_____。

7.作出职业决策。

试着厘清自己的想法，确定一个明确、理想的职业生涯目标，并可以按如下步骤作出职业决策。

（1）请列出自己 6 个职业生涯目标。

列出 2 个毕业后你考虑去做或曾想过要去做的职位：

_____、

_____。

列出 2 个毕业后不会考虑去做或曾想过不去做的职位：

_____、

_____。

列出 2 个你熟悉的职位：_____、_____。

（2）按照 123、456、134、256、135、246 的顺序对这 6 个职位进行三三比较，分析比较 3 个职位中，哪 2 个职位有相同的特性，而该特性又不同于第 3 个职位，找出影响你作出职业决策的因素。

_____

_____

_____

_____

_____

_____。

8.探索自我能力：通过学习探究性格、兴趣与职业及探究能力、角色与职业的有关理论和方法，分析自我的能力，完成自我认知，探知职业世界。活动步骤如下。

（1）认真梳理自己的优点和缺点，尽可能包括自己各个方面的优缺点。

（2）根据上一步，绘制优缺点表，优缺点表达言简意赅，见表4-7。

表 4-7　优缺点表

优点	缺点
有团队意识 语言表达能力优秀 组织协调能力优秀 人际交往能力优秀 善于学习 克服困难的决心 身心健康 办事认真 将胜任力描述出来 识人能力强 激励他人能力 风险控制能力强 执行推动力强 写作能力强 ……	不容易与上级做朋友 语言表达能力弱 组织协调能力弱 人际交往能力弱 学习能力弱 有畏难情绪 精神萎靡 做事浮躁 任职资格标准满足少 识人能力差 激励他人能力弱 风险控制能力弱 执行推动力弱 ……

（3）请在优缺点表中标出最能体现自己能力的描述，对自己有一个比较中肯、客观的能力描述，以此来完成自我认知，探知职业世界。

活动总结：通过优缺点表的活动，分析自己的能力，以此来确定自己的自我认知，探索职业世界。

9.职业生涯规划书范例

职业生涯规划书
（以建筑工程技术专业为例）

一、自我认知

通过人才测评分析结果，以及本人对自己的认识、朋友的评价，得出自我认知如下。

1. 职业兴趣

研究型，希望日后能从事科研方面的工作。

2. 职业能力

逻辑推理能力较强，信息分析能力也不错，比较喜欢对复杂的事物进行思考，将复杂事物简化。

3. 个人特质

喜欢追求各种不确定的目标；观察力强；工作自觉、热情；能够吃苦耐劳；主张少说多做；爱学习；喜欢独立工作。

4. 职业价值观

基于家庭条件，首先考虑待遇较高的工作，选择的职业要有能从中不断学习并获得新知识的机会。当然，如果没有工资收入限制，会先考虑自己的兴趣爱好，同时考虑这份工作是否能实现自己的目标或理想。最后，考虑这份工作是否适合自己去做，自己能否胜任等相关问题。

5. 胜任能力

（1）能力优势：头脑灵活；有较强的上进心；逻辑推理能力比较强；相信自己的能力；能全神贯注；能够客观地分析和处理问题；对自己要求严格；经常制订目标。

（2）能力劣势：做事过于理性；写作水平有待提升。

自我分析小结：本人有明确的职业兴趣及方向，有一定的能力优势，但是也有一定的能力劣势，所以要发挥自己的优势，培养自己不足的能力。平时要多对自己的不足进行强化训练，如要多练练写作，看一些课外书，拓宽自己的视野等。

二、职业认知

从家庭环境、学校环境、社会环境、职业环境、行业环境等方面对职业进行分析，本人得出以下职业认知。

1. 家庭环境分析

家庭经济能力仅能维持正常的生活，本人的学习费用为全额贷款。父母的工作不够稳定，所以经济收入不稳定。家庭文化氛围一般，姐姐当护士，妹妹钢琴弹得不错，父母均未完成九年义务教育，但支持我们完成最低限度的大学教育。

2. 学校环境分析

某建筑科技学院，教学设施齐全，且比较先进，教学水平较为先进。本人所在的建筑工程学院曾经是学校的王牌专业，但近几年受国家大环境的影响，建筑行业形势不佳，学校在这个专业投入的设施设备较多，专业课的开设受到一致好评，毕业大学生的就业率仍达 90% 以上。

3. 社会环境分析

我国人才的竞争日趋激烈，大学毕业生渐渐增多。我国越来越重视装配式及绿色低碳建筑，本人正在提高装配式及绿色低碳建筑领域的专业能力，以便在众多应聘者中脱颖而出。

4. 职业环境分析

在我国，装配式建筑近几年被兴起，这方面的人才需求量较大，行业内认同度还不错，前景不错，报酬不错，但经常会在工地工作，生活与工作环境比较辛苦。

5. 行业环境分析

希望进国企的建筑公司（如中国建筑股份有限公司）工作。在大三时希望能进入该专业校企合作共建的建筑公司参加顶岗实习，能在工地上师傅的带领下学到课堂外的实践技能。目前国内有低碳环保理念的装配式建筑高端人才及相关技术缺乏，不过国家越来越重视建筑科技，正提倡培养该方面的人才。现在自己应将施工员、安全员、资料员等技能证书考到手，以便在上述就业范围内更容易找到工作。

三、职业决策

综合前面的自我认知和职业认知这两部分内容，得出本人职业定位的 SWOT 分析如下。

1. 内部因素

优势（S）：头脑灵活，逻辑推理能力较强，具有创造力，认真、负责、有毅力、观察力强。

弱势（W）：具有个人中心主义，顽固，不喜欢模式化工作，偶尔会有厌倦心理。

2. 外部因素

机会（O）：新兴专业的工作岗位相对多些，低碳绿色建筑与建筑科技是发展趋势，前景较大。

威胁（T）：社会环境不断变化，竞争激烈，就业形势日益严峻。

3. 结论

（1）职业目标：成为一名建筑行业工程师。

（2）职业的发展路径：考取各种证书→校企合作公司实习→中大型建筑公司工作者→考取事业编制→进入中国建筑股份有限公司（含下属子公司）。

四、计划与途径

1. 大学期间（2023—2026 年）

（1）大学二年级、大学三年级学好各科专业知识，掌握建筑专业相关知识。

（2）大学三年级前通过英语 AB 级，施工员等"八大员"证书考试。

（3）大学三年级开始利用业余时间准备国考。

（4）假期实习和本人专业相符合，积累社会经验。

2.大学毕业后的 5 年（2026—2030 年）

（1）若考上研究生，则继续勤奋学习。

（2）考国企，去中国建筑股份有限公司工作。

（3）先进入中大型建筑公司积累经验，随后进中国建筑股份有限公司（含下属子公司）。

3.长期计划

（1）在努力工作之余，不断学习各方面的知识，增长见识。

（2）坚持锻炼身体。

（3）学习他人的各种优点，不断发现自己的不足，并予以改正，提高自身的修养。

（4）扩大自己的交际圈，享受友谊。

五、评估调整

计划只是给我指定了一个前进的方向，具体的路还得慢慢走。社会时刻在变，要适应这个社会就要时刻关注社会的发展，跟上时代的变化。所以在计划实行期间，要进行适当的调整才能实现自己的梦想，实现自我。

调整时间应至少每年一次。建筑行业飞速发展，也受国家政策宏观调控影响较大，要在行业中更上一层楼。必须及时回过头来审视自己，用适宜的方法调整自己的计划，以便能跟上时代的发展。

六、评估标准

看是否按时完成了自己制订的目标与计划。

点评：这份职业生涯规划书较为全面、详细，基本具备了职业生涯规划书的 6 个部分，也符合文本型职业生涯规划书的格式，条理性强，便于阅读，对大学生具有参考意义。

下 篇

职业适应与发展

模块五
发展职业能力　做持续最优选择

谁来定义我的人生？

　　林飞一直以来都过着"不被定义"的人生，高考填报志愿的时候，父母建议他报考医学专业。父母的看法是医学专业虽然开始辛苦一点，但越学越吃香，经得起时间的考验，最重要的是懂医的人对健康更敏感，能把自己照顾得更好。没想到父母的反复渗透并没有打动林飞，倒是被他的高中好友隋毅听了进去，隋毅选了中医专业，而林飞选了一个理工院校的计算机专业。初进大学时林飞没少听到师兄师姐们称赞本专业，"咱们这个专业就业率高，找工作不成问题""咱们专业的毕业生能进入不错的企业做程序工程师""深圳某某知名公司，一半的员工都是出自咱们学校""用人单位对咱们毕业生的评价是踏实、有责任心、技术专业"，林飞听来听去，都是些千篇一律的评价，难道学计算机就只能做程序员？林飞内心一直有个声音在说NO，就是内心的这个声音引领着他"多做尝试"。他一入学就加入了学生会，参加了摄影、航模、话剧等好几个社团，但是对于"将来会从事什么职业"这样的问题，林飞觉得自己还没有确定的答案。

项目八　发展职业能力

【学习重点】

（1）了解学业规划管理的途径，学会有效规划自己的学业。

（2）学会用时间四象限管理法管理好自己的时间。

（3）了解职业能力并懂得有效发展自己职业能力的方法。

（4）学会提高自己职业素养的方法。

任务 12 做好学业规划与管理

与中学相比较，在大学期间，大学生不仅要掌握更加深厚的学科理论、专业知识与职业技能，还要重视能力的培养。这就需要大学生掌握正确的学业规划与管理方法，合理分配时间，并保持良好的心态。合理的学业规划与管理能力的培养，将为大学生较快适应社会工作奠定良好的基础。个人能力的提升开始于正式就业前，对于在校大学生来说，规划并管理好自己的学业，是提升能力的不二选择。大学生在校期间，要注重对学习的规划与管理，并在学业规划与管理过程中不断夯实自己的专业知识、技能基础，同时培养和提升自身的能力，以提高今后的求职竞争力。

一、学业规划管理的意义

"学业"一词，在《现代汉语词典》(第7版)里的解释是"学习的功课和作业"，学业规划则是指为了完成学校的培养计划与目标，以及为了满足社会快速发展带来的对个人素质的高要求，大学生调动自己的主观能动性开展自我学习、自我教育、自我发展等的一系列活动。

如今，我国每年的高校毕业生人数不断增加，大学生要想从中脱颖而出，找到理想的工作，首先必须具备就业竞争力。就业竞争力是能全面满足社会和用人单位对人才需求的能力，对于尚未走出大学校园的大学生来说，提升就业竞争力的关键就在于对自己的学业进行有效的规划与管理。通过学业规划与管理，大学生可以夯实自己的专业知识、技能基础，同时还可以培养和提升自身的能力，打造自己的核心竞争力，进而增强就业竞争力，提高就业成功率。

二、学业规划管理的途径

(一)培养学习兴趣

大学生学业规划与管理，是指在大学期间对自己的学习生涯进行合理规划与有效管理，而对学习生活进行规划管理的重点便是完成大学生最基础的任务——学习。俗话说"兴趣是最好的老师"，只有当学生对学习产生兴趣时才会产生驱动力，而只有当学习内驱力足够强时，才能积极主动驱使自己去学习、去探索、去思考、去研究。在最开始培养学习兴趣的过程中，大学生可以想想父母对自己的期望、专业的良好发展前景、杰出校友取得的成绩、自身的就业优势等，先从外部环境获得一部分学习动力，进而在学习过程中始终保持积极乐观的态度。

大学生要善于发现学习的乐趣，当学习遇到困难时，不要急于放弃，而是要勇于挑战，享受战胜困难的成就感。久而久之，你就会不知不觉地爱上学习，变得勤奋而有毅力，学习效率也会提高。

(二) 确定学习目标

如同前面所讲的职业探索需要设置一个目标，学业规划管理也同样需要目标。一个切实可行的学习目标可以预防大学生在学习过程中感到迷茫。大学生在制订学习目标时，可以制订长期学习目标和阶段性学习目标。

长期学习目标指大学期间的总目标。大学生首先要找出自身与总目标之间的差距，然后再对总目标进行细分，制订出阶段性学习目标，可以以一学期或一学年作为阶段划分的时限。大学生在制订目标时，要考虑自己的能力、兴趣、所学专业等因素，不要脱离实际。目标越详细越好，如长期学习目标不要宽泛地设置为拿到学位、提高自身水平，而应该设置为毕业时平均成绩在 85 分以上，阅读 30 本与专业相关的书籍，参加 8 次校内外实践活动等。这样的目标设定详细，又给自己的目标完成情况确立了评估标准。

(三) 制订学习计划

在确定了学习目标之后，大学生应该制订相应的学习计划来实现目标。计划一般针对阶段性学习目标来制订。阶段性学习目标都有各自的重点和难点，如大一时大学生应该尽快适应大学生活，在学好公共基础课程的同时打好专业学科基础，还要根据自己的兴趣爱好参加一些社团组织或者参加班团干部竞选，参与学生组织活动等。

到了大二，大学生需要强化对专业知识的学习，并准备英语 AB 级考试，开始规划属于自己的大学生活。在这一阶段，大学生可以通过参加一些专业技能比赛或本专业相关的实习来检测自己对所学专业知识、技能的掌握情况，并提高自身的专业能力。下面是某大学生在大二上学期针对英语 AB 级考试制订的学习计划，见表 5-1。

表 5-1　英语 AB 级考试学习计划

月份	学习内容
9 月	1. 找出近三年真题，计时完成。 2. 找到自己的短板（听力？词汇？阅读？作文？……）。 3. 重点提升自己的短板（假设你的短板是阅读）
10 月	1. 每天按照正常考试时间做一套阅读题目（包括造词填空或阅读填空）。 2. 对完答案后，重点关注错题部分，将题目还原到原文，理解出题句，并确保自己完全认同该答案。 3. 划出该篇文章的重点和难点词汇，并进行记忆。 4. 每天早上辅助听力练习 30 分钟
11 月	千题百练，查漏补缺： 1. 每两天一套真题、每两天一套模拟题，交替模拟测试。 2. 争取在本月完成 15 套题的演练。 3. 坚持每周两篇的作文写作，并请教师或成绩较好的朋友进行检查和修改。 4. 梳理不少于 10 篇有代表性的作文范文，并进行背诵

续表

月份	学习内容
12月	助跑冲刺，最后一搏： 1.复习真题中的重点知识点，中间穿插两次模拟考试。 2.根据情况增加模拟测试量，通过做题来反复增强知识点的记忆

在制订了学习计划后，大学生还需要具体安排时间来执行，这就需要详细地制订每周的学习计划。大学生制订周学习计划的好处是可以有秩序地开展每天的学习生活，减少紧张与忙乱，同时也能加强对自身行为的引导和意志控制，克服学习上的懒惰性和随意性。具体与明确的目标，可以让大学生以饱满的状态投身于实现目标的实践中，有助于其高效地解决问题和完成任务。

周学习计划一般以各个学校的上课时间为标准划分时间段，这样既可以清楚地知道自己每天上课的时间，又能对空闲时间一目了然；再根据自身状况合理安排每个时间段的学习任务，如清晨适合背书朗诵，晚上适合做题或看英语电影等。

大学生在制订周学习计划时，不必把每天的每个时间段都安排得很满，要给自己留一定的调整空间来应对意外情况。同时，大学生每周都要对自己的学习计划进行反思和总结，看看哪些任务没有完成、为什么没能完成，以及如何解决等。通过检查当周的计划完成情况，对下周的学习计划做出调整、修改。这样大学生每天都能井然有序地生活，让自己感受到生活的充实，并时刻对学习保持十分饱满的热情。

（四）总结学习方法

在平时的学习生活中，有这么一个现象：有的同学平时认认真真听讲，努力完成老师布置的作业，可是考试成绩却总是不太理想；而有的同学平时学习并不是特别用功，但是学习成绩十分优异。这很可能就是学习方法的问题。

正确的学习方法对于每个人来说都十分重要。以下是一些常用的学习方法，希望对大家探寻适合自身的学习方法能有一定的帮助。

（1）问题学习法。问题学习法是指以提出问题、分析问题、解决问题为线索的学习方法。大学生在预习时，可以先翻阅课后练习题，带着问题去学习，使自己的学习有明确的指向性。

（2）目标学习法。目标学习法是美国心理学家本杰明·布鲁姆（Benjamin Bloom）提出的学习方法。该学习方法强调在学习时首先需要明确学习目标，即找准所学知识点在知识网络中的定位，明确学习重点，其核心在于必须形成自我测验、自我矫正和自我补救的自我约束习惯。目标学习法能让大学生在学习过程中明确学习重点，增强学习注意力。

（3）联系学习法。联系学习法是指找到知识之间存在的普遍联系的学习方法。大学生在学习过程中，要学会将所学知识融会贯通，这样才能形成完整和连贯的知识体系，避免死记硬背造成知识断点。

（4）归纳学习法。归纳学习法是指大学生对所学内容按不同属性加以归纳，然后分门别类地记住这些内容及其属性的学习方法。比如，在学习英语语法的时候，将拥有相同词根词缀的单词进行归纳整理，帮助自己进行记忆。

（5）合作学习法。合作学习法是一种大学生在互相学习、互相监督中共同进步的学习方法。比如同寝室的几个同学可以组成一个学习小组，大家互相学习和监督，取长补短、共同进步。在学习的同时，还能培养和提高大学生自身的语言表达能力和人际交往能力。

三、正确规划自己的学业

明确了学习目标，制订好学习计划，总结出学习方法后，大学生就可以对自己的大学学业进行规划了。大学期间各个阶段的学习重点有所不同，下面将以大学学习的前3年为例来介绍规划大学学业的一般方法，供大家参考。

（一）打牢基础

大学第一年是打牢基础的阶段。刚刚步入大学的大学生虽然已经开始了大学学习和生活，但在心理上还处于高中生阶段，对于自己的专业缺乏了解，对于日后学业的规划更是一片茫然。因此，在这个时期，大学生要积极调整自己的心态，快速适应大学的新环境。在学习的过程中了解大学学习的特点，尽快找到适合自己的学习方法；了解自己所学专业的培养计划和就业方向；有意识地提高自己的专业水平。大学生要充分利用教室、图书馆等学习场所，认真听好每一门课，脚踏实地学好基础课程，打牢专业学习的基础。

（二）做好规划

大学第二年是承前启后的阶段。经过一年的学习，绝大多数大学生已经适应了崭新的大学学习生活，并开始规划自己的学业生涯，逐渐明确自己未来的发展方向，如大学毕业时是要考专升本、考研究生还是直接就业。在这一阶段，大学生可能会面对繁重的学习任务，如英语、计算机等级考试和各类与专业相关的专业技能竞赛，都会为大学生带来不同程度的学习压力。因此，大学生需要进行科学的学业规划，这将有助于解决面临的各种困难。

另外，大学生在这个阶段还可以通过参加校内外各种社团文化活动来提升自己的各种能力，如人际交往能力、组织协调能力、工作能力等，这对以后的就业大有益处。

（三）最后冲刺

大学第三年是要进行顶岗实习的一年，也是大学阶段的冲刺期。课程学习基本结束，课余时间多起来。这一年格外忙碌，有的大学生在为就业做准备，有的大学生在为升本、考研做准备。对于准备就业的大学生而言，在这一阶段应该多了解并收集自己准备求职的公司的相关信息，并且付诸行动，如写好个人求职简历和求职信，增加与笔试和面试有关的学习。大学生活的第三年是运用所学知识，帮助自己开拓美好前程的关键时期，大学生应好好把握。

四、正确管理时间

李开复说："人一生最大的两个财富是你的才华和你的时间。"随着年龄的增长，才华越来越多，但是时间越来越少，人的一生可以说是用时间换取才华。如果一天天过去了，时间减少了而才华没有增加，那就是虚度了时光。所以，必须节省时间，有效率地使用时间。时间是重要的资源，每个人一天的时间都是相同的，但人对时间的利用效率却有高低之分。如何利用更少的时间来完成更多的事情呢？这就需要大学生对时间进行有效的管理。大学生在校期间应该养成良好的时间管理习惯，帮助自己更好地规划学业生涯。

（一）时间管理策略

美国时间管理学者杰克·弗纳（Jack D. Ferner）对时间管理的定义是：有效地应用时间这种资源，以便有效地达成个人的重要目标。因此，大学生想要成功，需要学会时间管理。

通常来说，大学生的时间管理包括学习时间管理和生活时间管理两个方面。在时间管理的过程中，大学生应学会在合理安排时间来完成自己既定目标的同时，遵循时间管理原则，运用科学的时间管理方法，以达成最终的目标。

1. 时间管理原则

时间管理原则主要分为以下 6 个方面。

（1）拒绝拖延。部分大学生都存在遇事拖延的情况，如考试临时抱佛脚、作业不按时完成等，这些都是拖延的具体表现。在时间管理上，最忌讳拖延的坏习惯，这是浪费时间的表现。大学生遇事要立刻行动，快速执行，这样才能高效管理时间。

（2）学会说"不"。计划不如变化快是大学生经常遇到的情况。在这种情况下，大学生要学会恰当地拒绝，根据重要性和急迫性对突发事件进行取舍，这是时间管理中摆脱变化和纠缠的一种很有效的方法。

（3）遵循二八定律。二八定律多用在销售领域，指用 80% 的时间和精力照顾好能带来 80% 销售额的 20% 的优质客户。大学生则要用 80% 的时间和精力学习能带来 80% 效果的 20% 的最基本的理论和方法。这一定律由意大利经济学家维尔弗雷多·帕累托（Vilfredo Pareto）提出，因此也称帕累托定律。

无论是学习还是生活，大学生肯定会遇到一些突发的、迫不及待要解决的问题，如果发现自己每天都在处理这些事情，那表示时间管理是失败的。成功者往往是花最多的时间做最重要的事情，而不是最紧急的事情。因此，大学生应该把精力用在最见成效的地方，也就是用 80% 的时间来做 20% 最重要的事情，而不是整天都做紧急但不重要的事情。

（4）学会列清单。大学生应该把自己要做的每一件重要的事情都记录下来，这样才能随时明确自己需要完成的任务，不要轻信自己可以用脑子把每一件事情都记住。当大学生看到长长的任务清单时，会产生紧迫感，从而督促自己行动起来。

（5）搁置的哲学。大学生在遇到解决不了的问题时，不要过度纠结于问题，可以先把问题记下来，让潜意识和时间去解决。这就有点像踢足球，左路打不开，可以试试右路。总之，尽量不要"钻牛角尖"，更不要展开无谓的争论，这样不仅浪费时间，而且会影响情绪和人际关系，更重要的是最后问题通常还是没有得到解决。

（6）安排"不被干扰"的时间。大学生要学会安排"不被干扰"的时间，这一时段的效率往往是最高的。大学生每天至少要安排半小时到一小时的"不被干扰"时间。假如能在一个小时内完全不受任何人干扰，让自己独立思考或工作，这一个小时的学习或工作的效率可能会是一天中最高的。

2. 常用的时间管理方法

常用的时间管理方法主要包括计划管理法、时间 ABC 分类法、时间"四象限"法。

（1）计划管理法。计划管理的重点是制订待办清单和计划。待办清单就是将每日要做的一些事情先列出一份清单，并排出优先次序，确认完成时间，以避免遗忘，尽可能做到今日事今日毕。表 5-2 列举了待办清单的主要内容，大学生可以根据表中内容制订自己的待办清单。注意应在固定时间制订待办清单（如一起床就做），每天只制订一张待办清单，完成一项工作后便划掉一项，并且每天坚持，不能半途而废。

计划就是针对每个时间段作出详细的安排。比如，每周末制订出下周的学习计划，每一学期期末制订出下一学期的学习计划等。

表 5-2　待办清单的主要内容

待办事项	具体内容	完成时间	完成情况
日常任务			
特殊事项			
昨日未完成事项			

（2）时间 ABC 分类法。大学生可以将自己的学习任务按轻重缓急划分为 3 个等级，即 A（紧急、重要）、B（次要）、C（一般）。时间 ABC 分类法的实施步骤：安排各项学习任务的优先顺序；粗略估计各项学习任务的耗用时间和占用百分比；在学习中记载实际耗用时间；对比每日计划时间与实际耗用时间，分析时间运用效率；重新调整自己的时间安排，更有效地学习。

（3）时间"四象限"法。时间"四象限"法是管理学家史蒂芬·柯维（Stephen Covey）提出的一个时间管理的理论，该理论把工作按照重要和紧急两个不同的维度进行划分，基本上可以分为 4 个"象限"：既紧急又重要的事情（如考试、上课、早操等），这些事情必须马上执行；重要但不紧急的事情（如考试复习、背诵英语单词等），这些事情如果现在不重视，随时都会发展为既紧急又重要的事情；紧急但不重要的事情（如临时召开学生会等），这些事情不需要投入过多的时间，可以授权他人去完成；既不紧急又不重要的事情（如逛街、上网等），大学生要学会拒绝这些事情，否则大量宝贵的时间就被浪费了。时间"四象限"法如图 5-1 所示。

图 5-1　时间"四象限"法

时间"四象限"法的一个重要观念就是应有重点地把精力和时间集中于处理那些重要但不紧急的学习任务或工作上，这样就可以做到未雨绸缪，防患于未然。因此，大学生把主要的精力放在"重要但不紧急"这个象限的事务上是非常有必要的。大学生要想把主要精力放在"重要但不紧急"的学习任务上，就需要合理地安排时间，最便捷的方法就是做好事先的规划与准备工作，这样自己的时间才不会被一些急事占据，从而有效地进行学习。

另外，大学生也可以准备一个日历，在日历上安排生涯事项。安排日历的时候要坚持三个原则：一是少数服从多数。先安排多人协作的时间，再安排个人机动时间。二是"吃软怕硬"。在第一原则下，先安排软时间（不做会被挤掉的时间），再安排硬时间（必须要做的事件时间）。三是越想做的事越往后排。

（二）时间管理计划实施

为了保证时间管理的有效性，在明确并选择了时间管理方法后，大学生就应该对时间管理计划进行实施。而在实施时间管理计划的过程中，大学生应该注意以下几点。

（1）要有明确的目标。有明确的目标是做好时间管理的前提条件。

（2）要明确时间管理的目的。时间管理的目的是让个体通过最短的时间，实现想要达成的目标，追求时间利用效率的最大化。简单地说，就是提高时间的利用率，保障各个事情做得顺畅，达到多赢的效果。

（3）制订一个明确的计划。根据目标将需要做的事情安排到每一个具体的时间段中，即大学生必须要明确每天每个时段需要做的每一件事情。时间管理可分为以年为单位、以学期为单位、以月为单位、以天为单位等多种模式。例如，以天为单位的时间管理，大学生就可以只作一周或一天的时间安排。

（4）计划的修改。在一些特定的情况下，大学生可能会依据客观情况对原有的计划进行调整。需要注意的是，计划的修改是有原则的，不能随意修改。计划修改的原则是刷新和升级，既不能降低原来的标准，也不能改变原有的目标，只能朝着让时间变得更紧凑、目标变得更高的方向进行修改。

当然，如果原有的目标确实不符合实际或是盲目制订的，大学生就需要重新制订计划，以新的、更切合实际的计划替代原来的计划。

（5）事情要分等级。在按计划做事之前，大学生一定要先把事情分出轻重缓急、有主有次，然后按照相应的方法去完成。首先做既紧急又重要的事；其次做重要但不紧急的事；再次是要学会放弃紧急但不重要的事；最后，对于既不紧急又不重要的事，尽量不去做。

虽然每天只有 24 个小时，但只要细心观察，节约点滴时间，是可以拥有比别人更多的时间的。大学生一定要尽量缩短每天生活中的玩耍时间，如玩游戏、看视频的时间等。一定要抵挡住诱惑，将多余的时间用在能让自己不断获得提升的事情上，如学习编程、练习画画、阅读英文故事等。

提升大学生的个人能力是时代发展的要求，是大学生增强个人竞争力的必要条件。在求职的过程中，企业首先看重的是大学生的个人能力。因此，大学生必须重视时间管理，做好学业规划，以便更好地实现就业。

（三）及时复盘

1. 复盘没有完成的事项及原因

目标没有完成一般是缘于如下几个原因。

（1）目标太大，没有状态开始。比如开始写一个剧本，有些"缺乏心力"。

（2）做计划的时候，没有考虑到其他变量，无法执行。比如计划打篮球，一旦遇上下雨，很难做到冒雨打篮球。

（3）缺乏伙伴、监督或授权。比如清单里面的"每天课余打卡图书馆进行课程学习"，一个人无力推动，实在没有动力启动。这类事情需要立即找到一个能够沟通、支持、监督或授权的人，通过伙伴压力来推动。

（4）缺乏时间、精力。很多人一回到宿舍或家里，时间全都没有了。比如写读书笔记。读书不难，因为只要一个场地，但是写读书笔记却需要有桌子或计算机，很多时候回到寝室打开计算机就禁不住游戏诱惑了，时间全耗尽。

（5）并没有让你怦然心动。很多东西并没有让大学生怦然心动，也许并不是他们真心想做的。这些事情往往充满了"兴趣"，大学生也有点"能力"去做它们，但它们缺乏真正的"价值"。那些一个月都没有做，却并没有影响大学生生活的东西，也许就不是他们想做的。

除此之外，大学生在复盘没有完成的事项时还要寻找障碍背后的深层原因。列出所有这些没有执行的问题，然后给每一个无法执行的问题找到一个理由，生活是一所大学，交点学费不要紧，关键是下个月要毕业。在《闻香识女人》中，校长质问那个不愿意出卖朋友的孩子："You are Shouldn't Couldn't or Wouldn't？"（你是不应说？不能说？还是不愿意说？）大学生的计划也是一样——是什么阻碍了他们？是不想干，不能干，还是没有机会干？下面是三种常见的行动障碍。

（1）不想：缺心力、缺价值。

（2）不能：缺能力、缺资源、缺方法。

（3）没机会：缺环境、缺时机。

一旦能找到背后的原因，下一步就容易得多。

2. 三种不同的行为障碍处理

三种不同的行为障碍处理，见表5-3。

表5-3　三种不同的行为障碍处理

障碍	具体原因	怎么破
不想	缺心力	重新思考目标背后的价值、给自己一个理由，或者强化，或者放弃
	缺价值	
不能	缺能力	细分目标，直到能够舒服地开始为止
	缺资源	寻求他人协助、授权和支持
	缺方法	寻找更好的方法行动
没机会	缺环境	寻找或创造环境，或者学会不依赖环境
	缺时机	寻找或创造时机

任务 13　发展职业能力

无论是哪一种职业，都需要从业者具备一定的职业能力。面对多个选择的时候，用人单位往往会选择职业能力更优秀的求职者。对于大学生来说，只有选择自己能力范围之内的职业，才能够顺利开启职业生涯，而提升自己的职业能力能够显著扩大自己的职业选择范围，并有效帮助自己的职业发展。

一、职业能力概述

对某一职业而言，职业能力是个人为了担任这一职位需要具备的多种能力的总称，如一位企业管理者除了需具备企业管理能力，还要拥有决策能力、创新能力、识人用人能力、应变能力、社交能力、表达能力等，这些能力的总和，被称为企业管理者的职业能力。

对于个人而言，职业能力是指一个人完成与职业相关的活动所必备的能力。它与人的职业活动紧密相连，是在人的职业活动中能得到发展的一种心理特征。简单来说，职业能力就是个体从事职业活动的能力，它决定一个人能否胜任工作及进入工作状态的快慢。不同的岗位对人的职业能力有不同的要求，大学生可以通过参加各类实践活动锻炼提升自己的能力。与职业相关的能力大体可以分为以下 3 种。

1. 一般职业能力

一般职业能力指与各种岗位、各种职业都有关的能力，适用于广泛的职业活动，能满足多种职业的能力需求。其通常与人的思维、感知和意识联系在一起，具有抽象性，如观察能力、想象能力、记忆能力、思维能力等。简单来说，可以把一般职业能力等同于人的智力。

2. 专业职业能力

专业职业能力是职业能力中的核心能力，指个人从事某个具体职业时必须具备的能力。如今社会职业分工越来越细，一个人仅拥有一般职业能力，越来越难以满足工作的精细化程度要求，这就要求人具有更高水平的专业技能。尤其对于专业技术岗位工作，扎实的专业基础是最基础、最重要的。例如，要做一名工程师，就必须掌握工程经济、工程法规和工程管理实务等相关的专业知识与技能。作为大学生，应该提高自己对专业知识的重视程度，稳扎稳打地学好专业基础知识和技能，并时刻关注与专业相关的最新动态。

3. 特殊职业能力

特殊职业能力指在具备专业职业能力的基础上，能够通过一些方法提高职业活动效率和质量的能力。国外学者通常把这种在一般专业能力领域以外，能对职业活动产生积极影响甚至具有举足轻重作用的特殊职业能力称为关键能力。特殊职业能力又可分为方法能力和社会能力。

（1）方法能力。方法能力指的是在职业活动的过程中，能够运用各种各样的方式方法来辅助职业活动顺利开展，达到事半功倍效果的能力。其包含分析判断能力、创新能力、逻辑推理能力、决策能力等。

（2）社会能力。社会能力指的是个体灵活有效地综合运用外部环境及自身内部资源，实现积极发展结果的能力。其包括组织协调能力、适应能力、语言表达能力、合作交往能力等。

总体来说，一般职业能力、专业职业能力和特殊职业能力三者相互联系、密不可分，没有哪一种职业只运用一种职业能力。例如，一个人要想当一名数学教师，除了要满足智力、数学基础知识方面的要求，还需要具备教学管理能力、数理逻辑能力与形象思维能力等；要做一名音乐家，除了要满足智力和音乐的基础知识方面的要求，还需要具备乐理能力、察觉细节能力等。这就要求大学生在不断巩固自己专业基础知识的同时，勤于动脑思考，注重对自己关键能力的培养。只有这样，才能增加自身的就业优势。

二、大学生的职业能力

综合能力与素养是大学生就业的基本筹码。特别是对缺乏职场工作阅历的大学生而言，更应该培养和提升自己的综合能力与素养。它不仅仅是用人单位重点关注和考察的对象，而且也能帮助大学生在迈入职场后更快地适应职场环境，融入职场生活。

（一）培养学习能力

学习能力是指学习的方法与技巧。学习能力不仅是帮助大学生完成学业的一种重要能力，在实际的工作中往往也会发挥巨大的作用。大学生培养学习能力一般有两种途径：一是要借鉴他人优秀的学习方法；二是要在学习知识的过程中不断反思和总结，找到一套行之有效的学习方法，从而提升自身的学习能力。

1. 大学生学习能力不足的原因

诸多方面的原因都会导致大学生学习能力不足。只有认真分析这些原因才能找到有效的解决方法，从根本上解决大学生学习能力不足的问题。一些大学生的学习能力不足，主要有以下 4 个方面的原因。

（1）缺乏学习的主动性。部分大学生已经习惯了中学时的灌输式教学模式，除了为了完成作业会在图书馆或网络上查找资料、浏览书籍，很少会利用闲暇时间给自己充电。这部分大学生对于知识的吸收只是单纯的被动接受，对于自身才是学习主体这一点缺乏认识，没有养成自主学习的习惯。

（2）缺乏自我控制的能力和具体的计划。大学生活丰富多彩，但部分大学生缺乏自我控制的能力，沉迷于电子游戏等娱乐活动中，耽误了学习。还有部分大学生只有一个大概的学习目标，缺乏具体的学习计划、步骤来了解当前的学习进程和检验学习效果。

（3）缺乏高目标的设置。部分大学生仅仅将学习的目标设置为通过考试或完成学校的学业安排，没有进行深层次的自我总结和反思，在通过考试后就将知识丢在一边，没有做到"温故而知新"。

（4）缺乏对学习重要性的认识。部分大学生觉得学习只是为了顺利毕业，以后找工作靠的是学历和运气，与学习成绩没有太大关系。所以，这部分大学生在学习的过程中态度消极，导致学习效率低下，学习能力得不到提升。

2. 提升大学生学习能力的方法

前面分析了大学生学习能力不足的原因，那么就要对症下药解决问题，下面是提升大学生学习能力的 3 个方法。

（1）改变学习态度，变被动学习为主动学习。在以往的基础教育中，教师会详细地讲解每一个知识点，帮学生梳理知识结构和脉络，学生只需要牢记并掌握，不需要自己去主动思考。然而在大学阶段，由于课时有限、知识更精深，老师不可能在课堂上将知识讲解得面面俱到，往往只能挑选重点来讲。这就需要大学生有课前预习的好习惯，将从前的被动学习变为主动的求知和探索。

（2）在一定范围内借鉴他人优秀的学习方法。他人优秀的学习方法都具有一定的参考价值，可供学习、借鉴，但是大学生不能将他人的学习方法生搬硬套地应用在自己身上。对他人有用的东西不一定对自己有同样的作用，所以大学生应该结合自身情况对他人优秀

的学习方法进行调整，使之转化为自己的东西。

（3）加强自己的学习动机，坚定学习意志。内因是事物变化发展的根本原因，因此大学生提升学习能力的关键在于个人。大学生只有加强自己的学习动机，设置符合自身条件的目标，坚定学习意志，学习能力才会在奋斗过程中一点一点地得到提升。

（二）培养人际交往能力

人际交往能力是指在与他人交往的过程中，建立和谐人际关系的能力。人际交往能力将直接影响大学生人际关系网的建设和全面发展。

1. 大学生人际交往困难的原因

下面将从两个方面来分析大学生人际交往困难的原因。

（1）自身因素。有的大学生以自我为中心，不懂得理解他人，不会站在他人的角度思考问题。还有的大学生个性鲜明，在人际交往中往往不知道该如何恰当地表达自己，从而造成不必要的冲突。加之每个人都在成长过程中逐渐形成了自己的世界观、人生观、价值观，与他人的三观不同也可能导致大学生在人际交往过程中产生摩擦。

（2）外部因素。在基础教育阶段，受升学压力的影响，部分学校只重视学生的文化知识水平，而忽视了人际交往能力的培养。到了大学阶段，很多大学生不懂得如何在现实中进行交友，便将大量的时间投入到网络交友之中。虽然在网络上也能结交朋友，但是虚拟的网络交往不能替代人与人之间的现实交往。部分大学生还习惯于在网络中发泄情绪、寻找精神寄托，忽视了现实生活，导致自身性格的封闭和人际交往能力的下降。

2. 提升大学生人际交往能力的方法

人际交往能力是一项很重要的能力，它能在一定程度上影响大学生的情绪、心理，甚至未来的发展走向。因此，大学生要重视自身人际交往能力的培养。以下是提升大学生人际交往能力的 3 种方法。

（1）正确认识自我，学会与他人相处。大学生要正确地分析自己的优缺点，不要自以为是。在与他人交往的过程中，大学生要学会多肯定他人的价值，并在恰当的时机运用合适的表达方式对他人进行称赞，这样能够促进和他人的良性交往。

（2）多参与校园活动，培养自己的人际交往能力。大学里有种类繁多的社团组织，大学生可以参加感兴趣的社团，结交有共同志向、爱好的朋友，这些共同点能促进友情的培养和延续。

（3）学习社会交往知识，必要时寻求辅导。大学生可以阅读有关人际交往的书籍，学习如何与他人相处并了解需要注意的问题，反思自己与他人相处时的表现。大学里一般都有心理咨询室，实在遇到解决不了的困难时，可以去寻求专业老师的帮助。

3. 大学生人际交往技巧

人际关系中处处充满技巧，掌握处理人际关系的技巧并灵活地加以运用，对大学生和谐人际关系的形成有很大帮助。

（1）尊重他人。尊重可以激发人的信任、坦诚等积极情感，缩短交往的心理距离。对于大多数大学生而言，他们的自尊心都比较强，不太能够接受别人对自己的负面评价。因此，大学生在人际交往中尤其要注意尊重他人，即使要指出对方的某些缺点或错误，也要先肯定对方的态度和原则，然后再指出对方只是在一些小的方面存在问题，特别要注意措辞文明。另外，大学校园里的同学可能来自不同地区和不同国家，有不同的生活方式，尊重同学的生活习惯也是尊重他人的表现之一。

（2）换位思考。换位思考，就是站在对方的角度来考虑问题。这对建立良好的人际关系很重要。在遇到问题时，大学生可以尝试站在对方的角度理解和处理问题，这样一切就会变得简单多了。一般而言，善于交往的人往往善于发现他人的价值，懂得尊重他人，对人宽容，能接受他人有不同的观点和行为，并在可能的范围内帮助他人而不是指责他人。

（3）真诚待人。真诚是人际交往的双方建立信任的前提条件，无论是同学关系还是朋友关系，真诚都是基础。表现真诚的方式主要包括热情的态度、无条件的积极关注，以及真心帮助他人而不求回报等。

（4）平等交往。交往过程中，人与人之间是平等的关系。在交往中，如果一个人对别人持有居高临下、盛气凌人的态度，也许能逞一时之快，但代价可能是会被他人孤立。部分大学生的个性很张扬，互不服输，想要超越对方，这种精神是值得提倡的，但只能在行动上采用正确的方式超越，在人际交往中仍然要保持平等。

（三）培养思维分析能力

唐代思想家韩愈曾说："行成于思，毁于随。"由此可见思维分析能力的重要性。思维分析能力是大学生主观能动性的表现。通过思维分析，大学生能够对零碎的知识进行整理，并将整理好的知识转化为自身的能力。对于大学生来说，社会竞争的加剧和知识爆炸式的增长需要拥有良好的思维分析能力去面对。

在国外，许多学校把思维课程放在教学规划里，将学生的思维分析能力看作重要的技能。那么，大学生应该怎样培养并提高自己的思维分析能力呢？下面介绍 3 种方法。

1. 加强对逻辑思维知识的学习

当代社会十分看重个人的逻辑思维能力，许多考试都会针对逻辑思维进行考查，如研究生入学资格考试、公务员考试等。虽然很多学校和专业并没有开设与逻辑学相关的课程，但是市面上有很多与逻辑思维相关的书籍。大学生可以根据需要选择适合自己的书籍进行自学，有条件的大学生还可以参加专业培养逻辑思维的培训班。

2. 学会思考

"学而不思则罔，思而不学则殆。"在平时遇到问题的时候，大学生不要急于询问他人或翻阅教辅资料，要先自己动脑思考。如果实在思考不出来，经过他人的帮助得出答案后不要立刻把题目和答案放在一边，而是应该思考他人的思路和解题过程，学习吸收他人的思维分析过程。在思考的过程中，大学生要多运用纵向思维，加深自己的思维深度，而不是仅仅停留在浅层思考上。

3. 掌握批判性思维

批判性思维是基于客观理性的立场，个体能够思考和敢于质疑、挑战权威。大学生在锻炼批判性思维的过程中，要不断尝试运用"否定之否定"规律，克服思考的片面性，更加全面、客观地分析问题。

（四）培养组织协调能力

组织协调能力是指根据工作要求，对资源进行合理配置，同时协调各方，使之相互融合，从而实现组织目标的能力。大学生有较好的组织协调能力，才能胜任以后的工作。大学阶段是培养组织协调能力的重要时期，因为只有在这个阶段才有充足的时间去参加各种活动。一般情况下，大学生的组织协调能力可以通过以下3种方式获得提升。

1. 担任班级干部

大学和以往的初中、高中不同，班级干部在一定程度上取代了教师，成为班级工作和活动的策划者、组织者。班级干部要根据自身分工思考如何让班上的同学配合自己的工作，还要与其他班级干部、辅导员和学校相关部门进行及时的沟通，这能够锻炼大学生的组织协调能力。

2. 参加学生会

学生会是大学生进行自我管理、教育和服务的团体组织，是建立在学校和学生之间的桥梁。学生会在校团委等部门的带领下开展许多学生活动，如系列讲座、宿舍卫生评比和各类文娱活动。学生会成员在自主解决这些活动中出现的各类问题时，自信心和组织协调能力都将得到提升。

3. 参加社会实践

社会实践包括勤工俭学、社会公益活动、社会调查、创业锻炼等，是大学生走出校门、接触社会、了解国情、培养组织协调能力的重要渠道。因此，大学生可以通过参加社会实践来提升自身的组织协调能力，树立正确的社会实践观，并从实践中认识到自身的不足，明确今后努力的方向。

（五）培养工作能力

"读书是学习，使用也是学习，而且是更重要的学习"，这句话强调了实践的重要性。随着每年毕业生人数的增多，企业挑选人才的标准也越来越高。工作能力是企业选拔人才的标准之一，因此每个大学生都需要培养自身较强的工作能力。

1. 大学生工作能力不强的表现

大学生工作能力不强具体表现在以下3个方面。

（1）基础知识丰富，应用能力欠缺。大学生往往走上工作岗位后才会发现，在学校学到的知识很少能真正运用到工作中，很多专业技能还需要在工作过程中花大量时间去掌握。

（2）接受能力强，决策能力弱。许多大学生有着较好的沟通能力，对工作任务的内容或具体实施步骤理解很快，但是一旦需要自己作决定，反而会举棋不定或轻率决定，缺乏自信和全面系统的思考规划。

（3）自我意识强，团队意识弱。一些大学生将与自身利益相关的东西看得很重，经常为了一己私利不顾大局：在团队工作中不能很好地和同事相处，不能尽快融入团体，甚至不把自己当作团队中的一员。

2. 大学生工作能力不强的原因与解决方法

下面将从 3 个方面对大学生工作能力不强的原因进行分析，并给出相应的解决方法。

（1）缺乏对行业环境的了解。许多大学生虽然明确了自己的职业定位，但是并不了解该职位、行业具体要求的技能与能力，因此在大学期间很少对这些技能与能力进行针对性训练，导致步入职场后出现能力匮乏的情况。

这就要求大学生在大学阶段做好符合自身情况的职业生涯规划，通过对社会环境与行业环境的分析，了解自己定位的职业目标的具体要求，再审视自身与要求之间的差距，及时采取措施，弥补不足。

（2）在大学期间没有参与过实习或实践工作。实习能对大学生从学生转变为职场人士起到很好的过渡作用，实习或实践通过增强大学生的工作能力，帮助大学生在就业后快速适应工作。然而很多大学生不重视实习，从而错失了锻炼自己的好机会。

在校期间，大学生要多关注与自己的职业生涯规划方向相关的实习信息，争取每一个实习机会来锻炼自己。

（3）缺乏团队精神与合作意识。许多大学生刚进入企业工作，由于急于证明自己或想要争取更多的利益，往往爱在团队里出风头，自我意识十分明显，从而置团队利益于不顾。要知道，团队中每个人都有各自不同的定位，大家将各自的能力发挥出来，才能达到"1+1>2"的效果。缺乏团队精神也和大学生在校期间的行为有关，如参加集体活动不积极、不能团结同学等。

在校期间，大学生要积极参加集体活动，主动地参与班级的建设，还可以通过参加丰富的社会实践活动来磨炼自己的意志。

三、大学生如何提升自己的综合素质

现代社会对人的要求是多方面的，不仅要求职场人（职业人）具有足以胜任岗位的能力和素质，还要求职场人（职业人）有合理的生活习惯及良好的心态，即要有较强的综合素质。

（一）养成合理的生活习惯

大学的上课时间相对零散，大学生可以有许多自主安排的时间。有些大学生不仅没有好好利用这些时间，反而养成了不合理的生活习惯，这不利于健康成长，令人担忧。下面是一些大学生不合理生活习惯的主要表现及解决方法。

（1）作息不规律。虽然大学宿舍都有规定的熄灯与断网时间，但是一些大学生不能严格地遵守，有些喜欢在熄灯后开卧谈会到深夜，有些喜欢熄灯后玩手机。这些不珍惜睡眠时间，养成晚睡晚起坏习惯的人，个人精神状态很差，于是会在课堂上睡觉，甚至逃课睡觉。长此以往，这种恶性循环势必会影响其学业和健康状况。

为此，大学生可以通过以下几个方式来调整自己的作息习惯。一是要养成规律的生活作息，无论是学习还是生活，都要做好规划，要认识到习惯养成的重要性；二是要严格监督自己，一旦出现不良现象，应立刻做出相应的调整，并在此基础上执行和巩固。

（2）饮食不规律。有些大学生起床很晚，来不及吃早餐就去上课，或者选择在课间休息时间买些小零食充饥。有的大学生第一次自主支配自己的金钱，没有合理的规划，或乱花钱买零食、暴饮暴食，或为了减肥节食、吃减肥药，甚至有的人开始酗酒，这些不健康的饮食习惯会给身体带来极大的伤害。

养成良好的饮食习惯需要大学生每天定时定量地安排自己的饮食，保证充足的营养。健康科学的饮食习惯能改变一个人的生活态度，积极阳光的生活方式有利于大学生的日常学习与生活。

（3）沉迷娱乐活动。大学生要学的内容很多，适当的娱乐可以缓解压力，但是一部分大学生经常光顾网吧、KTV 等场所，甚至夜不归宿，无节制地沉迷其中。

大学生应多参与学校社团组织的各种活动，丰富自己的课余生活。在这些活动中不仅能尽情释放自己多余的精力，而且能有效缓解、安抚自身情绪，大学生活也能因此变得丰富和有意义。此外，大学生在学校时应该充分利用学校提供的各种资源，培养自己的兴趣与特长，积极参与校内外的实习活动，提升自己各方面的能力，为将来就业增加筹码。

（4）身体素质不强。部分大学生在没有课程、活动安排的时候，喜欢在宿舍看书、上网，很少去锻炼身体。其结果是这些大学生的身体素质普遍不强，近视和肥胖的比例高；缺乏自信，抗挫折能力不强。

大学生要制订详细的运动计划，并认真按照计划坚持锻炼。此外，还可以结交一些喜爱运动的朋友，大家互相鼓励和督促，这会对锻炼身体产生积极的效果。大学生通过长期的锻炼，可以拥有健康的体魄，还能磨炼自己的意志。拥有健康的体魄和坚强的意志是将来事业成功的基础。

（二）保持良好的心态

大学生正处于逐步走向成熟的阶段，这个阶段十分重要，是成长发育、发展最宝贵的时期，同时也是人一生中心理变化最剧烈的时期。由于这一时期大学生某些心理发展落后于生理机能的成长，加之各种外界因素的影响，难免会产生困惑、烦恼等情绪，自我心理矛盾不时发生，如理想与现实的矛盾、理性与感性的矛盾、竞争和安逸的矛盾等。若这些不稳定情绪和心理矛盾得不到有效疏解，日积月累下就会形成心理障碍，进而影响大学生日常的学习与生活。因此，大学生要养成良好的心态，及时疏导自己的心理，让自己健康、平稳地度过这一宝贵时期。下面是大学生常见的心理问题及解决方法。

（1）盲目与自大感。部分大学生认为学习对自己来说是一件很轻松的事情，因此放松了对自己的监督和要求，导致学习没有目标，对整个大学生涯没有合理规划。大学生要认识到"人外有人，山外有山"。在大学期间，比的不仅仅是学习成绩，还有各方面的能力，只有充分认识自我，懂得谦虚和好学，才能不断进步。

（2）失望与失宠感。有的大学生在入学前把大学生活想象得过于美好，在进入大学后发现理想和现实的差距很大，从而产生强烈的失望感。还有些大学生在中学时期成绩较好，是教师、同学和家长重点关注和喜爱的对象，但是进入大学后发现比自己优秀的大有人在，因此产生失宠的感觉。

要调整或改变这种"失望与失宠感"，大学生一是要培养认知能力，包括自我认知能力和对环境的有效认知能力；二是要培养良好的人格品质，当遇到比自己更优秀的人时，要学习他的长处和优点。

（3）松懈与懈怠感。有的大学生在考上大学后，认为自己长期奋斗的目标已经实现，心理上得到了极大的满足，开始安于现状、不思进取、开始懈怠。为此，大学生要为自己设立一个长远的目标，并为实现这个目标制订一个合理的规划，一步一步前进。对照规划，针对自己的不足和劣势进行训练，提高自己在相关方面的能力。

（4）生活方式单一导致的心理问题。由于来到一个陌生的学习与生活环境，有的大学生变得瞻前顾后、畏首畏尾，每天在学习外不参加社团组织和班级活动，不锻炼身体，生活方式很单一，这些行为有碍其心理健康和个性发展，易形成孤僻的性格。为此，大学生要加强自我心态调节，学习不是大学生涯的唯一事情，应该培养自己多方面的能力，多参与社团活动，多结交朋友，通过良好的人际交往提升自己的自信心。同时，要保持乐观的心态和良好的情绪，积极主动适应大学生活，使自己的大学生活变得丰富多彩。

总之，提升综合素养有助于大学生更好地适应大学生活和未来的职场生活。而且健康的心理状态、良好的学习和生活习惯也有助于大学生高效、高质量地学习与工作。

四、大学生如何提升自己的职业素养

为了更好地适应职场生活和环境，除了培养自身各项基本综合能力，大学生还应该积极提升自己的职业素养。职业素养是每位职场人士及准备步入职场的人都必须具备的品质，只有具备良好的职业素养，才能称得上优秀的职场人士。

（一）认识职业素养

素养指个人通过实践获得的道德修养。职业素养则可以理解为个人在职场生活中通过实践而获得并表现出来的职业道德修养和综合品质。职业素养是职业内在的规范和要求，是人们在职业生涯过程中表现出来的综合品质。总体来说，我们可以把职业素养分为职业道德信念、职业知识技能和职业行为习惯3类。

1. 职业道德信念

良好的职业素养应该包含积极向上的职业道德信念。纵观古今中外，几乎每一位成功的职场人士都拥有正面积极的职业道德信念，包括爱岗、敬业、忠诚、奉献、负责、合作、包容、开放等。

2. 职业知识技能

职业知识技能是指从事一个职业所需要具备的相关专业知识技能，它是职业素养的基础。一个人若是没有基本的职业知识技能，可能连完成工作的基本要求都达不到，想要成为行业的佼佼者更是不可能。

3. 职业行为习惯

职业行为习惯是职业素养的外在表现形式，是在工作过程中不断学习、改变和提升而最终形成的一种行为习惯。

值得注意的是，职业道德信念是职业素养的核心。许多企业特别看重员工爱岗敬业的精神和合作包容的态度。大学生更应该注意对这方面素养的培养，做一个有良好职业道德信念的人。

（二）了解职业素养的意义和价值

大学生从在校期间就应该认识并培养自身的职业素养，培养职业素养对个人就业具有十分重要的意义和价值。

1. 提高忠诚度

企业需要有具备忠诚度和专业技能的员工，有了这样的员工，企业的日常业务才能顺利开展；员工则需要依赖企业来获得物质报酬和满足精神需求。因此，良好的职业素养有助于大学生提高对企业的忠诚度，做到忠诚于自己、忠诚于岗位、忠诚于企业，只有这样才能实现自身与企业的共同发展。

2. 培养创新能力

很多岗位的工作内容都是按部就班的重复工作，长期的重复劳动会让员工产生疲惫感和厌倦情绪，从而使企业失去活力。因此，创新能力对于个人和企业来说都是非常重要的。大学生只有在日常工作实践中不停地思考、发现和解决问题，才能产生创造性想法。良好的职业素养要求大学生不断学习并完善自己，养成勤于思考的好习惯，积极培养创新能力。

3. 培养社会责任感

一个企业必须承担一定的社会责任，而作为企业中的个体，我们更应该培养自己的社会责任感。责任感是一种高尚的道德情感，它与自身价值观紧密相连。培养社会责任感有助于人们在日常生活与工作中，凡事从大局出发，考虑对社会和人民的影响，肩负起对社会的责任。

4. 加强团队精神

个体在职场生活中不可能永远单打独斗。虽然每个人的岗位不同、分工不同，但工作的完成离不开各个部门的合作，团队工作中最重要的能力就是团队协作能力。"海纳百川，有容乃大"，企业也正是吸收了每个个体的才能，才得以拥有汇聚人心的凝聚力，才能保证企业的健康发展。因此，提升职业素养有助于个人更好地融入集体，树立与企业同甘共苦的意识与信念，加强自己的团队精神和团队协作能力。

5. 提高就业竞争力

一些企业在招聘的时候，尤其是在招聘管理岗位和技术岗位人才时，出于发展培养和储备后续人才的考虑，除了看重应聘者的工作技能，还看重其职业道德。因此，大学生在应聘的时候，如果能够很好地表现自己的职业素养，就会给面试官留下好印象，从而提高自己的就业竞争力。

（三）提升职业素养的方法

从企业的角度看，具有较高职业素养的人能与企业共同发展和成长，能为企业作出更大的贡献，是企业渴求的人才。从个人的角度看，缺乏良好职业素养的人往往难以在工作中取得突出的成绩，职业生涯自然也无法得到理想的发展。因此，大学生应该积极培养和提升自己的职业素养。大学生提升职业素养的主要方法如下。

1. 树立正确的三观

三观指世界观、人生观和价值观。大学生在日常学习与生活中要树立一套正确健康的价值评判标准，并逐渐形成自己的职业意识。

2. 参与校内外的实践活动

多参与校内外的实践活动，大学生就能够在活动中积累具体的工作经验，提升自己的职业能力和专业知识水平。

3. 了解与职业相关的信息

大学生收集自己感兴趣或想要从事的职业的信息，了解该职业的具体要求，再将自身条件对照其具体要求，看哪些是自己缺乏或者不达标的，制订相应的计划努力提升自己的专业知识与技能。

对于每个人来说，职业素养都是非常重要的，因为每个人都会在社会分工里扮演不同的角色。尤其是大学生，更应该努力提升自己的职业素养，这对于将来求职和职业的发展有很大的影响，拥有较高的职业素养是职业发展道路顺畅的保障。

◆【案例拓展】

案例1：王兆宇是某高校行政管理专业的毕业生，学习成绩好，专业能力强，因此在大学四年级，被老师推荐到当地一家知名企业实习。令人始料未及的是，优秀的王兆宇竟然没能实习合格。王兆宇对此很沮丧，老师也对此很吃惊，于是询问了王兆宇实习企业的主管。对方称，王兆宇虽然成绩很优秀，能力也比较强，但是无法和同事协作，总是自行其是，有时候已经意识到工作有问题，仍然不会主动请教和沟通，反而自己闷头往下做，最后当然是越做越错。

有一次，由于第二天一早需要提交工作结果，主管要求王兆宇自己加班将工作中的错误改正，王兆宇以自己回学校还有事为由拒绝了加班。对此，主管批评了王兆宇，王兆宇则表示自己接受批评但仍然不会加班，并直接返回了学校，主管只能自己加班帮王兆宇修改了相关错误。

基于此，实习到期后，企业认定王兆宇实习不合格。

案例思考：

（1）王兆宇的实习为什么被企业评定为不合格？

（2）如果你是王兆宇，你会怎么做？

案例2：人民健康的保卫者——钟南山

2020年9月8日，中国工程院院士、著名呼吸病学专家钟南山在北京人民大会堂被授予"共和国勋章"。共和国勋章是中华人民共和国最高荣誉勋章，授予在中国特色社会主义建设和保卫国家中作出巨大贡献、建立卓越功勋的杰出人士。钟南山出生于一个医学世家，父亲钟世藩是我国著名的儿科专家，母亲廖月琴则是广东省肿瘤医院的创始人之一。钟南山年少时不仅学习成绩好，体育和文艺也很出色，高中时参加了全国田径运动会，取得了400米全国第三名的好成绩。中央体育学院（今北京体育大学）邀请他到国家队参加培训。但相比于在运动场上摘金夺银，钟南山认为医学研究和治病救人是可以从事一生的事业，于是报考了北京医学院（今北京大学医学部）。大学毕业后，钟南山长期从事呼吸内科的医疗、教学、科研工作，曾荣获国家科学技术进步奖一等奖。

2003年，重症急性呼吸综合征（Severe Acute Respiratory Syndrome，SARS）席卷中国，面对未知的传染病疫情，67岁的钟南山院士宣布"把重症病人都送到我这里来！"他说"如果有了危险，医生都逃避，那要医生做什么！"他还说"我们本来就是研究呼吸疾病的，最艰巨的救治任务舍我其谁？"之后，他出任广东省非典医疗救护专家组组长，经过刻苦临床治疗，找到了重症急性呼吸综合征的病因，防止了可能发生的大面积误诊。同时，由于连续工作38小时，钟南山累倒了，出现高烧、咳嗽和肺炎的症状。之后，钟南山带领团队摸索出了一套行之有效的治疗方法，为我国成功抗击重症急性呼吸综合征作出了卓著贡献。

2020年，武汉爆发新型冠状病毒感染疫情，84岁高龄的钟南山又一次临危受命，作为中华人民共和国国家卫生健康委员会高级别专家组组长赶往武汉研判新型冠状病毒感染疫情。到武汉之后，钟南山先到实地了解情况，紧接着就出席了国务院有关会议、全国电视电话会议、新闻发布会、媒体直播连线……一直忙到深夜。他最先提出新型冠状病毒感染存在"人传人"现象并强调严格防控，在他的建议和推动下，我国政府迅速采取了多项防疫措施，挽救了无数生命。

84岁高龄依旧奋战在抗疫的最前线，钟南山院士除了依靠治病救人的职业精神和为国为民的责任感，还得益于数十年坚持锻炼所拥有的强健体魄。钟南山从小便喜爱竞技运动，足球、篮球、跑步都是他的兴趣所在。时至今日，钟南山在日常门诊、查房、会诊、科研等繁忙的工作之余，仍坚持每周锻炼3次以上，每次锻炼约1小时。在与中国女排前队长惠若琪连线通话时，钟南山表示："在我的一生里，体育锻炼对我的健康及事业发展起到了很关键的作用。"

在做好自己专业工作的同时，钟南山仍然不忘为我国的医疗事业培养人才。钟南山从教数十年，是一位桃李满天下、锐意创新的教学名师。2010年，为了推动医学教育改革创新，培养更多拔尖人才，钟南山亲自参与挑选和面试，从广州医学院2010级416名临床医学专业新生中选拔32名学生，成立"南山班"，并亲自担任班主任。"南山班"一改传统医学院校大班授课、临床实践不足的教学模式，实行小班教学，鼓励学生动手实践，增加师生互动，培养学生的国际视野。

案例启发：在数十年的从教生涯中，在两次抗击疫情中，钟南山院士展现出了高超的职业能力、超群的职业素养、良好的综合素质，这背后是以钟南山院士"健康所系，生命相托"的信念和良好的身体素质为支撑的。可见，要想实现职业的突破，要想在关键时刻挺身而出，要想尽量多地为人民、为社会作贡献。

➡【技能实训】

1. 课堂活动

（1）活动主题：我的生活习惯。活动内容：生活习惯会对人的生活产生潜移默化的作用，请尽可能多地列出你的生活习惯，并将其分为良好的习惯（如按时睡觉、饮食规律、饮水适量）和不好的生活习惯（如熬夜、暴饮暴食、缺乏规律运动等），然后和同学分享，看看谁的生活习惯最健康。

（2）活动主题：偶得钱物（决断力测试）。活动内容：很偶然的机会，你得到了1 000元钱（也许是奖学金，也许是父母给你的额外费用），你如果去买一件很需要的羽绒服，但是钱不够；如果去买一双不急用的运动鞋，则又多了数百元，你是自己添些钱买羽绒服，还是买运动鞋，或是先将钱存起来？做出选择后，和同学分享自己的选择及理由。

①选择添些钱买羽绒服，你的总体决断力还是不错的，虽然有时候也会三心二意、犹豫徘徊，可是你在关键时刻总能迅速作出比较正确的判断。

②选择买运动鞋，说明你喜欢按部就班的事情，希望别人安排好一切，如果一件事情要求独立完成，你拿不定主意，很难迅速作出决定。

③如果你选择先将钱存起来，说明你决断力很强。

2. 逻辑思维能力测试

[测试说明]：以下问题考察逻辑能力，请尽快得出答案并列出自己的思考过程。注意：本测试结果仅供参考，不代表最终结论。

在一条街上，有5栋房子，喷了5种颜色。在每栋房子里都住着一个人。每个人喝不同的饮料，喜爱不同的运动，养不同的宠物，具体情况描述如下。

（1）张三住红色房子。

（2）王五养狗。

（3）刘二喝茶。

（4）绿色房子在白色房子左边。

（5）绿色房子主人喝咖啡。

（6）喜爱网球的人养鸟。

（7）黄色房子主人喜爱足球。

（8）住在中间房子的人喝牛奶。

（9）陈大住在右起第一间房。

（10）喜爱篮球的人住在养猫的人隔壁。

（11）养马的人住在喜爱足（或"网"）球的人隔壁。

（12）喜爱棒球的人喝果汁。

（13）李四喜爱排球。

（14）陈大住蓝色房子隔壁。

（15）喜爱篮球的人有一个喝水的邻居。

[问题]：谁在养鱼？

[测试分析]：本测试中各元素的对应关系见表5-4，可见答案为"李四在养鱼"。

表5-4　对应关系表

项目	第一栋	第二栋	第三栋	第四栋	第五栋
人名	陈大	刘二	张三	李四	王五
房子颜色	黄	蓝	红	绿	白
宠物	猫	马	鸟	鱼	狗
饮料	水	茶	牛奶	咖啡	果汁
运动	足球	篮球	网球	排球	棒球

本测试主要考察答题者提取信息的能力，以及面对多项复杂信息时的推理和总结能力。对于第一次答题的答题者，本测试能够有效反映其逻辑思维水平。一般来说，答题者所用的时间越短，其解题思维越连贯，猜测和碰巧的成分越少，逻辑思维能力越强。

❥【思考与练习】

1. 有大学生说："大学的生活不同以往，上课的时间较少，空闲的时间却很多，我不知道怎样才能利用好这些时间。"请你运用本章所学知识，帮助他正确规划自己的学业。

2. 有大学生说："职场上的人际交往没啥用，自己的能力才是硬道理。只要我的专业技术水平足够强，成为当之无愧的专家，那么自然会有人来和我沟通，听我的意见。没有实力，话说得再好听也没用。"请思考这一观点有何不妥之处，并用本章所学知识反驳这一观点。

3. 我国的社会主义现代化建设，不仅要求年轻一代掌握现代科学技术，而且要求他们将思想境界、道德观念、审美能力、价值理想、个性完善等素质提高到一个新的水平，并且具备较强的工作能力和创造能力。大学生要达到社会主义现代化建设的要求，应如何提升自己？

4. 有的人综合能力并不全面，某一项能力比较强，有些能力则很弱。例如，具有很强的工作能力，但是在人际交往和组织协调能力上有所欠缺。这种情况常见吗？面对这样的情况应该如何处理？

5. 制订学业规划。学业规划常常根据每位学生的学习情况、自身兴趣、优势特点等的不同而有所不同，大学生可以根据自身的实际情况制订以学年为阶段的学业规划，并将其填写在下方的横线上。

第一学年：_____。
第二学年：_____。
第三学年：_____。

项目九　职业决策

【学习重点】

1. 了解职业决策的相关因素。

2. 掌握职业决策的方法。

3. 综合各种因素，作出既能实现自我价值，又能创造社会价值的科学职业决策。

任务 14　职业决策与定位

有句古语叫"谋定而后动"，意思是要做好充分的准备规划才能行动。也许在过去这是一句真理，但是到了信息爆炸的今天，似乎没有什么是能够提前确定的，唯一确定的就是一定会有不确定出现。人的本性是讨厌它们的，因为不确定性的问题没有公式可言，带来的是安全感的缺失。职业世界发展到今天，用"剧变"来形容似乎都不为过，应变能力成为最重要的职业能力之一。

决断力即作出决策的能力。在古代人们就认为决断力是非常重要的能力，杜如晦因为"善断"而被称为名相，与房玄龄合称"房谋杜断"。在职业生涯规划过程中，职业决策被认为是最重要的环节，是对职业发展方向和职业发展方案作出审慎决定的系统过程。这一过程以了解外在职业环境和认识自我为基础，需要从众多的工作领域和工作机会中做出合理的选择，如对行业类型、工作性质、工作地点、发展潜力等进行综合分析和筛选。由此可见，职业决策在职业生涯规划的过程中起着导向性作用。

113

一、科学合理的职业决策

(一) 职业决策的概念

职业决策的概念来源于英国经济学家约翰·M.凯恩斯（John M.Keynes）的经济学理论，他认为职业决策就是个人受不同环境刺激、认知及情绪反应影响后形成的独特学习经验，从而促使个人选择适当的增长率或职业领域的过程。而之后吉普森（Jepsen）和吉雷特（Gelatt）在 1974 年指出职业决策行为是个人通过态度、行动、思考来选择职业以符合社会期望的一种反应，这种行为受决策者、决策情境和决策者的资源三个方面的控制。随着不同流派的心理学家对职业决策的研究，这个概念从多种角度得到了丰富。

职业决策是职业生涯规划的进一步精练，是职业生涯规划过程中最重要的环节。其含义是职业的方向决定与方案选择，还涉及职业方案的设计等内容。具体来说，职业决策需要个人对内在因素和外在环境进行分析，对职业生涯的规划和发展进行综合考虑，最终制定和选择科学可行的发展方案。虽然对职业决策的影响因素有很多，但主要依赖于个人的分析和判断。个人对职业方向的判断和把握，很大程度上决定了其职业生涯发展的空间和高度。由此可见，大学生清楚地认识职业决策在职业生涯中的位置和重要性，是科学规划职业生涯的前提。

职业决策的目的是要选择最优的职业发展方向，这就需要大学生根据各种条件，经过一系列判断和筛选，确立个人的职业目标，并设计出达成目标的最佳行动方案。在这个过程中，除去外在环境的影响，需要大学生通过自己的分析来进行方案的策划并做出选择，这与个人的心理特征密切相关。

大学生在分析职业发展的过程中，需要有清晰的人生目标，从而理智地罗列出可供选择的方案，并能结合现实状况进行相应的分析。由于受到个人价值观、文化环境、社会经济等因素的影响，制定的方案需要根据实际情况进行相应的调整。在整个职业生涯的发展过程中，职业决策的后续事宜还涉及一连串阶段性目标的可行性问题。若方案和计划过于短浅，发展过程又缺少后续推动力，将不利于个人职业生涯的长远发展，很可能会让人丧失奋斗的热情。

(二) 职业决策的类型

职业决策的类型是由个人的决策风格决定的，而一个人的决策风格是可以通过后天的学习和经验逐渐养成的。按照个人对职业自我和职业世界的了解程度，可将职业决策的类型分为理性型、直觉型、犹豫型和依赖型 4 种，如图 5-2 所示。

图 5-2 职业决策的类型

从图 5-2 中可以看出，根据是否了解职业自我与职业世界，职业决策类型可划分为 4 个象限，每个象限代表一种决策类型。例如，一个人既了解职业世界又了解职业自我，表现出来的职业决策类型就是理性型的；若既不了解职业世界又不了解职业自我，表现出来的职业决策类型就是依赖型的。

1. 理性型

理性型决策方式强调个人通过综合分析信息，作出理智的思考和冷静的判断，是最受推崇的决策类型。该类型的决策者崇尚逻辑分析，往往以长期效用作为决策的基础依据，在收集充足信息的基础上，权衡多方的利弊得失，经过理性的思考再作决定，这是其他类型的决策者所欠缺的。然而，理性型决策方式也并非完美的，该类型的决策者需要避免因强烈的自尊心而忽视他人的观点，以免造成不必要的麻烦。

2. 直觉型

直觉型决策方式是以置身特定情景中的感受或情绪作为决策的依据，决策者作决定全凭直觉和感受，行事比较冲动，因而很少对必要的信息进行收集。该类型的决策者常常会因决策的不确定性产生不良情绪，渴望尽快完成决策而摆脱烦恼。决策者对快速作决策的过程有着强烈的兴趣，往往会在缺乏深思熟虑的情况下作出决策，因此通常给人留下冲动和果断的印象。直觉型决策的风格以自我判断为主导，思维方式侧重关注内在的感受，因而能在信息缺失的情况下快速作出判断。但是，个人的直觉远不如理性分析准确可靠，因此直觉型决策存在很大的不确定性，发生错误的可能性也较大。直觉型决策者还有较强的自信心，若决策失误，则会给他们造成较大的影响。

3. 犹豫型

犹豫型决策者十分迟疑，即使他们收集了很多资料和相关信息，也会在内心反复斟酌，害怕作出错误决策，担心造成不良后果而承担责任。该类型的决策者由于缺乏充分的自我认识，往往错过最佳决断时机。这一类型的大学生需要认识到犹豫和拖延的不良后果，并增强职业生涯规划的意识和动机。

4. 依赖型

依赖型决策者由于缺少对环境的认识和对自身的了解，往往比较被动和顺从。这一类型的决策者以拖延的方式来回避决策，在做选择时习惯接受他人的意见和看法，通常将他人的肯定、认可和社会评价作为决策的评判标准。但是，过度依赖他人的指导和建议，一味地模仿和复制他人的经历，会产生不良的后果。

上述对 4 种职业决策类型的分析虽然不能直接运用于职业决策环节，但可从职业世界和职业自我两方面入手，帮助大学生进一步了解自身的决策特点，从而有针对性地完善对环境和自我的认识。对职业决策类型进行探索，是为了分析和研究职业决策的风格和动机，通过分析各个决策类型的利与弊，可以帮助大学生解决职业决策过程中存在的问题，最终设计出职业生涯发展的最佳方案。

以下测试将帮助你发现并确定自己的职业决策类型，帮助你在职业生涯规划过程中更好地做出职业方向的选择。

决策类型测试：

【测试说明】：请根据自己的个人实际情况，客观回答以下问题，若符合得 1 分，不符合则为 0 分。回答结束后，请将分数填入职业决策类型得分表 5-5 中，并进行统计汇总。注意：本测试结果仅供参考，不代表最终结论。

1. 需要作决定时，会多方收集资料。	1（　）	0（　）
2. 经常凭自己的感觉做事。	1（　）	0（　）
3. 做事时，喜欢有人在旁边，以便随时商量。	1（　）	0（　）
4. 遇到需要拿主意的事情时，便会感到紧张不安。	1（　）	0（　）
5. 常对收集到的信息进行比较分析，列出可供选择的方案。	1（　）	0（　）
6. 时常会改变自己作出的决定。	1（　）	0（　）
7. 发现别人与自己的看法不同时，不知该怎么取舍。	1（　）	0（　）
8. 做事总是瞻前顾后，经常拿不定主意。	1（　）	0（　）
9. 会衡量各方案的利益得失，判断并做出最适合的选择。	1（　）	0（　）
10. 经常仓促地对事物进行判断。	1（　）	0（　）
11. 做事时，不太喜欢独自想办法。	1（　）	0（　）
12. 遇到难作决定的事时，就会把它扔在一边。	1（　）	0（　）
13. 确定方案后，会展开必要的准备去做好它。	1（　）	0（　）
14. 作决定之前一般不会有任何准备，但会做大概的分析。	1（　）	0（　）
15. 很容易受到别人意见的影响。	1（　）	0（　）
16. 觉得作决定是一件痛苦的事。	1（　）	0（　）
17. 会参考其他人的意见，综合自己的想法来作决定。	1（　）	0（　）
18. 容易不经慎重思考就作决定。	1（　）	0（　）
19. 在被催促之前，不打算立即作出决定。	1（　）	0（　）
20. 处理事情经常犹豫不决。	1（　）	0（　）
21. 经过深思熟虑，能得出一套明确的行动方案。	1（　）	0（　）
22. 通常情况下，自己对事物的判断是很准确的。	1（　）	0（　）
23. 常让父母、师长或朋友给自己提供意见。	1（　）	0（　）
24. 为了躲避作决定的痛苦过程，让事情不了了之。	1（　）	0（　）

表 5-5　职业决策类型得分表

决策类型	理性型		直觉型		依赖型		犹豫型	
得分项	1		2		3		4	
	5		6		7		8	
	9		10		11		12	
	13		14		15		16	
	17		18		19		20	
	21		22		23		24	
总分								

【测试分析】

测试完毕后，汇总得分，得分最高的栏目代表个人的决策方式，具体分析如下。

（1）理性型：此类型的决策者做事有依据，能透彻地分析出各个选项的利弊，并作出最满意的决定，但也应多听取他人的意见和想法，尽量把事情考虑得更加全面合理。

（2）直觉型：此类型的决策者做事过于自信和冲动，往往会忽视收集相关信息的重要性，在作职业决策时，应保持冷静思考，在保留自我感觉的情况下，重视对信息的采集，并加强对职业环境等相关因素的了解。

（3）依赖型：等待和拖延是这类决策者的主要特征，他们在作决策时比较被动和顺从，常把希望寄托在他人身上。这种类型的决策者应该加强对自身的了解和认识，积极了解和学习相关知识，充实个人的内在力量，及时改变自身的思维惰性及胆小懦弱的性格。

（4）犹豫型：此类型的决策者往往处于难以下决定的挣扎状态，即使充分收集了相关资料，也往往因为对自身缺少必要的认识，对决策犹豫不决而错过时机。这种类型的大学生应该进一步认识自我，充分了解自身各方面的需求和能力，这样才能找到合适的方案，从根本上克服犹豫的毛病。

每个人都应该根据各自的决策类型，分析自身在决策能力方面存在的缺点与不足，有针对性地完善。

（三）职业决策的原则

职业决策不单是拟订出职业发展的方向，而是要对整个职业生涯的发展进行长远的展望。如果职业决策太过肤浅草率，职业生涯规划后续的发展便失去了支撑，容易让人丧失奋斗的热情，不利于职业生涯的长远发展。大学生在进行职业决策时，需要考虑的因素有很多，主要可以从生存发展的需要、个人的兴趣、能力、价值取向、社会需求等方面进行综合衡量。总体来说，职业决策的原则有以下 4 个。

1. 兴趣发展原则

职业生涯规划的核心为从事一项自己喜欢的工作。兴趣是最好的老师，一个人从事自己喜欢的工作时，可以将热情转化成兴趣，并最终形成从事该项工作的长久动力。在进入大学、开始独立生活以后，大学生会经历不同的学习和成长阶段，这时兴趣和爱好虽然变得十分广泛，但如果缺乏长久的兴趣和长远的计划，当需要选择其中一项作为终身事业时，往往会显得无所适从。所以，大学生在作职业决策时不仅要选择自己喜欢的职业方向，还要主动培养自己的职业兴趣。

2. 社会需求原则

一个人职业生涯的成功，除了需要符合自身的兴趣，还需要迎合社会的需求。然而，时代快速发展，社会需求也随之发生了巨大的改变，新的社会需求不断涌现，旧的社会需求逐渐消亡，这就给职业决策提出了新的难题。由此可见，大学生在作职业决策时，不仅要考虑个人原因，还应该结合时代背景。选择符合时代长远发展的职业方向，是职业生涯规划和职业决策的关键。

3. 能力胜任原则

职业生涯发展的核心为从事一项自己擅长的工作，而从事任何职业都需要具备相应的职业技能才能满足职业岗位的需要。大学生在制订职业规划时，要认真分析自己的优缺点，根据能力特征和个性特点，选择一个既喜欢，又有能力胜任的工作领域，最大限度地发挥个人的价值。

4. 利益整合原则

职业生涯维持的核心为从事一项收益相当的工作。职业作为个人谋生的手段，其目的是追求物质和精神上的满足，并最终实现个人的幸福。影响一个人职业决策的因素，除了兴趣和特长等内在因素，还有职业回报、行业发展状况、发展前景等外在因素。所以，大学生在进行职业决策时，不仅要考虑个人预期的经济收益，还要考虑精神需求的满足、行业发展前景等因素，最终在收入、社会地位、成就感和工作付出之间达到平衡，使个人在整个职业生涯的发展过程中获得收益的最大化。

大学生在职业选择的方向上有很大的随意性，若太过偏重于工资待遇等利益方面的因素，在职业适应性上往往会出现不同程度的问题。所以，应该根据社会对人才的要求，对自身的职业生涯进行精准的定位，在职业生涯发展的过程中，把兴趣和技能作为自我提升的重点，提高个人职业决策能力。

二、合理的职业定位

职业定位理论又称职业重心理论，是职业决策的辅助性理论，可用来协助个人确定职业发展围绕的中心，帮助个人确立职业生涯的发展高度。职业生涯的规划与发展是因人、因时、因势而异的，对于大学生而言，在作职业决策之前，最重要的是需要知道自己在职业生涯的规划和发展过程中始终都不会放弃的原则或理念，以及为之努力奋斗的方向。

（一）什么是职业定位

职业定位是职业的自我意向，指大学生在进行职业生涯规划时，根据自身的生活、学习和工作经验，把个人能力、职业环境与职业价值观相结合，实现总体满意度较高的职业选择。这就需要个人对职业目标有一个全面的认知，并且能在实际工作中不断地进行适应性调整。

经过长期的发展和完善，职业定位理论已逐渐成为人力资源管理和大学生职业生涯规划的重要工具。其要求大学生在进行职业规划时，对个人能力、职业环境和职业价值观三大因素进行整合，精确定位职业的发展方向。这有助于每个人在今后的工作和生活中充分发挥优势，最大限度地实现个人价值。职业生涯是一个长期发展的过程，除了确定发展方向，还需要后续良好的经营和管理。但是，由于受到时间和发展机遇等因素的限制，每个人尝试的机会是有限的，只有尽可能早地采取行动，才能争取到更多的发展空间。那么，要怎样才能确定个人职业发展的方向呢？最直观的方法就是借助图形，在个人能力、职业环境和职业价值观之间找到这三者的平衡点，职业重心示意如图 5-3 所示。

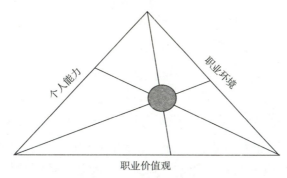

图 5-3　职业重心示意图

三角形的三条边代表职业决策的三大因素，其重心是内部的平衡点，也是整体结构的关键所在。职业重心是职业生涯规划权衡多方因素后得出的综合结论。

职业重心可以协调个人职业生涯的平衡发展，但需要个人对自身有一个总体的把控。大学生寻找自身的职业重心，还能有效激发个人的积极性和主动性。职业重心主要有以下4 个方面特点。

（1）职业重心以个人的学习和生活经验为基础。

（2）职业重心不是指个人的能力、才干或价值观，而是寻求各种因素的统一。

（3）职业重心是个人在成长发展过程中，职业动机、个人需求、个人能力和价值观相互作用且逐渐整合的结果。

（4）职业重心不是固定不变的。人是在不断发展变化的，职业生涯也需要随之做出适应性的调整。所以，个人不仅要权衡职业重心，还要顾及生活和职业的协调。通过调整职业重心，个人在社会和家庭生活中将得到更进一步的发展。

人们只有对工作领域有一定程度的涉足时，才能真切地判断出适合自身的职业。因此，工作经验影响大学生对职业世界的认识，也改变着大学生对自身能力和价值观的审视。换句话说，职业重心在一定程度上由个人实际工作经验所决定，不局限于个人的才能和价值取向。

（二）职业定位的类型

职业定位是对职业方向的宏观分析，从职业生涯规划的大局出发，协助大学生探索职业发展的理念和方法。每个人的人生目标和追求方向不同，职业重心的定位也是各不相同的。根据职业重心在个人能力、职业价值观和职业环境三者间的倚重方向，可以将职业定位划分为 7 种类型，如图 5-4 所示。

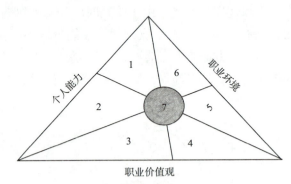

图 5-4　职业定位的类型
1—技能型；2—创造型；3—管理型；4—服务型；5—生活型；6—自主型；7—综合型

从图 5-4 中可以看到影响职业决策的三大因素所构成的三角形被划分成了 7 个区域。其中，每个区域表示对应的某种职业定位倾向。例如，1 号区域代表以"个人能力"和"职业环境"作为主要考虑因素，且主要依赖于"个人能力"的发挥和发展；7 号区域则表示对三大因素都以同等重要的态度进行考量。下面对这 7 种职业定位类型做进一步介绍。

（1）技能型。此种类型的人倾向于个人能力的发挥，追求在技术领域的不断成长和提高，寻求应用技能的机会。这一类型的人喜欢技术性强的职业，以个人才能发挥作为职业的主导方向，对自身专业水平有较高的要求，并且不会轻易放弃在技术性领域取得的成就。

（2）创造型。此种类型的人渴望运用自己的能力去实现目标和理想。这一类型的人具备相当的能力和才华，并且拥有克服困难和承担风险的勇气。他们能力与智慧兼备，并且拥有很强的改变现状和创新的能力，一旦时机成熟，便会不甘于平凡，着手创建属于自己的事业，会为实现梦想而不断奋斗。

（3）管理型。此种类型的人致力于追求职位晋升和个人价值的实现，这一类型的人通常致力于获得更高层次的管理岗位，有很强的综合能力，在工作上能独当一面，将事业的成功视为人生的意义，有清晰且远大的目标。

（4）服务型。此种类型的人将服务社会作为核心价值观，并把帮助他人作为职业的价值体现。这一类型的人的事业成就感来源于为社会奉献自己的力量，不太重视工作的报酬或职位的提升。

（5）生活型。此种类型的人的人生重心并不在职业生涯的成功上，他们将生活美满定义得比职业成功更重要，所以并不太在意职业生涯的发展和具体的工作内容。这一类型的人为了享受生活的平和与安逸，甚至愿意放弃或牺牲职业的发展。

（6）自主型。此种类型的人追求能施展个人才能的工作环境，向往自由的工作和生活方式。此类型的人不喜欢受到限制和制约，将工作环境和能力发挥作为职业发展的必要条件。

（7）综合型。此种类型的人对职业生涯的发展有综合的考量，具体在职业的定位态度上有两种显著的特征：一种是挑战型，此种类型的人比较激进且不易被现状满足，喜欢解决有挑战性的问题，若目标太容易，反而会感到乏味和厌烦，他们把战胜困难当作职业成长的乐趣；另一种是安全型，此种类型的人追求稳定的生活方式，喜欢有一个平稳的职业发展方式，渴望安定的工作、稳定的收入，他们对职业的发展抱着中庸心态，并且易于满足，即使具备足够的能力，也不会冒风险去追求进一步的提升。

（三）职业定位的作用

职业定位与大学生职业生涯的发展方向密切相关。职业生涯的早期阶段是职业定位发生作用的最重要时期。大学生随着工作经验的逐渐积累，对职业认识不断深入，职业定位随之变得更加清晰和准确。可以说，职业定位联系、贯穿和影响着职业生涯的前期与中期，在大学生的职业生涯发展过程中发挥着十分重要的作用。一个人正确认识自己的能力，客观评价职业环境，明确自己的价值取向，是职业决策过程的重中之重。职业定位的具体作用如下。

（1）及时准确的信息反馈。职业定位是个人通过对职业重心的探索，为个人职业发展确立方向的过程。这一探索过程围绕个人能力、职业环境与职业价值观展开，若实际达到的效果与个人的追求不相符，则应及时寻找原因并采取行动。

（2）为个人指明有效的职业道路。职业定位不仅可以反映个人的职业需求，还能显示个人的价值观和抱负，其与实际的发展是相互促进、相互影响的。通过职业定位，能有针对性地为个人实际的发展构建可行的、有效的职业途径。

（3）增长个人的能力和经验。职业定位是个人对发展方向和发展高度的愿望，能使个人在处理问题的过程中开拓思维和增长见识。个人相关的能力和技能不断发展提高，可以反过来增加职业定位的准确性。

（4）为职业生涯的后续发展提供保障。职业定位对职业生涯的后期发展没有直接影响，其主要作用在于为职业生涯的发展指明方向，为个人能力的提高、职业技能的获取和才干的发掘开辟道路，这些都是一个人在职业生涯后续发展中必不可少的基础条件。

（四）如何进行职业定位

职业定位，就是清晰地明确一个人职业上的发展方向。在现代社会，人们在职业选择上有着充分的自主权，可以自己决定考学、打工、恋爱、交友。从国家分配工作，到自己找工作，职业定位的主导者已经变成了每个劳动者自己，人们有机会去决定自己的职业定位。职业定位的主导者需要考虑很多因素，但千万不要因为有压力而把决定权交出去，将职业选择的决策权交给别人，看似少了压力，却让人活在别人的影子里。所以，尽管现在的职业选择可能仍然会受到出身、父母等因素的影响，但一定要努力尝试着做自己职业生涯的主人。

小林是一名临近毕业的大学生，其职业体验可谓是丰富，大学的几个暑假参加了三次社会实践活动，大一时他跟随学院老师去学校对口支援的城口县进行社会调研，协助当地政府规划经济和文化发展策略。大二暑假小林独立带团，带领志愿者协会的同学去四川凉山地区支教，看到凉山彝族人民的生活，接触到许多孤儿，被深深地震撼，这一次经历让小林多了很多对社会责任的思考。大三暑假系里组织大家去专业对口的企业实习，与已经走上工作岗位的师兄师姐有了近距离的接触，对未来可能从事的工作有了直接的认识。凭着自身的履历，在北上广深找一份专业对口的工作对小林而言似乎是顺理成章的事情。然而凉山孤儿们纯真而迷茫的笑脸总是让小林觉得自己还要做一些事情，内心有一个声音越来越清晰：能不能用自己的专业为这些孤儿们做一些事情呢？想到这些，小林内心就充满了兴奋和热情，这些想法在内心里酝酿、发酵了好久，是时候找人聊聊了。小林带着自己无法排解的困惑来到了职业咨询室寻求专业的帮助，辅导老师帮助小林一起梳理了两份工作对他的意义，启发他看到自己最看重的东西，在众多的工作价值观里哪些是最重要的，哪些是最不能放弃的。

经历过一系列的尝试与探索，大学生开始学会逐渐聚焦自己心仪的职业，最终锁定目标职业。在这个过程中，最重要的是考虑两个方面的因素：你要做什么和你可以做什么。"你要做什么"是从个人层面出发，包括对自身兴趣、能力和价值观的综合考量，是一个人在"喜欢做的事""擅长做的事""认为重要的事"方面的主动整合。"你可以做什么"是从环境层面出发，包括对行业前景、就业市场、家庭环境等的考虑。

职业定位是在对自己和职业的了解、分析及匹配的过程中逐步进行的。常用的职业定位工具为 SWOT 分析法，这个工具是基于个体与环境的分析作出的理性判断；而跟随内心则是向内探索，是基于感性视角做出的选择。（工具的解析及使用，详见中篇模块四）

❯【案例拓展】

案例 1：张磊，男，29 岁，在一家创业公司做项目经理，工作时间基本保持在 6×12 小时，这样的状态持续了 1 年多的时间。这让他特别痛苦，虽然挣钱不少，领导也认可自己的能力，但是每当看到朋友圈里别的人在爬山、旅游的时候他就会觉得特别羡慕，女朋友也会向他抱怨，觉得受到的关注太少。同时，长时间没能去学习充电也让他心里有一种焦虑感，几次想要辞职，却发现可选择的机会并不多，摸着腰上慢慢鼓起来的"游泳圈"，他开始思考，自己到底应该怎么办。

分析点评：

（1）确认问题。从这个案例来看，张磊是被好几个角色困扰着，如工作者、休闲者、男朋友、学习者、健身者这些角色。案例中的当事人有各方面的需求，这些需求让他进入不同的角色之中，而要完成这些角色便需要投入大量的时间和精力，而他的时间和精力有限，只能照顾到其中一部分，那些没有被满足的部分就会影响到当事人，让其对当前的生活不满意。

（2）分析问题。从对案例中反映问题的梳理可以基本确认，案例中的当事人张磊是在生涯平衡方面出了问题。针对这个问题，需要先看看现在的当事人到底有哪些角色需要平衡，并把角色放进生涯平衡轮中，看是否能通过其中一个角色或两个角色的提升带动其他部分的提升，去寻找当事人的杠杆点。

（3）解决问题。在接下来的一段时间里（如半年或三个月），当事人可以对这几个角色进行评价并打分，并逐一分析对每个角色为什么给出这样的评价，根据评价结果制订行动计划。

案例2：高效的学习方法

小琳和小红是同一所院校中文系的学生。小琳平时学习很认真、刻苦，可是学习成绩却不太理想。小红总是利用课余时间参加社团活动，学习成绩却依然很好。

一次偶然的机会，小琳和小红成了同一个课堂讨论小组的成员，小琳苦恼地与小红聊起了这个问题。小琳说："每节课我都把老师讲的所有知识记下来，为了防止自己漏记，还专门买了录音笔，在考试前我会把书本仔仔细细地反复翻看好几遍。"小红听了小琳的描述，对她说："你不是不聪明，而是学习方法有问题。"随后，小红给小琳分享了自己的一些学习方法和体会。比如，记笔记时不要把老师讲的每句话都记下来，而是要选择重点来记；考前的复习不需要大量反复地看教材，而是需要在自己的脑海中串联知识线，并对重点知识进行重点把握等。小琳在小红的帮助下，逐渐掌握了一些高效的学习方法，并主动探索适合自己的学习方法。在半年的时间内，小琳的成绩突飞猛进。

分析点评：小琳的这种情况并不是个例，甚至普遍存在于大学生的学习生活中。俗话说"磨刀不误砍柴工"，大学生需要先找到适合自己的"砍柴刀"——学习方法，才能在学习上取得事半功倍的效果。

案例3："困难"的人际交往

陈苗今年刚毕业，在一家广告公司上班。他性格比较内向，平时也不太爱说话。因此在刚开始工作的一段时间里，陈苗和同事也不熟，在工作中一旦遇到问题，都是按照个人想法和主观臆断来处理。

有一次，经理交给陈苗一个任务，要他为公司即将上市的新产品制作一张宣传海报。陈苗将相关资料复制进U盘后就赶去了制作公司。来到制作公司后，对方的设计人员问陈苗想做成哪种形式、选择何种定位、打算何时投放等一系列问题。陈苗听后很迷茫，这些问题陈苗完全没有和经理沟通过，因此全都答不上来。这时，陈苗只好硬着头皮拨通了经理的电话，问清楚海报的制作要求后，经理把他训斥了一顿。回到公司，同事小张跟陈苗说："其实人际交往和工作一样重要，一定要主动沟通，让别人知道你的想法。如果你事前把宣传海报的相关要求向经理问清楚，经理后来也不至于大发雷霆。而且领导训斥完后，你也要有回应，万不可一声不吭。"陈苗听了同事小张的一番话后，顿时感觉以后要学习的东西太多了。

分析点评：大学生进入新的工作岗位，通常会对周围的环境产生一些陌生感，不愿与他人沟通和交流。但是到了企业工作，就不再是校园里面的单打独斗，而是一个团队的协作。既然是团队，就会遇到很多人和事。无论是什么事情，只要去沟通，大事也会变成小事。如果不去沟通，那么小事也许就会变成大事。

案例 4：和谐的同事关系

小康从事销售工作已经一年多了，现在不仅业绩有了起色，而且人际关系网也有了雏形，在工作上可以说是顺风顺水。但就在小康打算大显身手的时候，意外发生了。以前刚进公司就带他的陈师傅由于最近业务繁多，一个人实在忙不过来，需要找一个帮手，小康自然就成了他的首选。想到毕竟是曾经帮助过自己的师傅，小康也不好意思拒绝，于是就挤出自己的时间来帮助师傅维系客户。

在帮忙的这段时间里，小康维系师傅客户的时间越来越长，而且师傅的客户对小康的要求也越来越多。最关键的是，这些业务量都算在师傅的名下，所以小康觉得自己又累又挣不到钱，真是不值当，但是又不知道该怎么跟师傅说，怕说不好会得罪自己的师傅。小康心想，一定要想个两全其美的办法和师傅说明。

有一天，小康对师傅说："师傅，最近有个问题一直困扰着我。我家里的情况您是最清楚的，现在我急需用钱。可是我的业务量本来就不多，工资低，这个问题您看能帮我想想办法吗？"师傅听后无言以对。其实小康的弦外之音，师傅马上就听出来了。但是又想，小康说的也是实情，自己确实占用了小康不少的时间。面对这个问题，师傅只有两个选择：要么帮助小康解决这个问题，把自己的客户分出一部分交给小康打理；要么不再这样使唤小康了。

见师傅犹豫不决，小康趁热打铁，又接着说："师傅，您看这样行不行，我愿意帮您维系客户，但您能不能把您忙不过来的业务让我也参与一下，就算是您帮我这个徒弟了。"自知理亏的师傅很痛快地答应了小康的提议，毕竟小康是被请来帮忙的。就这样，小康在不得罪师傅的前提下，不仅增加了自己的业务量，还很好地保持了和谐的同事关系。

分析点评：在工作中，同事之间难免会出现一些冲突和矛盾，此时如果能够运用合理的方式解决这些冲突和矛盾，就可以保持和谐的同事关系，为自己此后的工作创造便利；反之，则很容易导致同事关系紧张，从而对自己的工作或心理产生不良影响。

案例 5：职业素养

一位知名企业的总经理想要招聘一名助理，这对于刚刚走出校门的青年们来说是一个难得的机会，所以一时间求职者云集。经过严格的初选、复试、终试，总经理最终挑中了一个毫无工作经验的青年。副总经理对于他的决定有些不理解，问道："那个青年胜在哪里呢？他既没带介绍信，又没受到任何人的推荐，而且毫无经验。"

总经理告诉他："的确，他刚刚从大学毕业，没带介绍信，一点儿经验也没有。但他有很多十分可贵的东西：他进来的时候在门垫上蹭掉了脚下带的土，进门后又随手关上了门，这说明他做事小心仔细；他曾几次在随身携带的笔记本上做记录，说明他善于收集信息、记录信息，做事有条不紊；进了办公室，他回答我提出的问题时干脆果断，说明他具有十分清晰的逻辑思考能力。"

总经理顿了顿，接着说："面试之前，我在地板上扔了本书，其他人都从书上迈了过去，这个青年却把它捡起来，并放回桌子上。在我看来，这些细节就是最好的介绍信，这些修养让我看出了他在职场中的素养，我认为他就是我需要的人。"

分析点评：良好的职业素养帮助这个青年成功获得了这份竞争激烈的工作，让他从众多求职者中脱颖而出，而这正得益于他身上的闪光点。这些闪光点不仅映射出他的素质和综合能力，也使他获得了职业生涯的阶段性成功。

任务 15 决策过程的 CASVE 模型

一、认知信息加工理论

认知信息加工理论（Cognitive Information Process，简称 CIP），最早在 20 世纪 90 年代盖瑞·彼得森（Gary Peterson）、詹姆斯·桑普森（James Sampson）、罗伯特·里尔登（Robert Reardon）三人合著的《生涯发展和服务：一种认知的方法》一书中提出，是生涯选择和发展理论体系中迅速扩展的重要理论。CIP 理论重点研究个体如何进行信息的处理，关注在生涯问题解决和决策中，大脑如何接收、编码、储存和利用信息与知识，强调生涯问题的解决是一个认知的过程。心理学家认为，保持长期记忆中不同种类的知识，对一个人作出职业的决策是极为重要的。彼得森等人构建了"信息加工金字塔模型"作为 CIP 理论的基本框架，如图 5-5 所示，将影响人决策的因素主要分为知识领域、决策领域、执行处理领域。

知识领域主要包括两部分：职业知识和自我知识。"职业知识"中储存了和职业相关的知识，以及特定的职业和不同职业之间的组织方式，如程序员需要何种编程能力、待遇如何、程序员和项目经理之间有何异同等。"自我知识"包含了与个人经验、兴趣、能力和价值观相关的信息，如自己擅长的事情、喜欢的事情、觉得十分重要的事件等。这些信息会保存在长期记忆之中，在进行生涯决策的时候进行提取，其内容的丰富性与可靠性为之后的决策提供了基础。

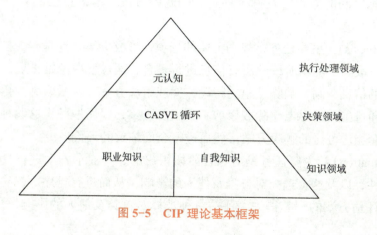

图 5-5 CIP 理论基本框架

决策领域类似于计算机的程序，是个体处理信息的一种方式。针对这个问题，许多人做了相关的研究，结果发现最基本的决策能力和方式主要是 5 个步骤：沟通（Communication）、分析（Analysis）、综合（Synthesis）、评估（Valuation）和执行（Execution），简称 CASVE。

执行领域处于最上层，如果用计算机类比，就是程序的监控系统，主要成分为元认知。所谓元认知，是"对认知的认知，也是一种对认知历程的觉察，具体地说是关于认知过程的认知和调节这些过程的能力"。构思文章写作大纲是一个认知的过程，而元认知的过程就是自己对构思过程的评价，评价构思是否符合逻辑，构思先写成的文章是否能让别人看得懂。执行领域也会监控决策的执行，看是否能够完成预期的目标。

知识的积累需要时间的投入，短时间的突击难以取得足够的改变。元认知的过程内隐而且个性化，不同的人会有不同的元认知过程，难以改变。而提升职业决策能力最好的方式，也是最具操作性的方式，就是在职业决策的过程中充分利用 CASVE 模型。

二、决策过程的 CASVE 模型

沟通（Communication）：主要任务是识别问题的存在，找出现状与期待的差距。在这个阶段，人们收到了关于职业理想与现实之间存在差距的信息，这是"意识到自己需要做出选择"的阶段。在这个阶段，人们从认知和情感上充分接触问题，识别到问题信号，当不用再置之不理的时候，人们开始理解并接纳问题的存在，探究问题的成因。通常，问题出现的根源在于理想与现实之间的差距，差距的信息可通过内部或外部沟通的方式传达出来。内部沟通包括情绪，如不满意、厌烦、焦虑；还包括身体信号，如昏昏欲睡、头痛等。外部沟通包括 HR 谈话、网络上关于所在领域的发展趋势的报道等。

分析（Analysis）：主要任务是将问题各成分联系在一起，考虑各种可能性。这是一个"了解我自己和我的选择"的阶段。首先要分析自己，了解自身特质；其次是分析选项，识别问题的源头，剖析问题成因。对两者进行联系比较，通过思考、观察和研究，对兴趣、能力、价值观、人格等自我特质及各种环境因素进行分析，从而更好地理解现实状态与理想状态之间的差距，发掘各种解决问题的方案，考虑自己的各种特质能够如何发挥。

综合（Synthesis）：主要任务是找到可能的选项，形成方案。这是"先扩大再缩小我的选择清单"的阶段。对前两阶段的所有信息进行整合，通过发散思维扩展，并综合和加工上一阶段提供的信息，制定消除差距的行动方案或解决方案，以量取胜。再将各个方案进行聚合思维，通过细密的思考删除或修剪不合适的方案，以质取胜。这两种思考方式的目的是先形成几套相对可行的解决方案，然后进行全面细致的评价。

评估（Valuation）：主要任务是对综合阶段得出的 3～5 个方案进行具体的评估，评估方案的可行性，以及这个选择对自身及他人的影响，从而进行排序。确定方案有两个步骤：第一步，评估方案的利弊得失，评估每种选择对自身及他人的影响，如选择职业 A，那么这个选择对自己和自己的家庭有什么影响？每种选择的影响都要从对自己和对他人的代价和收益两方面考虑。第二步，对分析阶段产生的选择按优先级排序，在操作过程中当事人会面临矛盾的价值取舍，这种冲突会反映在认知、情绪和行为中，如焦虑不安、逃避退缩等情况。通常情况下，首选方案最能够解决理想和现实之间的落差，在方案失效时才会考虑备选方案。在这一阶段，当事人会经历一段"下决定的后悔期"，其表现为当事人对第一方案的评估值下降，而第二方案则相反，最后会合理化自己的选择，做出最终选择。在评估过程中可以思考以下问题。

（1）对我个人而言什么是最好的？

（2）对我生活中重要的他人而言什么是最好的？

（3）大体上，对我所处的环境而言什么是最好的？

执行（Execution）：主要任务是采取行动、解决问题。本阶段就是将确定的方案付诸行动，这是"实施人的选择"的阶段，是整个 CASVE 的最后一部分，前面的步骤只是确定了最适合的方案，还不能带来选择的成功，需要在执行阶段将所有想法付诸实践。在这一阶段，需要确定一系列的计划，盘点自己的资源来达到自己设定的目标，同时也要及时调整，然后聚焦那些能够让目标达成的具体行动并控制做出这一选择的风险，进行实践尝试和具体行动。

CASVE 模型循环的 5 个步骤，如图 5-6 所示。

图 5-6 CASVE 模型循环步骤

我们可以通过一个例子具体了解 CASVE 模型的决策过程：某位大学生毕业后应聘了 A 单位、B 单位和 C 单位，同时拿到了这三家的 offer，他不知道自己该去哪家单位，好在这三家单位的人力资源经理都给他三周的时间考虑。他想：时间还久，等两天再说吧。直到五天后，B 单位的人力资源经理给他打电话，问他的考虑情况（第一步，沟通）。他才意识到，自己必须要做出选择，可是该去哪家呢？先分析下情况（第二步，分析）。自己的兴趣在于产品，而且比较喜欢轻松愉快的环境氛围，对挑战也有不小的兴趣。这三家单位，A 单位的职位是市场助理，是一个外企，B 单位和 C 单位都是产品助理的岗位，B 单位是私企，C 单位是国企。根据了解的这些情况综合考虑，B 单位、C 单位符合自己的兴趣（第三步，综合）。可是 B 和 C 哪个更适合呢？B 单位发展及成长会很快，可是 C 单位会很稳定，选择 C 单位家里会很放心，各有各的好处。先选 C 吧，不行，在这家企业看不到太多个人发展的可能性。选 B 吧，B 公司也是个大公司，家人会很放心，而且对自身发展也有好处（第四步，评估）。选择后，需要考虑一下，后面如何去做会更好地适应这个职业，并且快速发展，第一步计划是先去参加一个产品经理的培训。嗯，就这么定了，给 B 单位的人力资源经理回电话，确认去 B 单位，同时回绝 A 和 C 单位（第五步，执行）。

好的决策依赖每一阶段的成功，某一个环节出现问题，很可能对整个问题的解决产生负面影响。其中最关键的三个阶段是沟通、评估和执行。在沟通的阶段可能被问题压垮，感到沮丧、焦虑、迷茫和消沉等，无法摆脱这些负面情绪则难以进入分析或综合阶段。在评估阶段，迷惑会是主要的状态。即使方案已经缩小了范围，在激烈的价值冲突下仍然无法作出抉择，可能产生挫败感，更严重的则可能会回到最开始的沟通阶段。执行阶段往往是最困难的阶段，因为难以将任务具体细分成小步骤，容易被任务的模糊和不确定所吓倒，过分夸大了环境的消极因素。只有将每一个阶段踏实完成，在出现问题时才会有足够的信息继续执行，更好地解决问题。

任务 16　决策平衡单

工作与生活，这两个概念似乎总是连在一起。一般来说，工作是生活的一部分，生活的范围远远大于工作。在许多人的生命中，工作占据了太大的比重，没有掌握好平衡。应当在工作与生活之间建立一面防火墙，不让工作过多侵占生活。现代社会充斥着各种各样的"刺激"，为了应对这些"刺激"，每个人在人生的舞台上同时扮演着不同的角色，工作者也只是其中一个而已。每个角色都有其独特的影响力，而所有的角色复杂联合在一起才会形成一个人最真实的样子。对于如何才能处理好不同角色之间的关系，美国的生涯大师唐纳德·E. 舒伯（Donald E. Super）给出了他的看法。

一、舒伯的生涯发展理论

舒伯提出的生涯发展，不是狭隘的指工作上的成功，而是指在不同的人生阶段，完成如彩虹般瑰丽的角色安排。生涯统合了在一个人的一生中，依序发展的各种职业和生活的角色，通过个人对工作的投入而体现出独特的自我发展模式，它也是人生从青春期一直到退休之后，一连串有酬劳或无酬劳职位的综合。除了职业，还包括任何和工作有关的角色，如学生、受雇者、领退休金者，甚至也包括了副业、家庭、公民等角色。

帕森斯时期的职业辅导模式是"以人就事"的过程，其基本假设是：个人的特质是基本不变的，人应该去匹配职业的需求，工作有 A 要求，那就有 A 特质的人可以匹配工作，适应工作。舒伯的生涯发展理论使生涯发展的概念取代了帕森斯时期的职业辅导模式。舒伯的生涯发展理论核心是"以事就人"，认为人的自我概念是在不断变化的，通过个人与职业和环境的不断互动，自我概念会得到不断发展。比如，一个人的工作成果拿到了好的评价，被授予"优秀员工"称号，那么就会在工作中更加努力，形成一个良性循环。这个过程就是人和工作发展的过程，是"以事就人"的过程。

舒伯生涯发展理论的发展性自我概念不仅体现在工作中，还适用于其他的生涯角色，他提出在生涯发展的不同阶段，人会有不同的生涯角色重点，而发展阶段和角色彼此交互影响，就会形成一个多重角色生涯发展的综合图形，涉及生活广度和生活空间两个维度，体现在生涯中即为生涯跨度和生涯宽度，也就是生涯彩虹图，如图5-7所示。

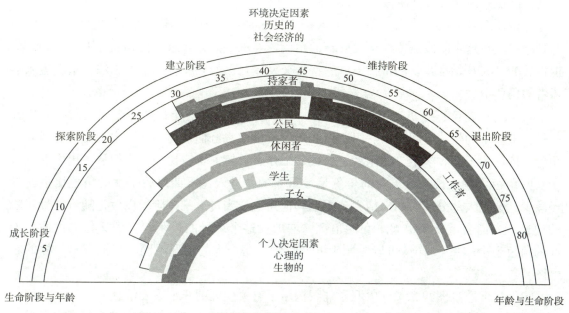

图 5-7　生涯彩虹图

通过图5-7可以看到人的生涯发展有不同的阶段：成长阶段（约相当于儿童期）、探索阶段（约相当于青春期）、建立阶段（约相当于成人期）、维持阶段（约相当于中年期）、退出阶段（约相当于老年期）。在不同阶段中，人的生命角色及角色突显也是不同的。生涯彩虹图形象地展现了生涯发展的时空关系，更好地诠释了生涯的定义。

（1）生涯跨度：横贯一生的彩虹——生活的广度，横向层面代表的是横跨一生的生活广度。彩虹的外层显示人生主要发展阶段和大致估算的年龄。

①成长阶段：0～14岁。该阶段是孩童自我概念萌发，以各种不同的方式来表达自己需要的阶段。经过在现实世界不断尝试，修饰自己的角色。

②探索阶段：15～24岁。该阶段的青少年，通过学校的专业学习、社团活动、社会实践等机会，对自我能力及角色、职业进行了一番探索，因此在选择职业时有较大弹性。如果在大学期间参与很多社团活动和企业实习，在实践过程中开始了解自己有哪些能力，比较擅长做什么，比较喜欢做什么，同时对职场有简单的了解，在职业选择过程中就有更大的自主性。

③建立阶段：25～44岁。由于经过上一阶段的尝试，该阶段通常能确定在整个生涯中属于自己的位置，固定下来并在31～40岁开始考虑如何保住这个位置。例如，刚参加

工作时，一些人会有多次跳槽的经历，在体验过不同的行业、企业、职位后，越来越清晰地知道自己在职业中要什么，慢慢聚焦在一个职业上，并且开始持续投入努力，获得更好的发展。

④维持阶段：45～64岁。该阶段的个体仍希望继续维持属于自己的工作位置，但会面对新的人员挑战。如一些企业的老员工总会出现一种危机感，担忧自己是否会被职场新人所取代。所以在老员工进入维持阶段之前会持续提升自己的能力，扩大自己的资源，以帮助自己更好地度过维持阶段。

⑤退出阶段：65岁以上。由于生理机能日渐衰退，个体不得不面对现实，从积极参与到隐退。在这个阶段需要注重发展新的角色，寻求不同方式以替代和满足需求。如一些退休后的老人开始帮儿女们带孩子；一些人会发展自己的兴趣，如学习书法，重新进入学习者的角色中。

（2）生涯宽度：纵贯上下的彩虹图——生活空间。在生涯彩虹图中，纵向层面代表的是纵贯上下的生活空间，由一组职位和角色所组成。舒伯认为人在一生中需要扮演6种角色，依序为子女、学生、休闲者、公民、工作者、持家者。比如，人们从一出生就进入子女的角色，在成长阶段子女的角色是最重要的，进入探索期以后子女的角色比重就慢慢减少，会把大部分的时间、精力分配给其他角色，当进入维持阶段以后，随着父母年龄的增长，人们会重新承担起子女的角色，增加在这个部分的投入，直到父母去世后，子女的角色就会结束。（详情可以参照生涯彩虹图，每个人的情况不同，将拥有不一样的彩虹图）

（3）生涯彩虹图的意义。生涯彩虹图揭示了有关生涯的3个重要信息。

首先，在不同的生涯阶段，人有不同的生活重点。如童年的时候，子女和学生是最重要的生涯角色，而到了中年，工作者则成为最重要的角色。人的时间和精力是有限的，在同一时刻不可能把所有角色都做到100分。所以，每个阶段都应该找到当下的生活重心，这样才能顺利地度过每个阶段。

其次，不同生涯阶段角色的任务完成的好坏程度影响着一个人的幸福程度。例如，现在很多大龄未婚青年就是因为在30岁以后还承担了过多工作者的角色，而没有完成持家者角色的任务，所以会感到压力很大，影响生活质量。因此，提前为下一个阶段做好准备是提高生活幸福感的重要方法。

最后，应该及时与过去的阶段告别，开始新阶段的任务。比如，即使在童年时期没有充分玩耍，但是成年以后还是应该更多地承担工作者的角色，而不能继续像小孩一样只顾着娱乐，否则可能导致"一步跟不上，步步跟不上"的情况。有些事"错了就是一辈子"，既然错过了不如大胆地开始新的生活。

二、生涯平衡的理念

通过"生涯彩虹图"，可以厘清人生所要经历的5个阶段，以及所要承担的6种角色。同时，可以看到发展阶段和角色会彼此交互影响，形成了一个多重角色生涯发展的系统，而平衡是一个系统价值最大化的体现。人是这个系统的主体，当人希望自己过得好的时候，就会通过协调好系统中各角色之间及角色投入比重的关系来达成自己的目标。不同的人会看重不同角色并调整角色投入的比重，比如有人特别追求事业的成功，那么在工作者角色上就会投入更多的精力，减少其他角色的投入；还有人既想要做好工作者的角色，也想照顾好家庭，还要能好好满足自己的需要，那么可能就会均匀地分配自己的时间和精力。

1. 生涯四看

生涯四看的模型来自职业锚的锥形理论，是从四个不同的维度来对一个人的发展方向进行动态思考的工具，如图 5-8 所示。

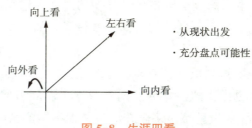

图 5-8　生涯四看

所谓生涯四看，分别是向上看、向内看、左右看和向外看。

用生涯四看来对职业发展方向进行综合分析解释，有助于一个想要转型的人从现状出发，充分盘点各种可能，尽量避免遗漏。

（1）向上看，即生涯高度。选择这个方向的发展目标，意味着在企业里往更高的层级和级别走，其终极价值更加关注影响力和权力。"人往高处走，水往低处流"，在向上发展的路上，与更强的人接触，进入更大的平台，掌握更高、更大、更强的资源，最大限度地影响世界。这条路的好处就是站得高看得远，但这也意味着更多的时间投入，要求牺牲掉部分的自由及对于家庭的陪伴。这是人们最熟悉的也是最传统的发展路径，这其实也是绝大部分职场人一提到发展，就会自然联想到的路径。

（2）向内看，即生涯深度。选择这条路的发展目标，意味着在原来的领域里往深了走，期望自己在思想、智慧、艺术、体能上达到的卓越与精进程度，成为专家型的人才，其终极价值更加关注自己的卓越和智慧。选择这个方向的人渴求真理、寻求极致、反复打磨，让自己知识、技能炉火纯青，他们希望站在人类知识技能的顶峰，如科学家、小提琴家、奥运冠军等。选择这条路的人，其方向会越来越聚焦，也越来越极致，但视野也会越来越窄，生涯选择面会相对较小，一旦选择，唯一的突破方式就是前行。同时，选择这条路的人，往往还需要考验自己对于所从事的事业的热爱程度，以及性格是否能坐得住、耐得住前期的孤独和寂寞。

（3）左右看，即生涯宽度。左右看的发展路径通常是不同岗位上的变化，意味着个体能够打开和扮演很多不同的人生角色，各角色之间丰富而又相互平衡，其终极价值更加关注爱与和谐。生涯宽度的追寻者，其发展在于生命的横向展开——他们的追求是做好生命给予的每一个角色，做一个浪漫又让人惊喜的恋人，做永远信任的伙伴，做孩子和蔼有爱的父母。与此同时，他们还努力拓展更多的可能性：成为专业级的玩家，成为热心公益的志愿者，成为有责任心的公民，成为全职太太等。做出这个方向上选择的人往往对于掌控全局没有那么多执念，也不需要在专业上深耕到多大程度，他们更希望体验的是不同的职业带来的成就和满足。左右看的发展方向好处就是选择面很宽，对于职业的适应性更好，做得好或许就会成为跨界的创新者，却无法在专业上持续积累和精进，也没办法在某一领域里有所建树。

（4）向外看，即生涯温度。选择这个方向的职场人，其发展目标不太在乎职业内的发展，他们解决了基本的经济需求后，就会开始向外发展。他们的终极价值是自由，探索内在世界，追寻真实鲜活的生命态度，寻找自己存在的意义。这是生涯最内在的一个维度，是评判标准最个性化的一个维度，也是与幸福关联最紧密的一个维度，如艺术家、诗人、作家、自由职业者。今天很多的"跨界斜杠"也属于这个方向，如《好好学习》这本书的作者成甲，本职工作是一家景观设计公司CEO，但他去"得到"上说书，讲授知识管理的方法论，然后去写书，也做得风生水起。向外看这个发展方向的好处就是除了本职工作，还可以从多方面拿到职业成就感。多巴胺增多了，幸福感也很高，但不利的一面就是如果你的主业和副业没有平衡好，则主业很可能会被边缘化。

总之，向上看是领导路线，向内看是行家路线，左右看是杂家路线，向外看是生活家路线。在生涯发展的这四个维度上，除了追寻功成名就之路，还可追寻智慧、爱与和谐、自由。当陷入生涯困境的时候，往往是因为自己只看到了一个人生方向，可当看到了立体的生命出现，而每一个维度又可以有自己的方式时，生命就有了无限可能。

2. 生涯平衡轮

生涯发展的四个维度中，向上看（生涯高度）和向内看（生涯深度）是外显而可测的，而左右看（生涯宽度）和向外看（生涯温度）是内隐而难以量化的。越是生涯价值低的人，往往越渴求外在维度的表达，而总体价值越高的人，则越寻求整体维度的平衡。平衡是一个零和游戏，一个维度多，另一个维度就少。如果想要些什么，就必须放弃些什么；如果想要的特别多，就需要放弃特别多。平衡体现在生涯的几个维度上，同时在不同的生涯角色和任务上也可以进行平衡的探索，生涯平衡轮便是一个很好的探索工具。

在生涯发展过程中，人们常常面临很多困惑，比如对目前工作不满意，但什么是让自己满意的呢？想发展自己的职业高度，但该从哪些方面做起呢？希望有更好的生活，需要在哪些方面提升改变呢？面临这些困惑的时候，需要厘清现状，直观地看到与此相关的各因素是什么关系，这时候就可以用到生涯平衡轮。

生涯平衡轮的使用方法：首先将一个圆平均分成若干等份（一般分为8等份），然后将自己的工作、生活或生命中一些并列的内容填写在图中，帮助自己清楚现状，觉察到平时忽略的部分，找出希望有所改变的内容，制订计划、采取行动。如生命之花，就是生涯平衡轮在日常生活中的运用，如图5-9所示。

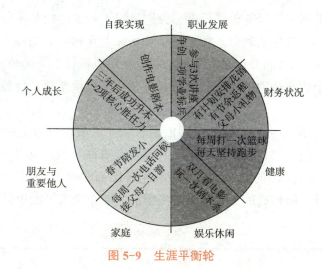

图 5-9　生涯平衡轮

生涯平衡轮的概念包含以下 3 个方面的含义。

（1）一个目标的实现需要相关方面的支持，就像一个轮子要想转动，需要里面辐条的支撑一样。

（2）平衡轮就像是一架照相机，可以拍摄到当下这个时刻与目标相关方面的真实情况。

（3）让目标的实现者清晰地了解目前这些相关方面的状态。而要想让轮子转起来，需要这些辐条长短一致，强度一致。同样的道理，要想实现目标，需要每个方面平衡发展。

生涯平衡轮可以让人清晰、直观地看清楚现状，让当事人考虑问题更全面、更理性。

三、决策平衡单

职业决策实际上是平衡多方利弊，最终有最符合自身利益的决断。决策平衡单正是针对这一特点，根据个人的利益和需求，直接对预备选项进行筛选。它经常被应用于实际问题的解决和职业生涯咨询中。前面提到的职业决策方法都可以运用决策平衡单来进行最后的评估。其主体框架包括以下 4 个方面。

（1）内在物质层面的得失。

（2）外在物质层面的得失。

（3）自我赞许与否。

（4）社会赞许与否。

决策平衡单运用起来简单直观，大学生运用它，可以具体地对初步筛选后的每个职业选项进行分析。大学生可以通过分析各个方案实施后在物质和精神层面的利弊得失，排出各个预备选项的优先顺序，从而得到最优的结果。其具体使用过程如下。

（1）列出预备的职业选项。需要列出有评估价值的潜在职业选项。

（2）各项考虑因素的加权计分。需要根据自身的实际情况进行考量，对各个栏目的重要性进行权衡，即根据该栏目的重要程度，分别设定 1～5 的权重系数。

（3）判断各个职业选项的利弊。根据各个预备职业在物质和精神上的得失，逐一检视各个职业选项，用 0～10 的分值来衡量各个职业在对应栏目下的优势。

（4）计算出各个职业选项的得分。结合各个栏目的权重系数，计算出各个职业选项的加权总得分。

（5）排出各个职业选项的优先顺序。依据各职业选项在总分上的高低，排出优先次序，在实际运用中，由于"自我赞许与否"和"社会赞许与否"显得比较笼统，因此，将这两项改为"内在精神层面的得失"与"外在精神层面的得失"，实际是基于"内在—外在"和"物质—精神"所构成的 4 个范围来考虑的。职业决策平衡单见表 5-6。

表 5-6 职业决策平衡单

项目		权重系数	职业 1：得分	职业 2：得分	职业 3：得分	职业 4：得分
内在物质层面的得失	经济收入					
	升迁机会					
	办公条件					
	福利待遇					
	其他					
外在物质层面的得失	家庭经济利益					
	家庭生活影响					
	社会资源获取					
	家庭社会地位					
	其他					
内在精神层面的得失	兴趣一致性					
	个性适应性					
	价值观契合度					
	精神世界的发展					
	其他					
外在精神层面的得失	家庭关系维护					
	友谊的增进与维护					
	社会关系的培养					
	其他					

◆【思考与练习】

1.请用两个空白圆形，试着绘制自己的两张角色饼图，看看自己的发展方向究竟在哪里？如图 5-10 所示。

现在的饼图：　　　　　　　　　　　　　未来的饼图：

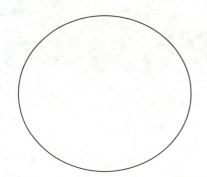 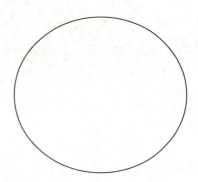

图 5-10　角色饼图

2. 在我国即将完成"十四五"规划、继续向着第二个百年奋斗目标迈进的当下，作为时代主人翁的大学生也面临新的局面，遇到新的挑战。

请同学们讨论并分享：如何在对个人和社会环境因素进行分析的基础上，发展完整且适当的自我职业观念。

3. 如图 5-11 所示为生涯彩虹图草稿，请按照你自己的想法，使用 6 支不同颜色的笔（子女、学生、休闲者、公民、工作者、持家者 6 种角色），在上面绘制出你自己的生涯彩虹图。

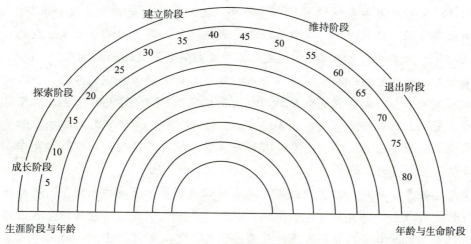

图 5-11　生涯彩虹图草稿

模块六

探知职业世界　适应职场生活

【材料阅读】

我的核心竞争力，可以不是专业优势吗？

甄力从大一开始就做了多份兼职工作，除了解决自己的学费、生活费，还能帮助父母减轻家庭的负担。在甄力看来，做兼职更为重要的是锻炼了自己吃苦耐劳、不怕困难和迅速适应新环境的能力，尤其是培养了自己对教育工作的感觉。当看到自己辅导的学生成绩提高了，甄力打心眼里为学生感到骄傲。虽然自己学的是计算机专业，也基本做好了要考研的准备，但是研究生毕业后，就一定要从事计算机软件开发工作吗？

张帆：我英语成绩不错，但是我并不打算做翻译，我打算从人力资源助理入手，慢慢拓展其他的可能性，我相信未来一定会有一个华丽转身的。

杨洋：我对教育和英语的喜好一半一半，因此最好的选择就是做一名英语老师。我的高校实习经历让我有了一些教学经验，我想这是我的重要竞争力。流利的口语表达是我的另一个优势，应聘国际学校英语老师正好契合了我的专业特长。

某传媒公司的总裁：我大学学的是医学专业，是父母帮我报的专业，但我对于医学并没有太大兴趣。大学期间我参加的社团是校报编辑部的学生记者团，在团队里我和文字、创意打交道，感觉这才是我想要的。因此，我大学的实习期基本上都是在类似的文化机构里度过的，毕业后也没有涉足医学领域，而是继续发挥我在文字、创意等方面的优势，另创天地。

某信息技术公司的人力资源经理：其实我们特别缺乏既懂技术又会沟通的培训专员。我们平时接触的计算机方面的员工，往往容易埋头研发，不懂如何与其他团队员工交流，显得沉默寡言。然而，在对外业务方面，了解对方的需求、将客户需求转换为现实、将我们的产品介绍给客户等，都需要员工有较强的沟通和表达能力。所以，没有无用的才能，关键是要找好安放才能的地方。

项目十　探索职业世界

【学习重点】

（1）了解职业的分类和发展趋势。

（2）掌握影响职业环境的因素。

（3）掌握职业意识培育的步骤。

（4）运用 SWOT 分析法确定适合自己的职业选择和发展方向。

（5）培养正确的职业意识，树立正确的职业理想。

（6）正确进行职业选择与定位。

（7）运用职业定位模型，进行职业定位。

任务 17　职业与职业信息

对于大学生来说，职业是一个耳熟能详的词汇，每个人都将与这个词汇产生密切的联系。职业也是每个人人生的重要组成部分，对每个人都会产生深刻的影响。下面对职业和职业环境进行较为全面的介绍，使大学生对职业有一个整体认识，为合理规划职业生涯奠定基础。

一、职业的内涵与特征

随着社会的不断发展与人类需求的不断变化，个人需要运用专业的知识和技能参与社会分工，以满足不同性质、不同内容、不同形式和不同操作要求的岗位需求。人们在岗位上创造的物质或精神财富在满足个人需要的同时，也能满足社会发展的需要，这些岗位的集合称为职业。

对于某一个职业，大学生可以通过"PLACE"方法来对其进行较为全面的了解。

（1）P——职位（Position）。一个人在确定职业生涯规划方向时，往往需要对具体方向所包含的所有职位进行评估。有些职位虽然同属于一个职业方向，但是所需要的专业技能和职业能力大不相同。比如就"新闻媒体从业人员"这一职业方向来说，它所包含的职位有总编、主编、编导、记者、摄像、后期制作等。

（2）L——工作地点（Location）。大学生需要根据自己的生活经验，对职业的工作环境、工作地理位置及其变化性等有大概的认识。比如，采购人员需要经常出差，工作地点变化性较大，需要在全国各地确认供应商等情况；如果职业是教师，则一般是在学校里工作，办公地点是教室和办公室。

（3）A——升迁状况（Advancement）。其包括该职位的升迁渠道与速度等。比如，会计从业人员的典型晋升渠道为会计→总账会计→主管会计→财务部负责人→财务经理→财务总监→财务副总，其升迁速度适中。升迁速度较快的一般为生产和销售行业从业人员。

（4）C——雇佣条件（Condition of employment）。其指的是该职位所雇佣的人员的薪资福利、学习机会、工作时间、社会保障等。不同地区的雇佣状况受到当地经济发展水平的影响，同一职位在不同地区的雇佣状况也各不相同。

（5）E——准入资格（Entry requirement）。其指的是一个人要获得该职位需要具备的诸如受教育程度、职业能力、工作经验、价值观等条件。如想要从事教育工作，一般需要师范专业和本科以上学历，其次还需要教师资格证与普通话等级证书。

职业由职业主体、职业客体、职业技术和职业报酬4个部分构成。职业主体与职业客体是相对而言的，如果职业主体指的是提供工作岗位的单位或组织，那么职业客体便是各个工作岗位的从业者，两者之间以职业技术作为桥梁，并以职业报酬作为纽带联系在一起。

二、职业基本认知

职业是个人通过专业知识和技能，从事特定领域工作或职责的一种有组织、有意义且长期的活动。它为个人提供经济收入、自我实现的机会，同时也反映了个人在社会中的地位和身份认同。

（一）职业的特征

职业一般具有如下特征。

（1）专业知识和技能：职业要求从业者具备特定领域的专业知识和技能，这些知识和技能通过教育、培训和实践获得。这些专业知识和技能使从业者具备在特定领域中进行工作所需的能力和资质。

（2）长期性和稳定性：职业通常是一种长期的工作形式，人们在某个领域或行业从事相对稳定的工作。从业者通过不断提升自己的专业知识和丰富自己的经验来发展和壮大自己的职业。

（3）有组织性：职业一般在有组织、有规模的机构或组织中进行，遵循一定的规则、流程和职责分工。从业者通常扮演特定的角色并履行其职责，与其他人共同协作和合作。

（4）经济收益：职业通常是为了获得经济收入和经济保障，满足个人和家庭的生活需求。通过工作获得的薪水、工资或其他形式的报酬是职业中一个重要的方面。

（5）自我实现和个人成就：职业提供给个人实现自身目标、追求个人成就和发展的机会。个人可以通过职业来发挥自己的兴趣、才能和价值观，实现自我价值和个人满足感。

（6）社会认可和地位：职业通常与社会地位、身份认同和社会认可密切相关。特定职业的从业者在社会中享有一定的声誉和地位，他们的工作被认为对社会有特别的贡献和价值。

需要注意的是，不同的职业可能在这些特征上有所不同，而且随着时间的推移，职业的特征也可能会受到社会、经济、技术等多个因素的影响而发生变化。

（二）职业是满足个人需求的媒介

美国心理学家马斯洛将人的需求由低层次到高层次进行划分，即生理需求、安全需求、社交需求、尊重需求和自我实现需求。职业是满足个人需求的媒介，只有最大限度发挥职业的效力，才能达到真正意义上的自我实现，可见自我实现与职业发展有密切的联系。职业在满足个体生存需要的同时，对个体潜在能力的发挥、人生价值的实现、社会进步等起到重大的作用。作为自我实现的途径，职业具有以下5个方面的重要意义。

（1）提供生活保障。人们通过工作获得报酬，以此换取生活所需的各种物品，如衣服、食物、住房等，从而满足生活的需要。

（2）建立安全感。一个人有了稳定的工作，在满足基本需要的同时，还能拥有医疗保险、失业保障、退休金等福利，减少了人身安全、疾病等方面的困扰。这也是一个人在生理需求得到满足后最关心的问题。

（3）提供人际关系和社会交往。一个人在职业发展或追求共同目标的过程中，往往需要扩大个人的生活圈子来建立广泛的人际关系。人际关系和社会交往的扩展与职业的发展是相互促进的，而工作的场所便是除家庭以外最重要的人际交往场所。

（4）赢得他人尊重。每个人在工作和生活中都有获得尊重的需要，无论是受人尊重还是自我尊重，都可以通过做出让社会认可和自己满意的成绩来实现，而工作便是实现这一目标的最好途径。

（5）实现自我价值，感悟人生意义。一个人在全身心投入工作时可以感受到最大限度的快乐。一个人在实现个人理想、抱负和发挥个人能力的过程中，能达到自己的意愿，便是自我实现。一个人自我实现的动力源自内心，通过努力开发自身潜力，使其成为自己所期望的样子。每个人只要用心去投入，在平凡的工作中也能创造出闪耀夺目的成绩，绽放出让人景仰的光芒。个人需求特别是高层次需求的满足，与个人所从事的职业对社会的贡献紧密相关。但是，由于每个人都有各自的特性，在具体的需求上有不同程度的差异，加之每个人在职业需求上的独特倾向，导致每个职位存在不同的潜在价值。

（三）个体与职业的联系

个体与职业之间包含以下4个方面的关系。

（1）个人与社会的关系。职业的结构是通过个人参与社会分工来体现的，职业多样性代表个人与社会之间作用形式的多样性。

（2）个人知识技能与创造财富的关系。通过职业劳动，人们利用专业知识和技能创造物质财富和精神财富，以满足自身的需求。

（3）个人创造财富和获得报酬的关系。当人们为社会创造出物质和精神上的财富时，便有资格获得与之相对应的报酬。

（4）个人工作和生活的关系。人们通过工作获得报酬，以满足个人物质生活和精神生活的需求。

三、职业的分类

虽然不同国家和地区的社会结构、经济发展状况和产业结构大不相同，但职业的特征是一致的。通过对职业特征的了解和认识，可以按照一定的标准、规则，把特征相似、本质相同的社会职业加以区分并归纳到一定的系统类别中，以便更好地对职业进行分类研究。在经济全球化的今天，我们需要对国内外的职业状况有所了解，从而进一步对职业的总体概况有清晰的认识。

（一）常见的职业分类方式

职业可以根据不同的标准进行分类。下面是一些常见的职业分类方式。

（1）行业分类：根据不同的产业和行业对职业进行分类，例如医疗、教育、金融、传媒等。

（2）职能分类：按照职业的性质和功能进行大致的分类，常见的分类包括管理、销售、教育、医疗、艺术、科技、服务等。

（3）职业等级分类：按照职业发展的阶段和级别进行分类，如初级、中级、高级，或者按照职务层级划分。

（4）技能分类：根据专业知识和技能的特定领域进行分类，如工程师、律师、医生、教师、会计师等。

（5）蓝领与白领：传统上将工人、农民等体力劳动者称为蓝领，将从事办公室工作和知识密集型工作的人称为白领。

这些只是对职业分类的一些常见方式，实际上职业分类还可以根据更具体的标准和需求进行划分，因为不同的行业和文化背景也会对职业进行不同的分类方式。

（二）国外的职业分类

职业是依据社会分工来分类的，在分工体系的每个环节上，劳动对象、劳动工具及劳动的支出形式都各有特殊性，这种特殊性便是各种职业之间的主要区别。由于世界各国的国情不同，各国划分职业的标准也有差异。结合西方学者提出的相关理论，国外一般从以下 3 个方面进行职业分类。

（1）按脑力劳动和体力劳动的性质、层次进行分类。这种分类方法把职业中的工作人员划分为白领和蓝领两类。白领称谓始于 20 世纪 20 年代，主要是指从事专业性和技术性工作的人员，如行政管理人员、销售人员和办公室人员等；蓝领称谓始于 20 世纪 40 年代，主要是指从事手工业及类似工作的人员，如运输工人和服务业从业者等。此后又衍化出一系列的职业称谓，如金领、粉领等。金领一般指具有良好的教育背景，在某一行业有所建树的资深人士，其收入也比较可观，如规模较大的民营公司的经理等；粉领指女性集中的行业从业人员，如文秘、幼儿教师等。这种分类方法明显地表现出职业的等级性。

（2）按心理的个别差异进行分类。这种分类方法根据美国职业指导专家霍兰德创立的职业兴趣理论，把职业人格类型划分为6种，即实际型、调研型、艺术型、社会型、企业型和常规型。6种职业人格对应6种职业类型。

（3）依据各个职业的主要职责或工作领域进行分类。国际劳工组织依据各个职业的主要职责或工作领域，对职业进行了分类，并制定了《国际标准职业分类》，为各国的职业分类提供了统一的准则。1958年《国际标准职业分类》初版发行，经1968年、1988年、2008年3次修订，形成目前的最新版本《国际标准职业分类（2008）》，它将职业分为管理者，专业人员，技术辅助人员，办事人员，服务与销售人员，农业、林业和渔业技术员，工艺和相关行业人员，机械操作人员与装配人员，非技术工人，军人共十个大类。

（三）我国的职业分类

对职业分类问题进行研究是进行产业结构、产业组织和产业政策研究的前提。职业分类关系到对职业岗位的考察，并且影响各行业人员对职业方向的把握，同时也是相关行业机构进行职业技能培训的重要根据。因此，我国也对职业分类问题进行了广泛的研究。我国现行的职业分类主要依据下文所述的两个分类标准。

（1）《中华人民共和国职业分类大典》。此书颁布于1999年，并在2015年进行了第一次修订。由于社会经济的不断发展，我国的职业构成发生了很大变化，为适应发展需要，人力资源和社会保障部会同国家市场监督管理总局、国家统计局于2021年启动了《中华人民共和国职业分类大典》的修订工作。2022年9月，《中华人民共和国职业分类大典（2022年版）》终审通过，修订工作圆满完成，其中的职业分类如下。

①党的机关、国家机关、群众团体和社会组织、企事业单位负责人：指在中国共产党机关，国家机关，民主党派和工商联，人民团体和群众团体、社会组织，基层群众自治组织及其工作机构，企业、事业单位中担任领导职务并具有决策、管理职权的人员，包括中国共产党机关负责人，国家机关负责人，民主党派和工商联负责人，人民团体和群众团体、社会组织及其他成员组织负责人，基层群众自治组织负责人，企事业单位负责人。

②专业技术人员：指从事科学研究和专业技术工作的人员，包括科学研究人员，工程技术人员，农业技术人员，飞机和船舶技术人员，卫生专业技术人员，经济和金融专业人员，监察、法律、社会和宗教专业人员，教学人员，文学艺术、体育专业人员，新闻出版、文化专业人员，其他专业技术人员。

③办事人员和有关人员：指在公共管理和社会组织机构中，从事行政业务、行政事务、行政执法和仲裁、安全保卫、消防和应急救援等工作的人员，包括行政办事及辅助人员、安全和消防及辅助人员、法律事务及辅助人员、其他办事人员和有关人员。

④社会生产服务和生活服务人员：指从事商品批发零售、交通运输、仓储、邮政和快递、住宿和餐饮、信息传输、软件和信息技术以及金融、房地产、租赁和商务、技术辅助、生态保护、文化、体育和娱乐等社会生产服务与生活服务工作的人员，包括批发与零售服务人员，交通运输、仓储物流和邮政业服务人员，住宿和餐饮服务人员，信息传输、软件和信息技术服务人员，金融服务人员，房地产服务人员，租赁和商务服务人员，技术辅助服务人员，水利、环境和公共设施管理服务人员，居民服务人员，电力、燃气及水供应服务人员，修理及制作服务人员，文化和教育服务人员，健康、体育和休闲服务人员，其他社会生产服务和生活服务人员。

⑤农、林、牧、渔业生产及辅助人员：指从事农、林、牧、渔业生产活动及辅助生产的人员，包括农业生产人员，林业生产人员，畜牧业生产人员，渔业生产人员，农、林、牧、渔业生产辅助人员，其他农、林、牧、渔业生产及辅助人员。

⑥生产制造及有关人员：指从事产品生产及设备制造、矿产开采、工程施工和运输设备操作的人员及有关人员，包括农副产品加工人员，食品、饮料生产加工人员，烟草及其制品加工人员，纺织、针织、印染人员，纺织品、服装和皮革、毛皮制品加工制作人员，木材加工、家具与木制品制作人员，纸及纸制品生产加工人员，印刷和记录媒介复制人员，文教、工美、体育和娱乐用品制造人员，石油加工和炼焦、煤化工生产人员，化学原料和化学制品制造人员，医药制造人员，化学纤维制造人员，橡胶和塑料制品制造人员，非金属矿物制品制造人员，采矿人员，金属冶炼和压延加工人员，机械制造基础加工人员，金属制品制造人员，通用设备制造人员，专用设备制造人员，汽车制造人员，铁路、船舶、航空设备制造人员，电气机械和器材制造人员，计算机、通信和其他电子设备制造人员，仪器仪表制造人员，再生资源综合利用人员，电力、热力、气体、水生产和输配人员，建筑施工人员，运输设备和通用工程机械操作人员及有关人员，生产辅助人员，其他生产制造及有关人员。

⑦军人：指军队人员，包括军官（警官）、军士（警士）、义务兵和文职人员。

⑧不便分类的其他从业人员。

《中华人民共和国职业分类大典（2022年版）》包括大类8个、中类79个、小类449个、细类（职业）1 636个。相较于2015年版，增加了法律事务及辅助人员等4个中类，数字技术工程技术人员等15个小类，取消了10个职业，新增碳汇计量评估师等155个职业。

（2）《国民经济行业分类》。国家标准《国民经济行业分类》（GB/T 4754—2017）规定了全社会经济活动的分类，并为其赋予了不同的代码，在统计、计划、财政、税收、工商等文件中使用非常普遍。2019年5月20日，国家统计局发布了《关于执行国民经济行业分类第1号修改单的通知》，对分类标准进行了最新修订，其门类划分包括农、林、牧、渔业，采矿业，制造业，电力、热力、燃气及水生产和供应业，建筑业，批发和零售业，交通运输、仓储和邮政业，住宿和餐饮业，信息传输、软件和信息技术服务业，金融业，房地产业，租赁和商务服务业，科学研究和技术服务业，水利、环境和公共设施管理业，居民服务、修理和其他服务业，教育，卫生和社会工作，文化、体育和娱乐业，公共管理、社会保障和社会组织，国际组织。各门类下又分不同的大类、中类、小类，层次清晰，十分全面。

四、了解职业信息

通过搜索职业信息，可以帮助自己了解各种职业的情况及其变化，从而作出职业抉择。职业信息是与职业有关的所有信息的统称，下面将从行业与职业类型、用人单位类型和职业发展通道三个方面来介绍职业信息。

（一）行业与职业类型

不能孤立地了解一个工作岗位，需要将其置于行业和用人单位范畴中，进行系统、全面的考量。同一份工作，可能会属于不同的行业，如人力资源规划，在不同的行业中，人力资源规划岗位的工作内容各有不同。如果大学生没有清楚地认识到这一点，自以为找到了一份合适的工作，最终就会发现实际工作内容与想象的相差甚远。

在了解一个具体岗位时，大学生需要考虑两个方面：一是其隶属的行业；二是其隶属的职能。只有将两者结合起来，大学生才能有效地确定该岗位的重点。大学生可以借助工作行业信息表来梳理不同行业、相同职位的工作重点，工作行业信息表见表6-1。

表6-1　工作行业信息表

职能＼行业	金融	服务	IT	教育	通信	餐饮	零售	制造	软件	咨询
技术										
市场										
管理										
生产										

1. 确定行业

行业与职业有一个显著的区别，行业是从事相同经济活动的所有单位的集合，而职业指个人具体从事的某种工作。有的人可能在不同行业或组织里从事相同的职业，有的人可能在相同的行业或组织里从事不同的职业。例如，同在教育行业，有的人的职业是教师，有的人的职业是招生顾问。

了解自己以后希望从事的职业所在的行业领域，对大学生来说是非常必要的。它不仅能帮助大学生认识未来可能接触的职业，还能使其在了解的过程中看清自己是否真正喜欢或适合该行业、该职位，对职业生涯规划的制订与调整有很大的帮助。在选择自己未来想要从事的行业时，可以从以下3个方面来考虑。

（1）自身情况。在考虑将来想要从事的行业时，一定要结合自身的情况。不同行业对从业人员有不同的要求，如娱乐行业，需要从业人员有创造性思维，喜欢接受新鲜事物且乐于挑战；咨询行业则需要从业人员乐于助人、热心开朗。在前面大家学习了自我探索的相关知识，对自己的性格、兴趣、价值观等有了一定的了解，对自己未来从事的行业也有了一个大概的认识。

（2）所学专业。虽然一些大学生会抱怨现在所学的专业和以后找到的工作可能会不对口，但是从某种程度上来说，专业对大学生未来从事工作的影响还是很大的。找工作时，最好还是以所学专业为基础，应聘与专业相关的岗位，这样才能增强自身的竞争力。大学生在学习专业知识的同时，要积极培养和提高与自身兴趣相关的知识和技能，规划好自己的职业生涯。

（3）行业发展状况。在选择一个行业的时候，首先要对该行业的发展状况进行评估。通常来说，发展前景较好、整体福利待遇较高的行业比较受青睐。大学生在平时可以多关注新闻时事，多注意国家政策走向。一是看该行业的企业或者产品是否已经达到或接近供大于求的状态，是否趋于饱和。二是看该行业发展的持续性，即预测该行业将能存在多少年。有些行业的发展持续时间很长，如教育、医疗行业；有的行业则是在特定时间出现的，并不会长期存在。因此，大学生在选择未来从事的行业时，应尽量选择持续性长、未饱和、有很大发展空间的行业，这样才能让自己的职业生涯有较大的发展空间。

2. 确定职业类型

大学生在确定了自己要从事的行业之后，还需要确定职业类型。这里给大家介绍一个由美国大学考试中心（American College Test，ACT）在1985年建立的"职业世界地图"，如图6-1所示。它将职业分为6种类型、12个职业组和26个具体的职业类别。通过职业世界地图，能够从理论上认识可以从事的职业类型。对于职业世界地图中没有标注的职业，可以通过其具体特征，将其增加到职业世界地图中。

职业世界地图包括两个维度和4个主要的象限，两个维度分别为人—物和实物—理念，其具体含义如下。

（1）人。人是指人与人之间的一种互动，在工作过程中与其他人的接触和沟通。例如，教师、导游等工作主要是与人打交道。

（2）物。物是指在工作过程中处理与人无关的事物，很少需要或不需要与他人进行沟通和交流。例如，农民、工匠等工作主要是与事物打交道。

（3）实物。实物是指对文字、信息等资料进行收集、整理，比较重视客观事实和理性思维分析。例如，会计、数据录入人员等工作主要是与数据打交道。

（4）理念。理念是指人们充分运用主观能动性，在头脑中进行的工作，如对真理进行探究、创意的萌发等。例如，科学家、哲学家等工作主要是与理念打交道。

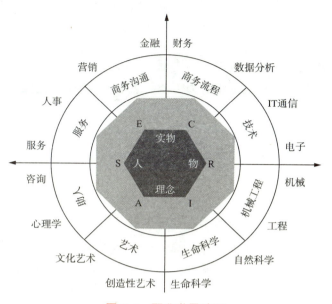

图 6-1 职业世界地图

职业在职业世界地图上的不同位置，也是对这两组维度的不同体现，如教育处于人—理念象限中，说明该职业类型主要是与人打交道，且在工作过程中要运用分析与思考的能力。而运输及相关行业处于实物—物象限中，说明该职业类型强调秩序，与人交往较少，与事物接触较多。通过对职业世界地图的研究，可以将其与职业决策方法联系起来，以便做出正确的职业选择。

（二）用人单位的类型

用人单位是指能运用劳动力组织生产劳动，并向劳动者支付报酬的单位组织。目前适用于《中华人民共和国劳动法》的用人单位有企业、个体经济组织、国家机关、事业组织、社会团体等，这些组织在定义、形式、经营模式上都有差别，大学生要认真选择。不同的用人单位对于人员的招聘有不同的要求，如在学历水平、专业背景、政治面貌等方面的要求。其中，国有企业、民营企业和外资企业对从业者的要求主要存在以下差异。

（1）国有企业。新进人员除按干部管理权限由政府任命，以及特殊岗位确需使用其他方法选拔任用的外，一律实行公开招聘。应聘人员应具备的基本条件包括：身体健康；遵守国家宪法、法律、法规；能够履行企业员工的义务，遵守纪律，品行端正；具有专科及以上学历和相应的职业资格。

（2）民营企业。在招聘人才时，民营企业一般比较看重 5 项基本条件，即具备职业道德、拥有扎实的基础知识、认同企业文化、具备良好的团队精神、务实为本。

（3）外资企业。外资企业具有国际背景，其用人与选拔人才的标准都自成体系，比较规范，一般比较看重人员的教育背景、英语水平、计算机应用能力、职业操守等。

（三）职业发展通道

所谓职业发展通道，就是用人单位为内部员工设计的成长与晋升管理方案。它能够显示出晋升的方式与机会，为员工指明努力方向。大学生在确定自己的职业后，就需要开始选择自己的职业发展通道。其分为两种模式：一种是双通道职业阶梯模式，即选择是朝着行政管理方向发展，还是朝着专业技术方向发展；另一种是多通道职业阶梯模式，即除了行政管理方向和专业技术方向，还有其他可供选择的发展方向。下面将对这两种模式进行讲解。

1. 双通道职业阶梯模式

双通道职业阶梯模式在公司组织中有两种发展通道，每种通道都对公司组织有不同的作用。第一种通道为行政管理通道，通过参与公司的行政管理工作不断提升自己的能力，获得晋升机会；第二种通道为专业技术通道，通过对公司技术能力方面的贡献来获得晋升机会。

其实传统的职业发展通道只有单通道，即行政管理通道。这种晋升模式有一个缺陷，即高级技术人员一旦晋升就会转为管理岗，不仅无法发挥其技术优势，还可能难以胜任管理岗位，由此容易造成单位管理混乱、技术人员流失的情况。双通道职业阶梯模式就解决了这个问题。在某一领域中具有专业技能，且不期望或不适合升任管理人员的员工可以按这个模式发展。

在双通道职业阶梯模式下，技术人员没有必要因为其专业技能的提升而必须从事管理工作，既保证了技术人员的晋升，也能够使其在晋升后依旧胜任工作。同一等级的行政管理人员与专业技术人员的薪资和地位是相同的。不同企业在职位的具体设置上有各自的灵活安排，但是基本遵循这个模式。

施行双通道职业阶梯模式，既能激励工程、技术、财务等领域中有突出贡献的员工，又能保证企业聘请到高技能的管理者，从根本上为员工拓展了职业发展的可能性，其对职业发展的宽容度也远大于传统的职业通道模式。

有些企业在采用双通道职业阶梯模式时，还安排员工在不同的岗位进行轮岗，以培养复合型人才。这种轮岗制度虽然将行政管理工作与专业技术工作融合，但仍然可归为双通道职业阶梯模式。

2. 多通道职业阶梯模式

随着社会经济的不断发展，企业的组织形式逐渐细化，一些企业内部的职业生涯发展通道发展到了3条及3条以上，多通道职业阶梯模式应运而生。多通道职业阶梯模式是将双通道职业阶梯模式中对专业技术人员的通道再划分为多个技术通道，给专业技术人员的职业发展带来更大的发展空间。各个企业的多通道职业阶梯模式不尽相同。

在求职的过程中，大学生应当关注用人单位提供的职业发展通道，了解相关信息，以便对未来的工作进行更好地安排，对自己的职业生涯进行更好地规划，从而争取更好的成长与职业发展前景。

五、职业的发展趋势

（一）职业发展的影响因素

职业发展是一个不断变化和演变的过程，受到多种因素的影响。

（1）技术驱动的转型：随着技术的不断创新和发展，职业领域出现了许多新兴的技术职位，如人工智能、数据分析、云计算、物联网等。这些技术驱动的职位对技术专业知识和技能的要求不断提高。

（2）跨界专业：职业界限逐渐模糊，越来越多的职位需要跨越不同领域的专业知识。例如，设计从业者需要了解编程，市场营销专家需要了解数据分析等。跨界专业的人才在职业发展中具有优势。

（3）灵活工作模式：越来越多的人倾向于具有灵活性的工作模式，如远程工作、自由职业和项目制工作。这种趋势为职场提供了更多的选择和自主性。

（4）持续学习和终身学习：快速变化的工作环境要求个人具备持续学习和适应变化的能力。终身学习成为一个关键的职业发展策略，通过持续学习和自我提升来跟上行业发展的步伐。

（5）职业转型和适应能力：由于市场需求的变化和技术进步，职业转型变得更加常见。个人需要灵活适应市场需求的变化，并具备跨行业、跨领域的适应能力。

（6）强调软技能和人际关系：除了专业知识和技能，与人相处及良好的沟通和领导能力也变得越来越重要。团队合作、领导才能和人际关系成为职业发展中的关键因素。

（7）注重工作与生活平衡：越来越多的人开始关注工作与生活的平衡，并寻求兼顾个人生活和职业发展的方式。灵活的工作安排和强调个体福祉成为吸引人才的重要标准。

（二）职业的发展趋势

在社会需求的推动下，科学技术和经济不断发展变化，新的职业不断产生，而当社会需求不再存在时，过时的职业就会逐渐消亡。随着现代科学技术的广泛应用，职业分工越来越细，种类越来越多，知识、信息、科学技术含量高的现代职业迅速发展。与此同时，现代职业对从业人员的任职要求也越来越高。在职业产生与消亡的客观规律要求下，大学生在选择职业类型时，不仅要考虑个人职业发展意愿，还要考虑社会需求的变化。职业环境和职业的发展趋势是相互影响、相互制约的，大学生需要对职业环境作出合理、清晰的分析，抓住关键信息，对职业的发展趋势作出正确的判断，这样才能更好地把握未来的就业机会。

选择未来职业发展的方向，即是对未来发展道路的把握。所以，在选择过程中，大学生要用前瞻性的眼光对未来职业的需求和发展进行分析。如今，社会发展进入了一个新阶段，人们对创新观念的重视使新观念、新知识、新技术井喷式地出现，而国家对于产业结构调整和供给侧结构性改革的开展，让职业发展又呈现了一些新的趋势，主要有以下 4 个方面。

1. 传统职业不断消逝，新兴职业不断产生

随着科学技术的不断发展，传统的职业格局发生了巨大的变化。与新科学技术有关的职业不断产生，现代年轻人对新鲜事物的好奇心和对科学技术的追求使他们对新兴职业产生了极大的兴趣。反观那些传统的职业，尤其是一些手工业，由于精通一门手艺需要长年累月的经验积累，且随着机器化大批量生产的普及，其效率远高于人工效率，因此很多传统的手艺与职业正在逐渐消亡。

2. 职业的专业化、技术化程度越来越高

从目前的就业情况分析，企业对人员的要求越来越严格，过去有单一技能就能胜任的岗位，现在则要求具备更多的专业知识与复合技能。究其原因，在于现代科学技术飞速发展催生了许多需要高新知识、技术的职业。这些职业对人员的要求高于传统职业，而且更加青睐跨专业的复合型人才，同时高新技术产业的相关职业往往需要运用自身主观能动性来推动产业发展，人的智力、创新能力、技术水平的高低决定了产业的发展。因此，职业的专业化与技术化程度不断加深，要求从业人员具备良好的综合职业能力，从业者需要不断提升自我来适应现代职业的需求。

3. 第三产业相关的职业高速发展

第三产业即各类服务业、商业。《国民经济行业分类》中从 F 类到 T 类共计 48 个大类都属于第三产业。大力发展第三产业有助于加快经济发展，提高国民素质和综合国力。国务院新闻办公室 2024 年 1 月 17 日举行新闻发布会，介绍 2023 年国民经济运行情况，多项指标显示，我国经济回升向好，高质量发展扎实推进，主要预期目标圆满实现。2023 年，我国服务业增长较快，市场销售较快恢复，全年社会消费品零售额达到 471 495 亿元，比上年增长 7.2%。这说明了我国的第三产业处在快速发展阶段。随着第三产业不断发展，相应的职业规模还会继续扩大，这样能够产生大量的职业与岗位，吸收更多的社会劳动力。

4. 高端制造业的兴起

随着《中国制造 2025》国家纲领的发布，我国在高端制造业上发力，逐渐实现制造业升级，建设"制造强国"。近年来，我国在半导体、新能源汽车、高铁、智能电器和高附加值的高端制造业等领域已经取得了可喜的成果。大学生应该重点关注，并积极准备投身具有高技术含量和高附加值的高端制造业。

这些趋势表明职业发展正朝着更加灵活、技术导向、跨界和终身学习的方向发展。个人需要不断适应这些变化，不断提升自己的技能和能力，以保持竞争力和实现自我价值。一切与职业相关的内容都关系着人们的切身利益，因此，个人价值的体现是围绕职业的发展进行的。认识职业的意义，可以对大学生职业生涯的规划和管理起到积极的引导作用。

任务 18　了解职业环境

　　职业环境是指一个人在从事特定职业时所处的外部环境和条件。它由多个方面组成，包括行业、组织、市场、社会等方面。大学生探索职业世界的主要方式就是通过各种途径了解职业世界的相关信息。职业世界信息涉及的范围很广，从不同的角度看有不同的划分方式。比如，从空间角度来讲，职业世界信息可以分为国际、国内环境信息，国内环境信息又包括国内市场的大环境信息和所在区域的小环境信息；从时间角度来讲，职业世界信息可分为历史环境信息、现状和未来的发展趋势；从内容角度来讲，职业世界信息可分为社会环境信息、行业环境信息、职业环境信息、学校环境信息、家庭环境信息等。

一、职业环境的内容

　　一个人能否在岗位上取得好的成绩，受多方面因素的影响。了解和分析职业环境信息，可以为大学生的就业、择业和职业生涯规划提供帮助。对某一项具体的职业来说，大学生要了解其职业环境是否适合自己，可以从社会环境、行业环境、职业环境、学校环境和家庭环境五个方面来了解职业环境信息。

（一）社会环境

　　每个人的生活、工作都在社会这个大环境中，因此任何行为都会受到社会环境的影响。所以，无论你想要做什么，都需要先对社会这个大环境进行分析。所谓的社会环境分析，也就是对当前社会中的政治环境、经济环境、科技环境和文化环境进行分析。大学生只有对社会环境有了大体了解并进行分析后，才能更好地寻求自身发展机会。

　　（1）政治环境。政治环境包括政治制度和政策方针。首先，大学生需要熟悉与职业生活有关的法律、法规，如《中华人民共和国劳动合同法（2012 修正）》《中华人民共和国就业促进法（2015 年修正）》等，若自身想要从事的职业有特殊的法律、法规，则更需要研究；其次，大学生需要了解国家和地方的政策方针，如不同省市对于人才引进和就业的政策方针也不同。因此，在对政治环境分析时需要有侧重地进行。

　　（2）经济环境。经济环境包括国家经济发展的水平和阶段、经济制度、国家财政收支情况、国民收入水平和国际贸易环境等。随着我国经济的发展，国家对人才有了更高、更严格的要求。因此，大学生要紧跟经济环境的变化，了解经济社会对人才的具体新要求，并以此作为自己日常的学习目标，努力提升自身的知识和技能水平，以适应经济社会发展的需要。

　　（3）科技环境。科学技术的发展日新月异，对职业的发展产生非常重要的影响。历史上 3 次科学技术革命给人类社会组织结构带来了巨大的变化。随着我国科学技术水平的不断提高，产生了许多新兴职业，同时也使一些职业逐渐消亡。因此，大学生需要时刻关注科学技术的发展，尤其是那些与自身想要从事的行业有关的科学技术。

（4）文化环境。文化环境是一个国家从历史上传承下来并经过长期沉淀形成的，对人们的道德观念、价值观、行为习惯等有较大的影响。虽然文化环境这一概念似乎有些抽象，但它实实在在影响着日常点滴，包括职业生涯。因此，大学生在规划职业生涯时，要认清文化环境对自身的影响，对自己的价值观要有清晰的认识，作出符合自身状况的科学合理的职业规划。

（二）行业环境

对行业环境进行分析，也就是要分析行业的发展现状和未来的发展趋势，以及其在国民经济发展中所占的地位，从而对行业有个全方位的了解。一般来说，可以通过以下8个方面来对行业环境进行分析。

（1）该行业的定义。大学生想要从事某个行业，首先需要全面地了解该行业是什么，也就是明确该行业的定义。不同的人或行业组织对同一个行业的定义不尽相同，因此在明确行业定义时，应多方参考，这能帮助自己加深对该行业的了解。

（2）该行业目前的发展状况与前景。要明确该行业现在是正处于萌芽期、快速上升发展期、平稳期还是衰落期。一个行业的兴衰是有客观规律的，并不会因求职者的意志而转移，对于那些处于衰落期的行业，要考虑是否还值得进入及之后的转行问题。对于那些正处于萌芽期或快速上升发展期的行业，要对其前景进行分析，确立自身的未来发展方向和目标。

（3）该行业包括的领域。大学生可以依据政府或行业协会对该行业的分类，明确该行业包含的具体领域范围，如房地产行业包括房地产经营、房地产中介服务、物业管理等。

（4）该行业对人才的需求情况。大学生要了解该行业对人才的需求情况，对哪些类型的人才需求量大，对哪些类型的人才需求已经达到饱和，这样才能更好地进行职业选择。

（5）该行业具有代表性的企业和人物。对该行业领先的和企业杰出人物进行详细了解，这些企业和个人往往具有该行业突出的特点和优势，通过了解，可以进一步加深对该行业的总体把握。

（6）该行业的入行条件。入行条件是指一个职业对新人的入门要求，如具体的职业能力、相应的从业资格证书、某项特定的专业技能等。

（7）权威人士对该行业的分析。大学生可以查阅该行业权威人士对该行业的分析报告。这类人士往往对行业了解得比较全面，看待行业的发展问题比普通人更具有前瞻性，因此可以借鉴这些人士的分析来完善对该行业的认识。

（8）与该行业一般从业者的交谈。访问行业的专业人士或权威人士较难，但与该行业一般从业者进行交谈会比较容易。大学生可以利用互联网或其他途径，与正在某行业工作或曾经在该行业工作过的一般从业人员进行交谈，内容可以是关于项目的，也可以是关于具体工作情况的，以拓展或验证自身对该行业情况的了解，进一步加深自己对该行业或该职业的认识。

（三）岗位环境

相较于行业环境，岗位环境更为微观，大学生对其分析需要落实到某一个具体的职业岗位上，通常包括以下2个分析步骤。

（1）分析该职业的社会需求、岗位竞争压力、薪资水平、发展趋势等。比如翻译岗位，虽然最近几年我国经济发展迅速，对外交流更加密切，翻译的市场总体扩大，但由于日益便捷的网页翻译工具及可靠性提升迅速的随身翻译器日益普及，在日常交流上已经很少需要专职翻译，对于普通翻译员的需求并不大。只有高水平"交替传译""同声传译"及某些专业领域的翻译才有更大的市场。

（2）将岗位环境与意向企业相结合进行分析。比如该企业的整体实力、企业文化、企业发展状况、企业对该职业的用人需求、薪资福利待遇等。这样才能明确自己是否适合该企业，进入该企业能获得多大的职业发展空间，以及自己在该企业是否能实现自我价值。

（四）学校环境

学校环境指的是大学生求学过程中的学校教育资源条件，以及自身专业的特点，具体来说可以分为以下两个方面的内容。

（1）校园文化。校园文化是指校园整体的文化熏陶氛围，包括学校所提倡的价值、宣扬的校风校纪、同学间自主形成的学习风气等。校园文化是一个学校的灵魂，它对外能展示学校形象，对内对学生的价值观塑造也起到一定的作用。每个学校都有自己的培养侧重点及自身的发展特点，因此大学生对校园文化进行梳理，可以了解学校教育的侧重点，并充分利用学校的师资、硬软件的优势，努力提高自身的能力，将校园文化优势转为自身优势。

（2）专业环境。不同的学校，其优势科目不同。例如，四川大学华西医学院以口腔医学专业闻名，而首都医学院则是以临床医学专业闻名。同时，不同学校的同一专业也可能有不同的研究方向，如资源勘查工程专业，有的学校是固体矿产勘查方向，有些则是油气资源勘查方向，不同专业方向对应的职业也不同。

（五）家庭环境

家庭环境对一个人的成长有重大的影响，而且其影响早于学校环境对个人的影响。因此，大学生在进行职业规划的时候，需要结合家庭的实际情况，考虑家庭成员提供的意见。对家庭环境的分析一般从以下4个方面来进行。

（1）家庭教育。俗话说，父母是孩子的第一位老师。家庭教育的方式和内容能影响孩子的性格和与家庭的关系。如民主的教育方式会让孩子从小得到充分的尊重，有很好的思考能力，并且家庭关系和睦，这类孩子长大后在作职业决策时能较好地结合自身条件，并会充分考虑家人的意见；而从小在溺爱中长大的孩子会盲目自大，制订不切合实际的职业生涯规划，并且很少考虑家人对自己职业发展的意见。

（2）家庭资源。家庭资源是指家庭成员的人际关系网或社会资本，如就业机会、社会关系资源等，在一定程度上能影响大学生就业的心态和择业取向。如果家庭资源丰富，则能增强大学生就业信心，减少就业前期的择业成本，还有可能增加就业机会。

（3）家庭经济状况。家庭经济状况在一定程度上影响个人的职业决策。比如，一个经济条件较好的家庭，子女的家庭经济压力较小，可以选择继续读书深造或自由选择工作范围；而一个经济条件不太好的家庭，子女可能要考虑现实需求来调整自己的职业发展路线，暂时选择一份收益较高的职业来减轻家庭的经济负担。

（4）家庭就业观念。家里长辈的择业观在一定程度上会影响子女的择业观，如父母希望子女从事稳定的职业，则子女往往会选择教师、公务员等职业。

虽然社会、行业、岗位、学校和家庭环境会对大学生的求职产生影响，但个人才是职业选择的决定性因素。因此，大学生还应该对自身的素质、技能、人际关系资源等信息进行分析，了解自己的理论知识水平、身体状况、心理素质、兴趣爱好、优点和缺点，了解自己的专业能力、沟通能力、表达能力，了解自己的社交关系和可利用的人际关系资源等。

二、影响职业环境的因素

职业环境主要受到以下 7 个因素的影响。

（1）行业和市场趋势。不同行业和市场的发展趋势可能会对从业者的职业环境产生重大影响。这可能包括技术创新、市场需求、供求关系等方面。

（2）经济状况和市场竞争。经济环境对职业环境具有重要影响。经济增长、就业率、消费能力等因素会影响到职业的机会和薪酬水平。市场竞争也是一个重要的考量因素，影响着就业机会和职业发展。

（3）组织的文化和价值观。组织的文化和价值观对职业环境起到重要作用。不同组织有着不同的工作方式、管理风格和价值取向，这将影响从业者的工作体验和发展机会。

（4）技术和数字化变革。快速的技术和数字化变革对职业环境产生了深远影响。新技术的出现和应用改变了工作流程和要求，同时也创造了新的职业机会和挑战。

（5）法律和政策环境。法律和政策对职业环境产生重大影响。工作条件、劳动法规、职业安全、职业道德等都受到法律和政策的规范和约束。

（6）社会和文化因素。社会和文化因素也会对职业环境产生影响。社会价值观念、职业道德、社会期望等都会塑造职业环境和劳动市场。

（7）教育和培训资源。教育和培训资源对于职业环境至关重要。优质的教育和培训可以为从业者提供所需的专业知识和技能，并增强其在职业环境中的竞争力。

了解和适应职业环境的变化是重要的，从业者可以通过提升技能、与时俱进、建立网络和寻找适应变化的机会来应对职业环境的挑战。

三、当前我国职业环境的现状

目前，我国的职业环境受到多个因素的影响，包括经济发展、技术进步、政策调整、人才需求变化等。

（1）经济结构升级。我国经济正经历从传统制造业向服务业和高技术产业的转型升级。随着新兴产业的兴起，如人工智能、大数据、云计算和新能源等，相关行业和职业的需求正在增长。

（2）人才需求转变。随着技术和市场的变化，人才需求也在发生变化。对技术专业人才和创新人才的需求增加，尤其是在科学研究、工程技术、计算机科学、人工智能等领域。

（3）创业创新热潮。中国政府积极推动创业创新，越来越多的人选择创业或加入初创企业。创业家和创新人才受到了广泛关注和支持。

（4）互联网及数字经济的发展。互联网及数字经济的快速发展正在改变中国的职业环境。电子商务、在线教育、网络媒体等行业崛起，创造了新的职业领域和大量的就业机会。

（5）高科技行业的需求。中国在高科技领域取得了显著进展，包括5G通信、人工智能、物联网等。这些技术的发展带来了高科技行业的就业机会，对相关技术和工程领域的人才需求很高。

（6）人力资源供求不平衡。一些行业和地区面临人才供求不平衡的情况。一方面，一些高技能岗位难以招聘到合适的人才；另一方面，大学毕业生就业压力较大。

（7）跨国企业和外资企业的影响。中国吸引了许多跨国企业的投资和进驻，这对中国职业环境产生了一定的影响。这些企业提供了丰富的就业机会和先进的管理经验，同时也对人才的素质和能力提出了更高要求。

了解当前中国职业环境的新趋势和需求，积极提升自己的技能和适应能力，将有助于个人在职场中保持竞争力，抓住就业机会和职业发展的机遇。

四、职业环境的发展趋势

职业环境与就业环境相互关联，大学生对职业环境及其发展趋势进行了解和分析，可进一步掌握就业形势和职业发展趋势，从而对职业生涯进行科学合理的规划，最终确立与自身匹配度最高的职业发展方向。职业环境指某职业在社会大环境中的发展状况、技术含量、社会地位、未来发展趋势等。将每一个职业的职业环境综合起来分析，就能够认识到职业环境的发展趋势。目前，大学生所面临的职业环境发展趋势主要如下。

（1）市场经济竞争激烈。随着我国市场经济的发展和现代化进程的推进，市场内资源的流动将会更加便捷，企业对员工的要求相应提高。创新和改革为求职者带来更多的机会。

（2）多元经济共同发展。我国市场上有国企、外企、私企等企业，同时又有完善的产业链和齐全的工业门类，因此经济有多元化的特点。

（3）现代化建设稳步推进。我国的社会主义现代化建设取得了伟大的成就。未来，我国的现代化建设将会达到更高的水平，这将深刻影响个人的职业发展。

（4）知识经济初见端倪。知识经济区别于传统的农业经济和工业经济，是以知识为基础、以脑力劳动为主体的经济，被认为是未来的主流经济形式。随着我国实施科教兴国战略、人才强国战略、创新驱动发展战略，完善国家创新体系，加快建设科技强国，知识经济已经初见端倪。在知识经济时代，教育和研究开发机构将成为知识产品生产的主体，高素质的人才则是重要的资源。

职业是社会分工的结果，是人类社会生产和生活进步的标志。科学技术等因素引领社会不断进步，从而使社会职业的数量、种类、结构、要求不断发生变化。职业环境主导职业的未来发展方向，职业市场必将更加专业化和多元化，综合型人才的作用将越来越大，社会分工将朝着更加精细化的方向发展。

任务 19　探索职业世界

职业自古有之，正所谓"三百六十行，行行出状元"，职业的发展是随着社会的发展而不断变化和发展的。人无贵贱，职业不分高低，每个人都应当被平等对待，而不应该因为职业的高低而对其进行评判。每个职业都有其重要性和价值，无论是清洁工、服务员还是医生、教师，每个人都在自己的岗位上作出了贡献。我们应该尊重每个人的选择，并理解每个职业所带来的不同价值和影响。无论是哪个职业，只要用心去做，都可以成就一个有意义的人生。

如果人是职场中自由游弋的鱼儿，那么职业生涯就是水和温度，为人提供了活动的空间、发展的条件和成功的机遇。因此，在选择职业时，除了考量自己的兴趣和能力，也要考虑职业世界的因素。

一、职业世界的现实

1. 就业形势严峻，大学毕业生人数不断攀升

自 2011 年以来，全国毕业生人数按 2%～5% 的同比增长率逐年增长。2020 年全国高校毕业生人数达 874 万人，较 2011 年增加 214 万人；2023 年全国高校毕业生人数达到 1 158 万，2024 年全国高校毕业生人数预计 1 179 万人，同比增加 21 万人，创历史最高，如图 6-2 所示。

尽管就业形势不容乐观，但大学生的就业率总体稳定。麦可思研究院发布的 2023 年中国大学生就业报告（就业蓝皮书）显示，大学毕业生就业率总体稳定，双一流院校 2020 届

大学毕业生半年后获得offer的比例为61.8%、本科院校为42.8%，专科院校为48.0%。从签约率上看，双一流院校毕业生优势明显，专科院校毕业生签约率高于普通本科。民营企业、中小微企业、地级市及以下地区等依然是大学生的主要就业去向，且比例持续上升。

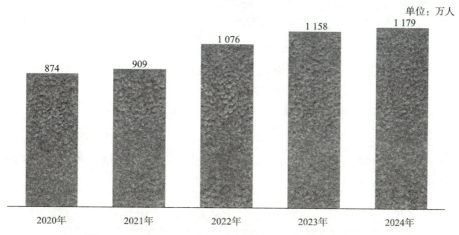

图6-2 2020—2024年中国高校毕业生人数变化趋势图

2.就业市场的结构性矛盾依旧

随着产业优化升级的推进，劳动者的技能水平和岗位需求不匹配的结构性矛盾越来越突出。一方面，技术人才严重短缺；另一方面，部分高校毕业生和低技能劳动者就业困难。化解过剩产能、"僵尸企业"出清等结构调整深入推进，人工智能等新技术的发展也将对就业提出新的挑战。部分专业的大学生供过于求和稀缺专业人才短缺的结构性矛盾十分突出。

3.职业价值观的变化

（1）职业价值观自主化。当代大学生在职业选择中崇尚自我，以个人发展为中心，注重个人奋斗，强调自我价值的实现，自我发展和自我实现成为我国当代大学生的一个主流需求。职业价值观的自主化暗示着大学生正积极寻求自我发展与社会发展相统一的价值追求。

（2）求职意向多元化。在求职意向方面，大学生越来越表现出多元化的趋势。这种现象与社会发展的多元化是一致的。大学生已经开始领悟热门职业与冷门职业之间的相对性，意识到在任何职业中都可能取得成就，满足自己的需要。

二、职业世界的信念

信念在认知心理学体系中是关键的概念，长期、稳定的看法就形成了信念。信念在个体行为中扮演着重要的角色，一个人对工作或职业的看法或信念，会引导其职业探索的思考和行动，影响其未来的职业行为。职业信念是指个体在社会化的过程中，经由父母、教师等重要他人的影响或通过学习经验而逐渐形成的有关生涯发展的想法，这些想法中，有些会阻碍个体的生涯发展，可以称为"生涯迷思"。

史考特认为成年工作者的职业信念对其职业投入水平有重要意义。金树人对信念有这样的解读：信念是主宰个体对目标的选择。然而执着的信念就像有色眼镜，可能使个体只用单一色彩去看待这个世界。这样的方式虽然安全，却容易与新的社会环境要求格格不入。由此可见，个体对职业世界的看法或信念，决定了其选择，并与其未来息息相关。

三、行业、企业、职能和职业之间的关系

我国的职业有两千多种，如何在茫茫职海中找到想要了解的职业呢？就像在陌生城市旅行时，一张地图就能够让人准确快速地定位。其实，职业世界也有自己的地图，它可以帮助人们找到适合的职业。这份地图由三个关键坐标组成，分别为行业、企业与职能，它们与职业之间的联系见表6-2。

表6-2 行业、企业、职能和职业之间的关系

职能	销售	教师	工程师	厨师
行业	金融行业	教育行业	IT行业	餐饮行业
企业	外资企业	民营企业	国企	中小企业
职业	客户经理	高级教师	技术主管	主厨

行业、企业与职能这三者共同决定了职业的定位，即

职业定位 = 行业 + 企业 + 职能

（一）行业

行业是为了满足大众社会生活的需求而形成的，具有提供相同性质产品或服务的单位构成的群体总和。比如，教育行业满足了人们对知识学习与传播的需求，旅游行业满足了人们体验活动的需求。

个人的职业发展与行业发展是紧密联系的，行业的发展能促进个人的职业发展。比如，智能手机行业的兴起，引爆了移动电源行业近年来的爆发式增长，也带动了软件设计者和硬件工程师的职业发展。

正如同自然界的生命一般，行业也有它自己的生命周期。行业的生命周期指行业从出现到完全退出社会经济活动所经历的时间。行业的生命发展周期主要包括曙光期、朝阳期、成熟期、夕阳期四个发展阶段。以时间为横轴，市场需求为纵轴，可以将以上四个时期的发展过程表示为一个"S"形曲线，如图6-3所示。其中，实线表示产品的市场需求，虚线为人才的市场需求。

（1）曙光期：在行业的曙光期，市场突然爆发出了对产品的很大需求，很多企业如雨后春笋一样纷纷建立，但是在经过一段时间以后，很多企业赚不到钱，纷纷倒闭。这个过

156

程就是行业的曙光期，用一条向下的斜线来表示。这个时期产品市场需求看起来很大，但是人才需求处于刚刚起步的阶段，并没有明显的爆发。如2015年左右的3D打印、智能家居等行业基本处在这个时期。

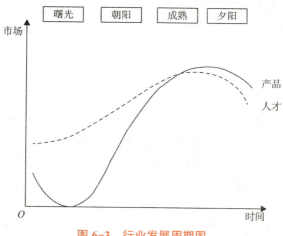

图6-3　行业发展周期图

（2）朝阳期：经过了曙光期的竞争和洗牌，少数企业活了下来，摸索到了比较成熟的商业模式，开始带动行业进入朝阳期，整个行业逐渐进入快速发展的时期。朝阳期的行业人才需求非常旺盛，开始快速增长，有很多的从业机会。虽然朝阳期市场对产品的需求比较多，但是从人才需求量上即可看出，行业处于曙光期还是朝阳期，如现在的智能手机、互联网金融、在线教育、环保、健康医疗行业等都处于这个时期。

（3）成熟期：经过若干年的发展后，一个行业会进入相对稳定的成熟期，这个时期产品的市场需求会保持相对稳定，人才需求也会相对稳定。有些企业的成熟期很长，如饮料、洗发水等一些日常消费品行业；有些企业的成熟期则较短，很快会进入衰退期，如传呼机、DVD等电子产品行业。

（4）夕阳期：每个行业经过一定时间的发展，都会进入衰退期，这个时期市场需求量开始下降。然而人才的需求量会先于产品需求量下降，很多行业在衰退之前就出现了利润下滑、大量裁员的现象，这时基本可以判断该行业即将进入夕阳期。多数时候，这种情况是由于本行业的产品被更新、价格更低的产品取代而产生的，比如数码相机的发展，导致胶卷行业的衰退；在线媒体的兴起，让传统媒体进入了夕阳期。夕阳期行业中的企业和人才也不是就完全没有机会，他们可以通过整合资源或转型等方式再造第二春，获得二次成长的机会。比如，传统制造业可以将自身优势与互联网结合，发展物联网，推动行业的二次发展。

（二）企业与组织

企业一般是指从事生产、流通、服务等经济活动，并以产品或服务来满足社会需要，实行自主经营、自负盈亏、独立核算、依法设立的一种营利性的经济组织。从另一个角度来说，企业就是指能够提供社会成员就业的机会并获得收入，以营利为目的、追求利润最大化的市场经济运行体。在现代社会生活中，组织是指人们按照一定的目的、任务和形式编制起来的社会集团。也就是说，组织是人们为了某一目的而形成的群体，是确保人们社会活动正常协调进行、顺利达到预期目标的体系。

在我国，企业存在四类基本组织形式：国有企业、民营企业、外资企业和政府与事业单位。

1. 国有企业

国有企业是指由国家或地方政府投资或参与控制的企业。它具有全民所有制性质，作为一种生产经营组织形式同时具有营利法人和公益法人的特点。即国有企业在追求国有资产的保值和增值的同时，还要兼顾调节国民经济的目标。

从就业角度来看，国企具有以下特点：专业能力在国企中体现的作用不大；关系协调在国企中有一定空间；国企文化喜欢服从；创新速度慢；工资稳定，福利良好。

2. 民营企业

民营企业简称"民企"，除"国有独资""国有控股"外，其他类型的企业只要没有国有资本，均属民营企业。民营企业属于自主经营、自负盈亏、自担风险的营利性经济组织。

民营企业在用人上面首先重视员工是否能够实际地帮助企业发展。业务能力、研发能力、管理能力等都是民营企业看中的。民企文化因企业老板管理风格不同，体现出不同的特点。不同的民营企业在薪酬待遇上差异较大，而且由于经营情况不同，同一个企业内部的薪酬也会有较大变动。

3. 外资企业

外资企业是指外国的企业、其他经济组织或个人作为投资者，依中国法律在中国境内设立的企业或机构。外资企业因其资金与文化背景的差异，主要特点有以下几点：以人为本，尊重员工；绩效考核，重视专业能力；薪酬水平较高。

4. 政府与事业单位

政府就是于某个区域内订立、执行法律和进行管理的一套机构。广义的政府包括立法机关、行政机关、司法机关、军事机关。狭义的政府仅指行政机关。一个国家的政府又可分为中央政府和地方政府。

事业单位一般指以增进社会福利，满足社会文化、教育、科学、卫生等方面的需要，提供各种社会服务为直接目的的社会组织。事业单位不以营利为直接目的，其工作成果与价值不直接表现，或主要不表现为可以估量的物质形态或货币形态。事业单位是相对于企业单位而言的，事业单位包括一些有公务员工作的单位，是国家机构的分支。

无论在政府还是事业单位，工作都会比较稳定，因为这两个单位的收入来源是中央或地方财政。这些单位的特点总体和国有企业相似。当前，在事业单位谋得一个职位，仍是许多高校毕业生就业的首选。

但随着事业单位的改革力度加大，这种状况正在快速发生变化。当前，许多事业单位大力推行企业化管理、市场化运作，实行全员聘任制、绩效工资考核，取消事业编制等。

（三）职能

在企业中，会划分不同的职能模块，有些企业中对这些职能模块的称呼可能是职位，而这些称呼可能会有不同。一般来说，企业有销售、市场、研发、生产和服务、客服、财务、人力资源及行政8个基础职能。

（1）销售。销售是企业的经济命脉，是营销组织架构的重要组成部分，其销售业绩的好坏直接影响着公司的生存发展。销售需要围绕公司的销售目标展开工作，以销售数据说话。销售需要有较强的沟通能力、应变能力、抗压能力，还要具有业务开拓能力。

（2）市场。市场是营销组织架构的另外一个部分，如果说销售是拉近产品与消费者的物理距离的话，市场负责拉近产品与消费者之间的心理距离。市场可细分为产品市场，负责制订新产品的开发战略。市场开发负责制订现有产品的定位与市场推广战略，包括价格定位和价格策略；市场宣传负责策划产品的具体营销活动，如广告、促销、活动、产品介绍等，通过这样的手段不断激发市场需求。市场需要较强的沟通能力和策划能力。

（3）研发。研发是为了满足客户不断变化的需求，通过产品给企业带来收益和利润，使企业保持竞争优势。在一些制造类的企业里可能会没有产品研发，而是工艺研发。产品研发需要较强的专业能力，想进入这个领域需要有深厚的专业功底作为基础。

（4）生产和服务。对制造类的企业来说，以产品生产为主，主要职责是组织生产、降低消耗、提高生产率，按时保质为客户提供所需的产品。对服务类的企业（企业咨询、心理咨询、设计）来说，以服务为主，主要职责是服务客户需求，达成外包的任务。生产和服务需要具备一定的专业能力，对执行力、组织协调能力要求较高。

（5）客服。客服的职能是按照要求为客户提供服务，分为售前、售中和售后服务三种类型。从广义上来说，任何能提高客户满意度的内容都属于客户服务的范围。在专门提供服务的企业中，客服和服务往往是同一个职位。客服需要较强的人际交往能力和沟通能力，同时需要较强的应变能力和关系协调能力。

（6）财务。财务职能的目标是使企业利润最大化、管理收益最大化、企业财务最大化。财务部的职能主要包括资本的融通（筹资管理）、现金的运营（财务管理）和资本运作（投资管理）三项，但我国大部分公司的财务体系都没有完全有效做到这三项。会计相关的专业和金融专业的人都可以进入财务领域。财务需要较强的专业能力、思考能力和判断鉴别能力。

（7）人力资源。人力资源的职责是对企业中各类人员进行管理。人力资源管理分为6个模块，包括战略、绩效、薪酬、招聘、培训及员工关系。对新人来说，一般都是从一个模块开始做起，然后通过岗位轮换逐渐扩展到其他的模块，最后获得职业的综合发展。人力资源需要较强的亲和力、综合处理事务的能力和风险防范能力。

（8）行政。企业行政管理广义上包括行政事务管理、办公事务管理、人力资源管理、财产会计管理4个方面；狭义上行政部进行行政事务和办公事务管理，包括相关制度的制定和执行、日常办公事务管理、办公物品管理、文书资料管理、会议管理、涉外事务管理，还涉及出差、财产设备、生活福利、车辆、安全卫生等。行政工作的最终目标是通过各种规章制度和人为努力使部门之间或有关企业之间形成密切配合的关系，使整个公司在运作过程中成为一个高速且稳定运转的整体；用合理的成本换来员工最高的工作积极性，提高工作效率完成公司目标发展任务。行政需要较强的组织能力、管理能力、人际交往能力和事务处理能力。

（四）如何快速了解一个职业

要做好自己的职业定位，就需要了解行业、企业及职能，了解现状、内容、未来的发展等各个方面的信息。有哪些方法可以了解行业、企业及职能的基本信息呢？现在主要介绍以下三种方法：信息收集、职业访谈、自我思考。了解职业的方法见表6-3。

表6-3　了解职业的方法

方法	行业	企业	职能
信息收集	行业内容及发展趋势	企业文化和发展	工作内容和发展
职业访谈	处于什么时期	什么规模，处于什么位置	职业的真实情况和发展
自我思考	我这个阶段适合去什么行业	我适合什么企业	我能否接受真实的职业情况

1. 信息收集（以行业信息收集为例）

（1）先了解这个行业里的领导企业。了解一个行业里领导企业的发展，可以从这家企业的性质、主要业务、主要客户、企业规模、员工人才结构、战略方向着手，了解其国内外最主要的竞争对手是谁？有哪些岗位是可以与自己的未来职业相关的？主要分布在哪些城市？

（2）通读行业分析报告。行业趋势的最佳来源是麦肯锡之类管理咨询公司做的行业分析。推荐《麦肯锡季刊》公布的研究报告，以及《经济学人》的行业分析，把握住这个行业的脉搏和未来发展趋势。

（3）读一本这个行业的综述性书籍。比如保险行业，推荐阅读《风险管理与保险》。读一本这样的书，一方面可以更深入地理解这个行业的商业模式和惯例，如需要知道财产险和寿险存在一些根本性的差异，所以它们的经营也会非常不同；另一方面可以掌握一些行业"黑话"，如当听到"承保""核保"时，得知道这都是指什么。

2. 职业访谈

职业访谈是通过对目标职业的从业者进行访问、面谈，获取对该目标职业的准入条件、核心知识结构、必备职业技能、职务升迁路线、薪资情况等具体的信息，了解这一职业，获取足够的信息进行参考。职业访谈可以印证以前通过其他渠道获得的信息，通过访谈了解实际工作中的特殊问题或需要，如潜在的入职标准、核心素质要求、晋升路径和工作者的内心感受，这些信息是通过大众传媒和一般出版物得不到的。通过人物访谈，在校大学生还能正确认识自己的优势和不足，从而制订更加合理的大学学习、生活和实习计划。

开展职业访谈有 3 个关键问题。

（1）Who：找谁做职业访谈？

为了获取具体鲜活的、真实的职场信息，在做职业访谈的时候访谈目标应该集中在如下人群：在目标职业中工作 3 ～ 5 年的从业者、中小企业主、资深 HR 或猎头、职业顾问。

（2）Why：为什么要做职业访谈？

①为找工作或选专业收集有价值的信息。对于从书上看到、道听途说和自己想象的道理进行一次实践的检验，是非常有必要的。

②了解某个特定领域或行业。思考自己将如何适应它，它目前存在哪些问题（或机会），如果要申请某个特定职位，这些信息将有助于调整自己的努力方向，让自己更符合工作的要求。

③提高面试技能，扩展专家人脉。工作很可能来自认识的人，建立人脉越早越好。

④认识更多的人。例如，可以在会谈结束时说："我还想跟其他人聊聊这个领域的工作，您能向我推荐一些合适的人吗？"

（3）How：怎样做访谈？

在做访谈之前需要考虑如下问题：该如何找到潜在的人脉？该准备哪些问题？如何安排具体的访谈？结束后做什么？

四、专业、职业、产业和行业的关系

（一）专业、职业、产业和行业的概念

专业是高等和中等专业教育培养学生的各个专门领域、高等学校和中等专业学校根据社会分工需要而划分的学业门类，是大中专院校为了满足社会分工的需要而进行的活动，如戏曲、舞蹈、音乐、杂技、表演、演奏、音乐基础理论、曲艺创作、教育等专业。

职业是指从业人员从事有偿工作的种类，是有劳动能力的人为生活所得发挥个人能力，并为社会贡献的持续性活动。职业具有四大特征：一是目的性。能获得现金或实物作为报酬。二是社会性。从业人员与其他社会成员相互关联、相互服务的社会活动。三是稳定性。职业在一定的历史时期内形成，并具有较长的生命周期。四是规范性。所从事的工作必须符合国家法律和社会道德规范。职业具有五大要素。一是具有职业名称。二是具有工作对象、内容、劳动方式和场所。三是具有承担职业所需要的资格和能力。四是具有从事工作取得的各种报酬。五是在各种职业活动中存在与部门和社会成员的人际关系。

根据经济学传统的定义，产业是国民经济中基于共同标准划分的部分的总和，又是具有相同性质企业或组织群体的集合。产业是指利益相互联系的、具有不同分工的、由各个

相关行业所组成的业态总称。尽管它们的经营方式、经营形态、企业模式和流通环节有所不同，但是它们的经营对象和经营范围是围绕着共同产品而展开的，并且可以在组成的业态里的各个行业内部完成各自的循环。这两个概念是对产业在不同发展阶段的定义。产业是社会分工的产物，它随着社会分工的产生而产生，并随着社会分工的发展而发展。产业可以分为三类，第一产业指农业，第二产业指工业，第三产业指服务业。

行业是依据经济活动性质的同一性进行分类的，即主要按企业、事业单位、机关团体和个体从业人员所从事的生产经营活动或其他社会经济活动的性质进行行业分类。

(二) 产业、行业和职业的关系

产业、行业、职业三者之间联系密切，既有相同点又有区别。

产业、行业、职业都是社会分工的产物，是社会生产力不断发展的必然结果。这是它们在本质上的共同点。在社会发展中，随着新技术的出现产生了新产品及相应职业的从业人员。随着新产品的生产及相应从业人员数量的不断扩张，新的行业逐渐形成。当新行业发展到一定规模时，就会与其他相关行业进行整合，依据发挥作用的程度并入或形成新的产业。产业、行业、职业的不同之处是它们在国民经济领域中着眼点的层次上由高到低、概念涉及的范围由大到小。产业的着眼点是生产力布局的宏观领域，体现的是以产业为单位的生产力布局上的社会分工，产业由行业组成。行业的着眼点是企业或组织生产产品的微观领域，体现的是以行业为单位的产品生产上的社会分工，行业由企业或组织组成。职业的着眼点是组织内工作人员的具体工种，体现的是以人为单位的劳动技能上的社会分工，职业由人的技能组成。

▶【案例拓展】

案例1："爸爸，我会一直沿着您的脚步，做一个好警察"

"爸爸，我会一直沿着您的脚步，做一个好警察"是民警叶紫宁的心声。她的父亲叶锦辉曾是一名派出所民警，1994年在排查可疑人员车辆时不幸中枪牺牲，被广东省政府追认为烈士。父亲牺牲一个月后，叶紫宁出生了。虽然从没有见过自己的父亲，但她知道父亲是个英雄，是为了人民而牺牲的，因此从小就立志做一名警察，继承父亲的事业。她的母亲也很支持她的志向，并没有因为丈夫因公安事业牺牲而反对女儿从警。

经过自己的努力，她顺利考上了广东警官学院，学习侦查专业。侦查专业训练强度高，专业知识要求也高。但依靠父亲给她的精神力量，她克服了困难，通过了严格训练和高强度身体素质锻炼的考验，顺利毕业，成为一名刑警内勤。入警的那一天，她穿着整齐的警服在家中向父亲的灵位祭拜，把当上警察的喜悦之情第一时间告诉了父亲。

分析点评：虽然从未与父亲见过面，但是父亲对叶紫宁的影响无疑是巨大的。以父亲为榜样，继承父亲的遗志，继续走父亲的路，将父亲的精神延续下去，是她选择从警的首要因素。同时，她的母亲能在丈夫牺牲的情况下依然支持女儿从警，也为其职业道路选择提供了有力支持。

案例2：认识职业，促进未来发展

凌飞，男，来自山西，是重庆某高职学校建筑室内设计专业学生，在校期间专业成绩优秀，多次参加学校组织的校内专业竞赛，也代表学校参加市级比赛，并获得奖项。大三实习时选择重庆比较有名的室内设计公司进行实习，实习期间在与同公司实习的其他高校学生竞争业务多次失败后，对自己的专业实力产生怀疑，因此打算重新选择职业。后续先后到市场营销、物业管理等岗位进行实习，都以失败告终。辅导员了解情况后，通过与其面谈了解其职业兴趣、价值取向，帮助其进行价值取向分析，使其明确自己的职业兴趣和价值取向，为其做最后的抉择提供帮助。最后，凌飞选择继续从事建筑室内设计行业，通过自己在校期间打下的坚实的专业基础，加上多次参加竞赛的经验，多次代表公司参加各种比赛，也获得了不错的奖项，最终在公司通过3年的努力，成为公司设计总监。

案例思考：

（1）本案例中的凌飞就业初始为什么会失败？面对其他高校毕业生的竞争，高职学校的学生有哪些优势和劣势？

（2）你想从事的职业是什么？为此你觉得应该做哪些准备？

案例3：计算机专业毕业的张顺，没有升学的计划，顺理成章地加入了求职大军。张顺觉得自己学的是计算机专业，就业面很广，找工作应该很轻松，因此在大学期间并没有对自己的未来发展做好规划。在求职的时候，张顺对自己也没有一个清晰的定位，觉得只要有工作就可以去做，于是向不同行业的公司投了许多简历。

刚开始还很顺利，张顺陆续接到了一些公司的面试邀请，但是在面试过程中，每当被问到对该公司有什么了解或对以后的职业有什么规划时，张顺就不知道怎么回答，于是面试均没有通过。在经历了一系列失败之后，张顺有点心灰意冷，觉得自己是不是太差劲了，连一份工作都找不到，心里开始着急起来。张顺并没有意识到他屡战屡败的真正问题是什么，现在张顺已经在家待业一年了。

案例思考：

（1）张顺为什么没能找到工作而待业一年？

（2）如果你是张顺，你会怎么做？

◆【思考与练习】

1. 选择题

按照霍兰德类型论观点，会计最可能是（　　）占据主导。

A. 实际型　　　　　　B. 常规型　　　　　C. 社会型　　　　　D. 企业型

2. 有的大学生对职业信息收集不感兴趣，认为："要了解职业信息，上招聘网站看一看招聘信息就知道了，哪里需要这么麻烦，又要分析这个又要分析那个。"请运用本章所学知识谈谈你对这个问题的看法。

3. 材料阅读与分析。

刘某找到了一份薪酬较高的工作，但该工作属于服务行业，一般需工作至晚上10点。对此他并无异议。入职一段时间后，他才了解到在节假日期间，店里可能会延时到11点后才能正式关门，他将很难赶上晚班地铁，且家离工作地点较远，打车则花费太多。复盘求职过程之后，他才发现自己收集的职业信息并不全面，入职太匆忙。他现在也只好辞职，再找一份更适合自己的工作。

刘某职业选择失当，在于在职业世界探索方面考虑得不够全面。如果你要进行一次职业世界探索，会如何选择自己探索的职业类型？你会探索该职业的哪些方面？

4. 完成"职业探索"游戏。组成课后学习小组，使用头脑风暴法（一群人通过一定的讨论程序和规则，围绕某一话题自由思考，产生新观点的方法；在头脑风暴过程中，自己的观点可以建立在他人的观点之上），列举出与"设计"相关的尽可能多的职业，可分行业（如服务、IT、教育、建筑、艺术等）列举。

列举后写下你在"职业探索"游戏中获得了哪些启示。

项目十一　心理调适与角色转变

【学习重点】

（1）了解大学生常见求职心理及调适方法。
（2）认识学生角色和职场角色各自的特点及差异。
（3）认识大学生职业角色转变。
（4）掌握大学生职业适应的方法。

任务20　职业角色适应与转变

大家心中都有一个"职场人"的形象，但自己要变成职场人并不容易。从学校走向社会是大学生人生中一个重要的转折点，对每个大学生的意义都非比寻常。大学生要正式告别学业生涯，从一个相对单纯的学校环境进入复杂的社会环境，完成从"学生"到"职场人"的转变。可能一部分人最开始会非常不适应这种转变，甚至产生畏惧、抗拒心理。其实，这是每个人一生中的必经过程，是大学生迈向成熟的真正开始。所以，大学生应该积极地去适应这个过程，努力完成角色的转变，快速进入职业状态，为自己职业生涯的发展奠定良好的基础。

一、角色认知

社会心理学中的角色概念是从戏剧舞台用语中借用过来的。"角色"原指演员在戏剧舞台上按照剧本的规定扮演的某一特定人物，但人们发现现实社会和戏剧舞台之间存在内在联系，即舞台上上演的戏剧是人类现实社会的缩影。

社会角色（social role）是在社会系统中与一定社会位置相关联的符合社会要求的一套个人行为模式。社会角色是社会赋予人的社会权利与义务，它反映了每个人在社会中的地位和人际关系中的位置，代表了每个人的身份。每个人扮演的主要角色是由其承担角色的主要任务决定的。大学生应在认清学生角色和社会角色区别的基础上，主动强化角色转换的意识，以积极、理智的态度顺利实现角色的转换。

（一）学生角色与职业角色

在个人发展历程中，人们会随着年龄的增长扮演不同的角色。在大学期间，大学生的主要角色是"学生"，而大学毕业后，如果不继续提升学历，绝大多数大学生的角色就需要转变为"职场人"。大学生想要顺利进行角色转变，首先要了解两者之间的差异。下面从 6 个方面介绍大学生与职场人的角色差异。

1. 社会责任不同

作为大学生，主要责任是学好科学文化知识，掌握社会生活的基本技能，努力提升自己各方面的能力，逐步完善自己，为实现自己的人生价值奠定基础。在学校，大学生不仅需要完成学校安排的课程学习，还要通过空闲时间参与实践活动来锻炼、提升自己的综合能力。大学生在探索的过程中有一定的容错性，即学校鼓励大学生去积极探索、创新，不怕失败与走弯路。

作为职场人，主要责任是用自己所掌握的知识、技能通过具体的工作、付出劳动为企业创造价值，获取一定的报酬，为国家及社会作出贡献。在岗位上的行为后果都需要自己承担，若在工作中犯了错需要为自己的行为承担责任。两种不同角色分别承担着两种不同的责任。

2. 所处环境不同

大学生生活在相对单纯、封闭的校园当中，生活学习氛围较为轻松，每天可以自行安排上课以外的大部分时间，做自己想做的事情。职场人处于紧张、激烈的职场环境中，每天都面临大量的职场工作，工作节奏快，自己能够支配的时间较少，因此常常会感到压力大。

3. 生活管理方式不同

大学生在生活上有学校和院系监督管理，帮助其形成良好的生活方式，如定时熄灯、查寝等；在学业上有教师已经计划好的学习任务和大纲，只需要按照教师的布置，就能完成学业。

职场人的生活里只有工作时间内要遵守用人单位的相关要求和规定，工作时间外全由职场人自由安排。职场人想要规律的生活全靠自我控制，在业余生活中不会受到过多约束，享有很大程度的自由。

4. 人际圈子与人际关系不同

大学生每天基本上只与学校里的人打交道，如同学、朋友、教师等，社交范围小。虽然大学生在学校里免不了进入许多竞争关系，但是其本质是为了促进学习和提高能力，并不会从根本上影响同学们的利益，因此，大学生的人际关系总体来说较为简单与单纯。

社会上的人际关系相对复杂。职场人在职场世界里，尤其是销售和服务行业，每天要面对形形色色的人，与不同的人进行接触。职场生活里的竞争直接和职场人的个人利益挂钩，关系到利益的分配，因此职场人的人际关系较为复杂。

5. 认识世界的方式不同

大学生作为学校里的受教育者，对世界的主要认识方式以学习理论知识为主、实践为辅。大学生对世界的了解大多来自书本、课堂和网络，其认识是间接的、理论性的，因此对这个世界与自己的未来有着理想主义期待。

职场人认识世界以亲身实践为主、理论知识学习为辅。他们通过工作中的实际操作、生活中的一件件琐事来加深对世界的认识，其认识的内容通常是直接与具体的，带有鲜明的现实主义色彩。

6. 活动方式不同

学生角色使得学生处在一种接受外界给予的位置上，依法接受教育。社会职业角色则要求运用自己掌握的知识和能力，通过具体的工作向外界提供自己的劳动以获取合法报酬。学生角色到职业角色的转换，独立程度随之有所提高，主要体现在生活、经济、工作、学习四个方面。

有些大学生在刚步入社会的时候，可能会因为学生与职场人角色的差异而产生不适应感，这很正常。大学生需要了解其中的差异，只有在了解的前提下才能更好、更快地实现角色的转变，早日适应职场生活。

（二）角色转变中容易出现的问题

如同破茧成蝶需要历经磨难，大学生的角色转变往往也并不一帆风顺。大学生在进行角色转变的过程中可能会遭遇一些问题，这是由心理或身体上不适应带来的。对此，大学生不必惊慌，而是需要找到并克服、解决问题。以下是5个常见的问题。

1. 眼高手低

眼高手低是部分大学生的通病。部分大学生有高远的个人理想与职业目标，不屑去做基础性工作，觉得自己的能力远高于此。长此以往，他们会缺乏完成工作的基础能力，不能很好地胜任本职工作，这在很大程度上会影响自身职业生涯的发展。"不积跬步，无以至千里"，只有在完成一件件小事的过程中打好扎实的基础，才能使自己有长远的发展。

2. 封闭自我

有的大学生在刚开始工作的时候，由于人际关系的变化，不能正确处理好与领导、同事之间的关系，不知道要如何与工作中遇到的各类人士进行沟通交流，觉得人际交往过于复杂，从而开始封闭自我。

3. 心态不稳

有的大学生初到工作岗位时有爱表现的心理，急于证明自己的能力，但是当真正面对这样的机会时，又担心自己能力有限会受到大家的嘲笑，产生畏惧失败的心理。这种心态的不稳定会对自己产生束缚，限制自己工作能力的发挥且给人留下不踏实的印象。

4. 情绪浮躁

有的大学生在毕业后，由于缺乏社会与工作经验，在就业时心浮气躁，喜欢和别的同学进行攀比。若某同学找到了好工作或工资高于自己，就会产生类似嫉妒的情绪。其实大可不必这样，每个人的人生轨迹不一样，只要按照自己制订的职业生涯规划脚踏实地地努力奋斗，就一定会有收获。

5. 抗挫折能力弱

刚参加工作的大学生想在企业有好的表现，希望自己在工作中能够不犯错。许多人一旦在工作中遇到挫折，就会灰心丧气，认为自己什么事情都做不好，对工作提不起兴趣，形成恶性循环。

二、角色转变与心理调适

在大多数情况下，大学生都能完成从学生到职场人的角色转变，但这种转变往往是被动的、缓慢的、不自觉的、低效率的，甚至可能对大学生造成一定的困难和心理负担。为了高效、快速地完成角色转变，大学生需要掌握角色转变与心理调适的方法。

（一）角色转变的方法

每个人都要经历从学生到职场人角色转换的过程。这个过程可能很困难，因此每个人都要做好充分的心理准备，以积极的心态面对并努力适应变化。针对大学生在角色转变过程中可能出现的问题，本书总结了以下 5 种应对方法。

1. 学会虚心学习

无论在学校里取得多好的成绩，有多么厉害的经历，在工作后都需要调整好自己的心态，要从工作中的小事做起，虚心向其他同事学习，不断积累工作知识和经验。大学生只有虚心学习，才会不断进步。

2. 学会控制情绪

每个人都有情绪糟糕的时候，人在情绪不佳的时候思维和行为都会受到影响。作为一个成年且步入职场的大学生，需要学会控制自己的情绪，不要把日常的情绪带到工作当中，要认真努力地完成日常工作。

3. 重视岗前培训

很多企业在新员工入职前都会进行岗前培训。大学生一定要重视岗前培训，它能帮助大学生了解工作内容、职责及有效的工作方法，使大学生快速融入职场生活，大大缩短角色转换的时间。

4. 避免工作失误

刚步入社会的大学生，由于经验不足，在工作岗位上犯错是在所难免的，但这并不意味着犯错是理所应当的。在工作时，大学生应当认真完成工作，尽可能避免工作失误，不要给企业和团队造成不必要的损失。

5. 勇于挑战自我

对于刚走上工作岗位的大学生来说，应该胸怀大志并严格要求自己。在工作岗位上要不断挑战自我，主动接受新的工作内容，锻炼自己；遇到问题要勤于思考，逐步形成自己的见解，养成独立工作的能力。只有这样，大学生才能在职业生涯道路上节节攀升，最终取得事业的成功。

（二）角色转变期间的心理调适

大学生在就业过程中往往会遇到预想不到的挫折与问题，从而产生一系列心理方面的问题。解决这些心理问题对大学生成功就业有促进作用。下面列举一些大学生在就业过程中容易出现的心理问题及调适方法。

1. 难以接受理想与现实之间的差距

心理问题：大学生在学校接受教育期间，常常会设想在未来的职业生涯中大展宏图，成就一番事业，对未来充满了热情与期待。然而理想总是过于美好，大学生步入社会后看到了理想与现实之间的差距，甚至会遭遇挫折，这时就会心态不平衡，严重者开始抑郁。

调适方法：针对理想与现实之间的差距问题，大学生要提前做好心理准备，要勇于面对现实，接受现实。拥有理想是好的，它能给人们提供奋斗的动力，指明前进的道路，但是人不能活在理想世界里，要理性地看待理想与现实之间的差距，并通过努力将其缩小。

2. 有想法却又缺乏行动的勇气

心理问题：有些大学生对自己的职业生涯有较好的规划，也明确知道在每个阶段该做些什么，可是当真正开始实施时却畏首畏尾，缺乏自信与勇气。他们畏惧挑战，不想承担失败的后果。究其根本是个人还不够努力，缺乏信心，没有对就业做好心理准备。

调适方法：大学生首先要了解自己缺乏自信和勇气的原因，是因为过于追求完美、害怕失败，还是因为自己并没有准备充分？如果是前者，大学生就需要调整自己的心态，要知道不完美才是人生的常态，失败乃成功之母，要勇于接受失败并从失败中学习；如果是后者，则需要完善自己没有准备充分的地方。

3. 面对选择时不知所措

心理问题：一些大学生在就业求职过程中，当几家公司都向其抛出"橄榄枝"时，就会优柔寡断、举棋不定，迟迟不能决定与哪家企业签约，导致错失机会。

调适方法：大学生不能客观认识自己，缺乏分析与解决问题的能力，才会在面对多种选择时犹豫不决。大学生在接到多个工作邀请时，需要认真对比每个工作的特点，再根据对自己性格、兴趣、价值观等因素的了解选择最适合自己的工作；如果实在难以决定，可以寻求家人的帮助。

4. 和他人进行盲目攀比

心理问题：一些大学生往往会将自己的工作和别人进行对比，一旦发现别人的工作各方面都好于自己的，就会产生许多负面情绪，影响自己的生活与工作。

调适方法：个人在生活中，免不了不自觉地将自己和他人进行对比。这种对比应该产生自我提升的动力，而不是消极甚至自暴自弃的心态。大学生要多与过去的自己进行对比，这样才能对自己有清楚的认识，同时还需要不断增强自身实力，克服负面的攀比心理。

（三）树立正确的就业观

就业观是个人在进行职业选择时观念、认识、心态的体现。正确、科学的就业观能够帮助大学生摆正心态，有利于大学生更好地实现角色转变。因此，每个大学生在就业之前都需要树立正确的就业观。

1. 要对待业保持良好的心态

由于某些原因，一些大学生并不能按时就业，因此处于暂时待业的状态。在待业的时候看到周围的同学纷纷找到工作，感受到来自家庭的压力，个别大学生会产生焦躁情绪。这时候大学生需要积极调整自己的心态，就业不是能一步到位的，要放平心态，相信适合自己的工作就在前方。

2. 要转变传统的就业观念

许多大学生受到父辈的影响，认为工作就要去党政机关、国企和事业单位，这样工作有保障，自己也拿到了"铁饭碗"。其实，中华人民共和国国家发展和改革委员会的统计数据表明，我国的中小企业现在是提供就业岗位的主力军，提供了75%以上的就业岗位。此外，去基层或乡镇民营企业也是大学生就业的好选择。

3. 要大胆把握所遇机会

我国经济发展正处于良好的态势，这种良好的态势能给大学生带来许多就业与创业的机遇。如今全国掀起了创业热潮，大学生应该大胆把握机遇，选择适合自己的创业项目，进行充分的调研，也要避免做出盲目跟风的创业行为。

4. 要勇于接受挑战和竞争

大学生在就业过程中一定要树立强烈的竞争意识，面对挑战和竞争不要有畏惧心理，要把外在竞争的压力化作自己进步的动力，在提升自己的同时也能向用人单位展示自己的能力。

（四）明确职业理想

职业理想是人们在职业方面依据社会要求和个人条件确立的奋斗目标，即个人渴望达到的职业境界，是个人的价值观、世界观、人生观及职业目标、职业成就、职业期待的一种反映。例如，有的大学生的职业理想是做一名为人民服务的公务员，有的大学生的职业理想则是当一名济世救人的医生，有的大学生的职业理想则是当一名认真负责的教师或一名技艺精湛的手工艺人等。

职业理想是个人对未来职业的向往和追求，它决定人们在职业生活中的事业心和责任心。总而言之，职业理想是一个人在职业生涯中不断奋斗的动力，是其实现生活理想、道德理想和社会理想的重要指引。职业理想对于大学生转变角色有重要的作用，甚至会深刻影响大学生的整个职业。职业理想有以下 3 个方面的作用。

1. 导向作用

职业理想体现的是个人对未来职业的向往。个人一旦确立了科学的职业理想，就应该朝着实现这一理想努力。例如，大学生在学习过程中学习目标明确，学习热情就会高涨，学习效果自然就会显著。这里所说的学习目标就好比大学生的职业理想。由此可见，一个人有了明确、切合实际的职业理想，再经过努力奋斗，人生发展目标就会实现。所以，职业理想起着非常重要的导向作用。

2. 推动作用

职业理想的内容不仅包括工作的部门、工作的种类，还包括工作成就。无论是从业还是创业，每个人都要有自己的职业理想。为了实现自己的职业理想，从学生时代起就要积极进行相关知识的积累和能力的培养，为选择自己理想中的职业做好准备；走上工作岗位后，还要利用所学知识和所掌握的技能努力做好岗位工作，最终取得职业成功。总之，职业理想是取得职业成功的推动力，它会让人奋发进取、勇往直前。

3. 激励作用

职业理想是成就事业、推动社会进步的精神力量。这样的精神力量，无论是在职业准备、职业选择还是在就业或创业的过程中都会激励大学生朝着既定的职业目标前进，直到事业成功。

大学生需要注意的是个人由于知识、能力、道德观念、家庭背景、对外界影响的接受程度不同，不可能形成一样的职业理想。个人首先要用科学的世界观作为指导，一切从实际出发，实事求是地确立自己的职业理想。其次，在确立职业理想时还应该学以致用或选择与个人能力相近的职业作为自己理想的职业。

三、如何适应职场

大学生在角色转变过程中遭遇的最大难题往往是对职场环境的不适应。确实，面临新的环境、新的同事、陌生的工作内容，大学生感到不适是很正常的。但是，大学生也要认识到，只有成功适应了职场才算完成了从学生到职场人的角色转变。

要适应职场，大学生就要处理好职场的人际关系。在职场中，人际关系是一种最基本的关系，也是一种最复杂的关系。大学生越能正确处理好自己与领导和同事的关系，就越能使自己得到帮助和温暖，增加自己的智慧和力量。良好的人际关系不仅可以成就一个人的事业，使其步步高升，也能使一个人更有信心。

首先，大学生在职场中要学会尊重与服从领导，并主动与领导沟通，主动询问和汇报工作，执行领导安排的任务。同时，大学生要处理好与同事的关系，争取得到同事的支持。

其次，人与人之间在工作和生活中有时会难免心生嫌隙、产生隔阂。产生隔阂不可怕，重要的是要弄清楚产生隔阂的原因，然后针对原因找到对策消除隔阂。如果是因双方缺乏了解而产生隔阂，大学生应该与对方坦诚相处、以真心换真心。如果是因双方误会而产生隔阂，大学生应该宽容、大度、善意地进行解释来消除误会。如果是因为自己的失误伤害了对方，大学生应该诚恳地向对方道歉，请求原谅。总之，大学生积极消除隔阂能够让职业生活更加顺利。

最后，大学生作为职场新人难免会遭到来自上级或同事的批评。"只要你说得对，我就照你说的办"应该是大学生对待批评的基本态度。笑纳批评是对初涉职场的大学生更高的要求。总之，对善意的批评，大学生应当虚心接受并加以改正。无论采取什么方法，大学生都要认真诚恳、心平气和。如果批评者没有道理，大学生也不应该耿耿于怀，更不应寻机报复。

从根本上来说，要提高职业适应度，大学生应该努力钻研业务，业务能力才是大学生在职场的立身之本。对于涉世尚浅、经验不足的大学生来说，工作中出现某些差错和失误在所难免，但应该尽可能地避免差错和失误。要想避免工作中出现差错和失误，大学生就要在现任岗位上努力钻研业务、履行职责，认真地完成领导下达的任务。

同时，提高职场情商也对大学生适应职场有所助益。职场情商就是指一个人掌控自己情绪的能力，在职场表现为对自己和他人的工作情绪的了解和把握。职场情商是一个职场人不可或缺的素质，大学生要学会在管理自己情绪的同时，维护他人情绪，使双方能够相处融洽。

完成从大学生到职场人的角色转变，是开启大学生职业生涯的第一步，也是质变的一步。如何适应职场，可以说是大学生在就业后面临的首要问题。了解职场适应的相关方法，对于大学生成功完成角色转变、开启职业生涯有一定的帮助。这些方法本身也涉及了日常工作和生活中的技能，大学生合理运用这些技能能够让职业发展更加顺利。

四、角色与职业发展

角色与职业发展是相辅相成的。一个人在职场中所扮演的角色不仅决定了其当前的职业地位，还影响着其未来的职业发展路径。因此，我们需要认真审视自己在职场中的角色定位，并努力提升自己的专业素养和综合能力，以实现更好的职业发展。

（1）大学生到职业人。由学生转换到职业人的工作状态，建议大学生从以下方面做起：克服依赖性，充分发挥主观能动性；提高职业道德，增强职业义务感、责任感；制订符合现实且有效的职业生涯规划；勇敢面对每一种考验；正确对待每一次选择；克服性格上的不足；科学调整自己的心态或情绪。

（2）知己知彼，主动适应新的工作环境。大学生需要尽快认清自我，适应职场环境。建议从以下方面做起：树立良好的第一印象；坚持以结果为导向、效能为导向；安心本职，主动作为；淡泊名利，学会忍耐；立足现实，增强职业意识。

（3）科学处理好各种关系。科学处理好与领导的关系，在工作中上下级之间的关系是重要的人际关系，双方在工作上是管理与被管理的关系，在职场生涯中大学毕业生要学会尊重与服从领导。

科学处理好与同事的关系。同事之间的关系，需要在相互了解、激励、协作、竞争、利益分享、风险共担中有效推进，目的是让人际关系产生积极效益，避免互相拆台。

科学处理好与家人的关系。处理好家庭关系的关键是重视沟通、尊敬彼此及考虑到适当的时机和场合。维护和谐的家庭关系对所有家庭成员都非常重要并且值得付出努力。作为家庭成员，应当尽己所能为家庭的和谐努力，让关爱和温暖在家庭中传递，让家庭成为最坚实和可靠的后盾。

科学处理好工作与生活的关系。处理好工作和私人生活之间的关系并不容易，是每个人都必须掌握的技能。通过制订合理的计划和目标，保持身体和心理健康，学会放松和休息，与家人和朋友交流等方法，更好地统筹工作和生活之间的关系，并不断根据自己的实际情况进行调整和优化，实现工作和生活的双优、双美。

任务 21　大学生职业情商

大学生踏入职场的那一刻，就不再是大学生了，而是职场新人。作为一名新人有很多东西需要学习，首先要学习的就是如何提高情商。情商是一个人感受、理解、控制、运用和表达自己及他人情感的能力，在很大程度上影响着一个人的职业生涯。情商在职场中占据着重要的地位，发挥着十分重要的作用。

一、职场情商的内涵

情商又称情绪智力，主要是指人在情绪、情感、意志、耐受挫折等方面的品质。心理学家普遍认为情商水平的高低对一个人能否取得成功有着重大的影响，有时其影响作用甚至要超过智力水平。职场情商，就是一个人掌控自己和他人情绪的能力在职场中的具体表现，侧重对自己和他人的工作情绪的了解和把握，以及处理好职场中人际关系的方法。

正所谓"智商决定录用，情商决定晋升"，职场情商是一个职场人不可或缺的素质，是大学生在职场获得成功的关键。在职场中，情商高低有时甚至会左右工作成效。因此，培养职场情商是职场人在 21 世纪的必修课。

二、大学生提高职场情商的方法

初入职场的大学生由于缺乏职场情商，在工作中容易犯错误、碰钉子。要想避免这些情况，大学生就需要掌握提高职场情商的一些基本方法，如认识自我、学会控制情绪、不怕吃亏、注重细节、学会沟通、善于倾听等，为今后成为一名成功的职场人做好准备。

1. 正确认识自我

职场情商既然关系到人际关系，就必然面临角色定位的问题，即面对什么人，自己又处于什么样的角色，这就是通常所说的认识自我。大学生如果对自我认识不清，那么就很有可能人际关系处理不到位，对待领导不像对待领导，对待同事不像对待同事，有时甚至会影响到客户对自己单位的形象认知。

2. 学会管理情绪

在职场情商中，大学生最重要的就是要学会管理自己的情绪，并调整自己的心理。展现积极情绪，隐藏消极情绪，从而赢得别人的认可和尊重。每一个心智正常的职场人，肯定不愿意跟别人发生冲突，更不愿意被别人的情绪干扰，所以，职场人大多都希望自己保持稳定的情绪。那些能成大事的人，往往是理智的，而不是情绪化的。

3. 不怕吃亏

很多人怕吃亏，尤其是大学生在面对利益冲突时往往盲目地以自我为中心。但是不要忘记，职场上虽然存在竞争，但团队是一个利益共同体。有时自己吃了一点亏，却能赢得别人的尊重，而这些尊重往往无法用金钱衡量。

4. 注重细节

在人际关系上，细节的处理非常微妙，也非常重要，能体现出一个人职场情商的高低。注重细节表现为对他人的关心和重视，能增进人与人之间的感情。

5. 学会沟通

几乎所有招聘广告中都会强调应聘者应具有良好的沟通能力，这也正说明了沟通是职场中必不可少的一部分。很多领导有时候宁可招一个专业技能一般但沟通能力出色的员工，也不愿招来一个整日独来独往、我行我素的"独行侠"。与客户、同事、领导之间的沟通，可以体现一个员工的职场情商。同时，学会沟通也是培养职场情商的重要手段。

6. 善于倾听

在职场上，大学生不仅要学会控制情绪，还要学会倾听。情商高的人，在倾听的时候不发表意见，别人说，他们听，别人不说，他们在一旁陪着。他们不会打断别人说话，哪怕别人说的是错误的。他们只会在别人需要他们对此事发表意见时才说出自己的观点，且不会挑战别人的情绪爆发点。

7. 谦虚做事

有些大学生为了彰显个性和能力，喜欢炫耀自己，以为这样就能获取他人的尊重。殊不知这样非常令人反感，没有人喜欢听一个尚未成功的人的故事。所以，大学生在职场上要谦虚低调，这也是大学生体现自己具备良好职场情商的重要手段。

8. 学会多赞美别人

在与同事相处的时候，大学生要多发现别人的优点、长处，多赞美别人。这样会让自己与同事相处融洽，也会让自己的工作更容易开展。

9. 让别人有舒适感

如果把所有与人际关系相关的知识凝聚为一句话，那就是：所有人都希望被重视，都渴望被认可。

因此，当别人犯错时别急着横加指责，更不要私下讨论；当别人遇到难关时提供力所能及的帮助，对方会心存感激，但不能因此走向极端——试图去讨好任何人。试图讨好所有人不仅会让自己疲劳，也会令他人感到不适。

10. "泰山崩于前而色不变"

不管是在生活上、还是工作中，有的事情常常出乎预料。此时大学生可能会着急、焦虑、感到无助，甚至想要放弃。但是请记住，没有一件事重要到搞砸了就会天崩地裂的程度。

当坏事发生时别忙着"追责"，否则只会让自己陷入消极的情绪之中；应该先想想如何"善后"，怎样让事情变得没那么糟。当局面转好后，人的心情也会随之渐渐平静。在职场中，那些无论发生什么情况都能心平气和，照顾他人情绪，找出解决之道的人总能赢得别人的尊重和信任。

11. 保持和谐

一个成功的团队，必然是一个和谐、团结的团队。与领导保持和谐，与同事保持和谐，这些都是支持大学生走向成功的必要条件。能否妥善处理职场中的各种关系，往往取决于职场情商的高低。

余光中是著名的学者、诗人、散文家。他的文采一流，为世人公认；他的口才不凡，同样广为人知。有一次，余光中去领一项文艺大奖，获奖者大多是黑头发的晚辈，只有他年届花甲，白发染霜。相形之下，余光中颇不自在。在致辞中，余光中风趣地说："一个人年轻时得奖，应该跟老头子一同得，表示他已经成名；但年老时得奖，就应该同小伙子一同得，表示他尚未落伍。"话音刚落，满堂喝彩。

在花甲之年跟年轻人同台领奖，难免会有些尴尬，然而高情商的余光中用充满诗意的话语将尴尬化解。他先是不动声色地称赞年轻人功成名就，而后恰到好处地表明自己宝刀未老，将机智的应变能力和谈吐的非凡魅力表现得淋漓尽致，同时尽显豁达，尴尬当然随之消失。

> **【案例拓展】**

案例1：求职过程中的心理问题

乔征是某大学信息工程系毕业生，学习成绩优秀且长期担任学生会纪检部部长职务。

毕业季来临，乔征决定进行就业。在求职初期，乔征先后参加了多家用人单位的招聘，但笔试和面试的情况并不如他所愿。

在经历过几次挫折后，乔征非常沮丧。他一方面抱怨笔试题目太难、太偏，抱怨面试官过于刁难自己，另一方面又对自己的能力产生了怀疑。在犹豫与不安中，乔征渐渐产生了逃避的心理，失去了就业的动力和方向。

事实上，在求职过程中很多大学生的内心都会充满矛盾和困惑，容易出现自负、自卑、偏执等各种心理问题，而用人单位又非常重视求职者的心理素质。因此，大学生要有充分的心理准备，积极开展自我调适、提高心理素质、保持健康心态，促进求职的顺利进行。

案例思考：

（1）你在学习或求职的过程中产生过哪些负面情绪？

（2）你如何处理自己的负面情绪？

案例2：正确看待每一个职业

刚满26岁的黄玲是某医学院的毕业生，黄玲学了5年的临床医学，毕业后在县城的一家医院做内科医生。但工作半年后，黄玲觉得内科医生不仅收入低，而且医院的圈子太封闭，每天过着三点一线的生活，实在是乏味。难道就这样一辈子待在医院里？黄玲越想越不甘心。终于，她下定决心辞去了医院的工作，去一家企业面试，成为一名销售人员。现在，黄玲在一家全球500强的企业做药品销售工作，收入令人满意，但就是应酬太多、太累，这让原本就不太擅长交际的黄玲觉得不堪重负。她现在感觉每天的工作压力越来越大，渐渐开始不太喜欢这份工作，反而更加怀念以前在医院工作的时光。黄玲又萌生了跳槽的念头，希望换一份更适合、更喜欢的工作。

分析点评：每一个职业都有其价值，黄玲没有正确认识医生这个职业，没有真正尝试去融入这个职业，也就难以感受到工作的乐趣，难以在工作中实现自己的人生价值。

◆【思考与练习】

1. 有的大学生会认为："等毕业找到工作，我自然就成职场人了，这种角色转变不是顺理成章的吗？哪需要自己刻意'转变角色'？"请你思考：这种想法合理吗？合理或不合理的原因是什么？

2. 有一位大学生，他的职业理想是当一名快递员，每天骑着车去送货。可是有的大学生认为当快递员根本不算职业理想。你认为这样的职业理想合理吗？说一说你的理由。

3. 角色转换过程中存在的问题主要有哪些？对学生角色的依恋心理，对职业角色的畏惧心理，眼高手低的自傲心理，消极退缩的自卑心理等，这种表述对吗？

4. 请和同学一起讨论：大学生在进行角色转换的过程中还会出现什么样的问题？该如何调整自己并解决遇到的问题？

5. 材料阅读与分析

材料1：大学毕业后，易沛来到一家中型企业工作。可是没过几天，易沛就不喜欢这家企业了，她觉得这家企业与自己理想中的企业相差太远，很多事情都与自己的设想不一样。比如企业管理上好像有很多漏洞，不如大企业正规，但劳动纪律抓得又很严，让自己很难适应。于是，易沛的心态发生了变化，经常感到自己工作得不愉快。

她还经常向一个同来的同事发牢骚，说："这家企业怎么浑身毛病，干得真没意思。"不知怎么，易沛的牢骚就传到了上司的耳朵里，还没等到易沛对这家企业真正有所认识，就被炒了鱿鱼。刚开始，易沛还满不在乎，觉得反正自己不喜欢，走了无所谓。可是当易沛在求职大军中奔波了3个月后还没找到好于这样"浑身毛病"的企业时，她才感到有些后悔，心想如果下次再有类似的企业接纳自己，一定吸取教训，好好干。

易沛没有很好地适应职场环境，因此丢失了工作，你能否为易沛的职业适应提供合适的建议，帮助她更快适应职场？

材料2：廖心怡是个让父母骄傲的独生女，从外貌到学习都很不错，是某财经大学的应届毕业生。毕业后，廖心怡入职某大型集团财务处。但在工作中廖心怡觉得有些力不从心，很多在自己眼里很简单的工作做起来却很吃力，而且经常出错。除此以外，廖心怡发现自己在大学里学到的技能根本用不到工作中，不禁对自己的能力及专业知识产生了怀疑。渐渐地，她失去了自信，甚至害怕去上班，领导一安排工作，她就极度抵触。她每天都处在惶惶不安的状态中，甚至想辞职，压力很大。

廖心怡在工作中感受到了巨大的压力，甚至出现抵触工作的情绪，你觉得她应该如何缓解工作中的压力？

材料3：易霜是一位应届大学毕业生。在大三实习时，她就感到明显的不适应。一到办公室，就有各种文件需要她处理，在工作中不时有人来催促进度，甚至中途插入新的工作任务。一天，经理找易霜要一份文件，易霜发现由于穿插了其他工作，这份文件只做了一半。她向经理说明情况，经理却批评了她，并让她不要找理由。被经理批评后，易霜觉得很委屈，于是在下班回到学校后向职业规划老师倾诉，老师告诉易霜："在职场上，每个人都要做好自己的本职工作，领导和同事不会在意你在工作期间经历了什么。如果你的工作安排不合理或是遇到困难，无法按时完成工作，应该在事前向领导汇报并做好沟通，而不能像在学校里一样到时间了才告诉老师自己没有完成。"

（1）案例中的易霜在职场角色适应上出现了什么问题？

（2）易霜应该如何改变自己来适应工作环境？

项目十二　职业适应与发展

【学习重点】

（1）了解 CD 模型的四要素及各自的提升策略。

（2）了解 CD 模型的两种循环方式和操作方式。

（3）了解理想职业的三要素及其相互之间的关系。

（4）了解"三叶草"循环运转不畅时，如何进行改善和提升。

任务 22　职业准备与适应

一、大学校园怎么过——积累本领

大学处于校园教育到社会生活的过渡阶段。与初高中的基础教育相比，在大学要掌握的不单单是更加深厚的学科理论、专业知识与职业技能，综合素养的提升是更为重要的。对于每一位将要从校园人转变为职业人的大学生而言，在这个过渡阶段除了去尽情游览书海，体会完全自主的学习生活，还需要结合未来可能要进入的职场领域做好本领的积累。这些综合素养的提升将为大学生适应社会工作奠定良好的基础。具体来说，大学生要关注以下几点。

（一）养成良好的学习习惯，锻炼独立思维能力

在大学学习中，课时少但学习知识的深度和广度不断加强，教师在课堂上的讲解大多是提纲挈领式的，因此大学生应该按照自己的计划和目标，选择并吸收对自己有用的内容。在善于思考、大胆提问、小心求证的研究型学习中，培养和提高学习能力。一般来说，大学生有 4 种主要的学习方法：一是学校教学规定的课堂学习；二是对于课堂学习内容巩固和扩展的自我学习；三是善于思考、钻研的创造性学习；四是与同学组成学习小组，互相讨论与启发的学习。大学生要根据自身实际情况发挥主观能动性，自主选择适合自己的学习方法，以获得更好的学习效果。

在国外，许多学校把思维课程放在了教学规划里，将学生的思维分析能力看作重要的技能。大学生需要加强逻辑思维知识的学习，在部分研究生入学资格考试、公务员考试、外企的笔试与面试中，都有与逻辑学相关的测试。"学而不思则罔，思而不学则殆"，大学生要学会积极思考。在平时遇到问题时大学生要先自己动脑思考，思考他人的思路和解题过程，吸收他人的思维分析过程。在思考过程中多运用纵向思维，加深自己的思维深度；多练习批判性思维，基于客观理性的立场，独立思考、敢于质疑、敢于挑战权威。

（二）培养良好的心态

大学生的年龄正处于个体逐步走向成熟的阶段。这一时期大学生的某些心理发展落后于生理机能的成长，加之各种因素的影响，难免会产生困惑、烦恼、苦闷的消极情绪；自我心理矛盾不时发生，如理想与现实的矛盾、理性与感性的矛盾、竞争和安逸的矛盾等。若这些不稳定情绪和心理矛盾不能得到有效疏解，日积月累就会形成心理障碍，从而影响日常的学

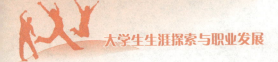

习与生活。因此，大学生要及时疏解自己的心理困扰，养成良好的心态。有矛盾的时候，可以静下心来多和朋友、亲属、专业教师、咨询师共同探讨，勇于思考获得成长。

（三）提升人际交往能力

当代大学生大多是独生子女，习惯以自我为中心，不知道如何恰当地表达自己。很多大学生习惯在网络中发泄情绪、寻找精神寄托，忽视了现实生活中人与人之间真实的互动，导致自身性格的封闭和人际交往能力的下降。人际交往能力是一项很重要的能力，它在一定程度上影响个人情绪的稳定、心理的变化，甚至是个人未来的发展走向。大学期间格外需要认识自我，锻炼与他人的交往能力。可以通过参与校园活动来培养自己的交往能力，结交有共同志向或爱好的朋友；也可以多多学习社会交往知识，必要时寻求专业的辅导和专题的练习。

（四）加强对自身工作能力的培养

大学生工作能力不强，常常表现为基础知识积累多，应用、动手和实践能力弱；受暗示、指导多，接受意识强，自我决策经验少、能力弱；自我意识强，团队意识弱。大学生需要根据自身的职业生涯规划，借助对社会环境与行业环境的分析，了解职业目标的具体要求，审查与岗位要求之间的差距，及时采取措施锻炼能力、弥补不足；多关注自己职业生涯规划方向的实习信息，争取每一个可以实习的机会来锻炼自己；自觉主动地参与班集体的建设，有意识地提升团队意识，在丰富的社会实践活动中磨炼自己的团队精神。

总之，提升综合素养有助于大学生更好地适应大学和未来的职场生活。健康的心理状态、良好的学习和生活习惯、有意识地提升工作和人际交往能力，都有助于大学生高效、高质量地完成学习与工作，是每位大学生都要坚持做的事情。

二、模拟职场怎么做——角色体验

人际交往能力、沟通能力、合作能力、组织协调能力、工作能力、创新实践能力、抗挫折能力等，是大学生的职业核心竞争力。这些大多是可迁移技能，是可以在大学期间经过练习得到提升，并在未来的工作中得到施展，产生良性效益的能力。在大学阶段，大学生有相对宽裕的可自由支配时间，可以寻找资源，安排与理想职业相关的能力提升实践。校园实践、校外兼职、职场实习都是很好的了解职场、了解职业、熟悉社会的途径。

（一）校园实践

大学阶段是大学生培养组织协调能力的最佳时间，因为在这个阶段，大学生有充分的时间去参加各种活动，这对锻炼大学生的组织协调能力有很大的帮助。一般认为，大学生的组织协调能力，在校园实践中可以通过以下两种方式得到提升。

1. 承担部分班级工作

大学和初高中不同，班级干部往往是班级活动的主要策划者与组织者。班级干部根据自身分工的不同，开展不同形式和内容的活动，并思考如何让班上的同学参与活动。在开展活动的过程中还需要与其他的班干部相互配合，与班级辅导员、学校相关部门及时沟通。这些工作都可以锻炼大学生的组织协调能力。

2. 参与学生会、兴趣社团等组织开展的活动

学生会是学生进行自我管理、自我教育和自我服务的团体组织，是连接学校和学生之间的桥梁。学生会在团委老师的带领下开展许多文艺、体育、学术、对外交流等不同领域的活动。学生会成员在这些活动中自主解决出现的各类问题，组织、带领团队等各方面的能力都会得到培养，大大小小的成绩也会改变自身的价值观，获得一定的成就感。许多企业在招聘时都喜欢录用曾在学生会工作过的优秀毕业生，因为这类毕业生有较强的组织协调能力、抗压能力和工作适应能力，处事、思考问题较成熟，能够较快、较好地融入工作环境，并且有较高的工作效率。

（二）校外实践、职场实习

相较学生会而言，校外兼职、职场实习在安全性、风险性、困难度等方面则更具挑战。它们往往更加辛苦，实践机会良莠不齐，要接触到社会中的各种人等，有不稳定性，但它们又更加接近现实的职场。怎样才能运用好校外兼职和职场实习机会，有效地提升能力呢？

1. 放平心态

校外兼职、职场实习通常比较辛苦并且富有挑战，因为职场中对从业人员的评价维度与学校的评价维度不同。原本在学校里习惯感受到的理解、接纳、支持在职场中不是必备品。大学生接触职场的业务后往往有一个渐渐熟悉的过程，这期间难免产生压力感、挫败感，甚至无能感。这些感受都是正常的，所有的职场新人都是在实践中从零开始学习的，要保持平和心态。

2. 保持觉察

负向体验和正向体验一样，都具有分析价值。实践的过程也是发现、发展自己的过程。正向的收获和成就、积极的体验和情绪，能够告诉人们乐于做什么、擅长做什么、认为做什么很有价值。反过来，那些实践中的不满意、不愉快、不舒服、甚至愤怒虽然不会增加愉悦体验，但是对于发现自我同样具有重要的分析价值。那些让人不满意的兼职、实习经历，通常是因为这当中有某几种元素与兴趣、能力、价值观等方面相冲突了，或者没有达到先前的期待。

3. 擦亮"第三只眼睛"

了解企业想要什么样的员工，以及自己可以从中历练什么。在模拟职场体验中，除了自身可以获得第一手资料，还可以擦亮"第三只眼睛"去观察职场和职场人。例如，在职场当中，某一项工作强调员工具有什么素质？某个部门的工作主要包括哪些内容？什么

样的员工可以做这个团队的领队？从长远来看，怎样的员工具有长久的职场竞争力？自己初步心仪的职业，未来有什么发展可能性？在这个岗位上，自己可以收获到什么？这家企业要求求职者交押金，这些要求看起来是不是不符合法律？保持观察、探索的好奇心态，会让人们在职场中的每一个岗位上都有所收获，也可以适时地保护自己，防止掉入某些就业陷阱。

4. 兼职过程中的注意事项

（1）在校外做兼职之前，必须问清楚工作的性质、时间、地点、形式、待遇等细节，仔细斟酌后再作决定。

（2）参加兼职工作最好结伴而行，临行前应告知舍友或好友自己的去向和工作单位的联系方式。如果有必要，可以约定与同学定时联系。

（3）在工作之前，如果兼职单位以任何借口向学生收取费用（如押金、服装服务等）或有效证件，都应果断拒绝。

（4）不可盲目轻信任何高工资、高待遇、少投入的广告或宣传，警惕陷入传销陷阱，提高防范意识。求职过程中，一旦发生自身合法权益或人身自由受到威胁或侵害的情况，应设法借故离开，及时报警，保留证据，并及时和学校相关教师、部门取得联系。

（5）做兼职工作时，不要随意接受别人的无来由馈赠，不要轻易将自己的隐私信息告知他人。

（6）女生外出兼职要注意着装，尽量职业化；警惕雇佣方对自己的过分亲热、过多表扬，甚至无故请吃饭；不要轻易答应异性送自己回校或回家，晚归时最好让朋友接应或走人多路亮的地方；尽量不跟他人走人少昏暗的地方；应酬场合尽量不要饮酒，避免酒后安全隐患。

（7）工作途中注意交通安全，保管好自己的贵重物品。

三、初入职场怎么做——积极适应

张磊毕业半年了，随众多求职大军一起奔波于各种招聘面试现场。在经历了漫长的求职过程后，张磊终于在家乡的一家外贸公司找到了一份工作。在他终于松了一口气，觉得自己可以稳定下来的时候，他听闻大学同班同学小刘入职了上海的某家外企，工资比他高一倍。于是张磊开始心理不平衡起来，他觉得大家都是同一个学校同一个专业的学生，为什么小刘就能找到更好的工作，而自己的这份工作仅仅是因为不想再继续待业才选择入职的。因此，张磊开始对自己的工作产生懈怠，工作时不认真，很多简单的工作也开始出现差错。公司基于张磊这种消极的工作态度，最终试用期还没结束就辞退了他。

张磊的主要问题在于自己心态错误，听闻同学找到了好工作产生了攀比的心理，看不起自己的本职工作，导致消极怠工，好不容易找到的工作也丢掉了。

做好角色转变，在职业生涯的初期格外重要。在个人发展历程中，人们会随着年龄的增长扮演不同的角色。大学生面临的是要完成从学生向职业人的转变。大学生在进行角色转变的过程中，可能会出现一些问题，不适应这种环境和角色的转变，甚至产生畏惧、抗拒的心理。这是由于心理或身体上不适应的表现，需要做的是找到问题并克服、解决它。

任务 23 职业发展 CD 模型（职业健康度）

一、模型的四要素

CD 模型（Career Development Model）即职业发展模型，是新精英生涯公司基于明尼苏达工作适应论开发的职业生涯诊断工具。CD 模型强调人与职业的互动关系，揭示出人具有自身的能力和需求，而工作也有其要求及回馈，两者之间是互动匹配的关系。在个人方面有个人能力和个人需求两个要素，在职业方面有职业要求和职业回馈两个要素，CD 模型如图 6-4 所示。

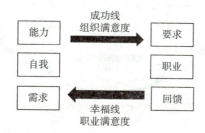

图 6-4 CD 模型（Career Development Model）

二、两种循环

CD 模型的核心是交换，通过两个循环来体现，分别是资源外环导向和愿景内环导向。如图 6-5 所示。具体解释如下。

1. 资源外环导向，从"我能够做什么"出发

（1）从职业要求到个人能力是对个人成功的衡量。如果个人能力能够满足职业的要求，可以视为这个人能够成功完成工作任务，称为"成功线"。

（2）从职业要求到职业回馈是对一个职业的评估。即企业对这个职业的岗位要求描述是否清晰，能力要求是否准确，同时能够提供给这个职业的发展空间、薪资福利是否与这个职业要求相匹配。

（3）从职业回馈到个人需求是对工作幸福指数的界定。如果企业所给的回馈能够满足个人的需求，那么可以视为员工是幸福的；如果企业所给的回馈不能够满足个人的需求，那么可以视为员工是不幸福的。所以这条线称为"幸福线"。

（4）从个人能力到个人需求是对个人当下状态的一个评估，即能力创造的价值是否与个人需求相匹配。如果评估结果是匹配，那么可以说个人的评估真实反映结果；如果不匹配，那么证明自我评估上存在差距。

2. 愿景内环导向，从"我想要做什么"出发

（1）从个人需求出发，自己的需求是什么，企业这份工作给到的回馈是否可以满足自己的需求。

（2）如果职业的回馈能满足自己的需求，那么自己对职业要求是否明确，是否知道企业要求自己做什么。

（3）如果职业要求明确，那么要评估个人能力能否满足职业的要求。

（4）如果个人能力能够满足职业要求，再通过自己能力的评估分析个人需求和回馈是否匹配。

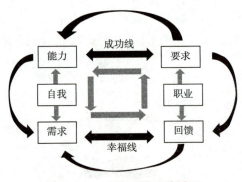

图 6-5　CD 模型的两种循环

三、操作方式

CD 模型主要用在职场人员对职业不适应但又没办法调岗或者转行的时候，具体使用方法为 CD 三问。

问题一：你希望更加成功还是更加幸福？

问题二：这两者的关系是什么？在你看来，哪一个是重心？先解决成功线还是先解决幸福线，你会更满意？

问题三：你觉得你目前的工作，是卡在哪里？不够成功，还是不够幸福？

成功线：到底是能力没有满足要求？还是职位要求不清楚？

幸福线：到底是职业回馈无法满足需求？还是自我需求不明？

比如：

王女士，大学本科毕业，就职于某通信公司，担任营销代表，工作了三年，职位没有变动，曾几度想辞职。她觉得非常痛苦，于是来找职业咨询师。

咨询师：从之前的自我探索和你的感受来看，你希望自己在工作中是更成功呢还是更幸福呢？

王女士：我觉得我都想要。

咨询师：这两者的关系是什么？在你看来先解决哪部分你会更满意？

王女士：获得幸福后会让我觉得比较成功。如果必须要先解决一个的话，那我更希望自己满意，有幸福感。

咨询师：好，那么我们看看。如果你的需求总能被职业回馈所满足，你就会选择留职；反之就会选择辞职，是吗？

王女士：好像不是这么回事。

咨询师：在需求这方面，我想问你，你是不是清晰自己的需求呢？还是知道需求无法得到呢？

王女士：我明白了，我是不清楚自己的需求。但是经过前面的探索，我知道自己想要什么了。

四、四要素调适方案

通过 CD 三问可以让个人知道自己的问题在哪里，那么针对这四要素该如何调适呢？调适方案如图 6-6 所示。

1. 提升职业能力的方案

定目标：设定本阶段自己可以达成的目标。

找差距：通过明确岗位要求，列出自己和岗位要求的能力差距。

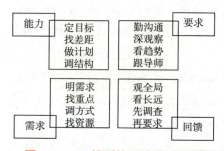

图 6-6　CD 模型的四种调适方案

做计划：制订清晰的阶段性能力提升计划。

调结构：通过能力卡片，调整自己的能力结构。

比如：小林是人力资源专业的大四学生，他想进入 A 单位做培训专员，但是自己缺乏相关经验，很发愁，和咨询师沟通后，咨询师给了他四条建议。

（1）先设定一个让自己不那么焦虑的目标，比如大四先去找实习积累相关经验。

（2）去了解 A 单位培训专员的岗位要求，列出自己和岗位的能力差距都在哪儿。

（3）通过了解培训专员的能力要求，根据能力卡片四个区域的能力，去发现如何才能发挥自己的优势。先把优势发挥到极致，然后补劣势。

（4）根据自己已经做的功课，制订能力提升计划。

经过自己的努力，小林毕业后成功进入 A 单位做培训专员。

2. 明确职业要求的方案

勤沟通：通过与上司和同事的交流，清晰地了解岗位的具体要求。

深观察：通过企业要求矩阵图，关注以前没有关注的隐性要求。

看趋势：时刻关注企业和职业的变化趋势，提前做准备。

跟导师：尽量寻找优秀者做职业导师，少走弯路。

比如：小森在 B 公司工作一年多了，可是对工作仍有些不适应，总觉得领导对自己的工作特别不满意，可是自己明明很努力了。是不是能力不强呢？带着这个疑问，他找到了公司的咨询师。咨询师通过和他沟通发现，他做的事情与企业的要求是背道而驰的。针对这个情况，咨询师给他留了四个作业。

（1）与领导和同事多交流，了解自己还有哪里对岗位要求不理解。

（2）关注岗位的隐形要求，比如公司不成文的习惯是下班后大家经常加班，而小森每次下班后都走得特别早。

（3）关注企业和职业的变化趋势，一旦工作要求有调整，自己立即做调整。

（4）在公司内找一个优秀的人做你的导师，学习工作方法等，少走弯路。

小森听从了咨询师的建议，每一条都很细心地去完成。两个月后，领导和同事都对他刮目相看了。

3. 满足个人需求的方案

明需求：系统探索职业价值观，了解自己对职业的需求。

找重点：明确本阶段自己需要满足的 2～3 个最核心的需求。

调方式：主动调整工作状态，找到满足当下需求的方式。

找资源：调动自我和企业资源，探索更好自我满足的可能。

比如：艾米在某外企公司做销售，工资很高，福利也很不错，但是她总是莫名的不高兴，总感觉缺了点什么。她找到了公司的咨询师进行沟通，咨询师发现她其实是不知道自己需要什么而导致情绪失落。咨询师首先通过探索她的职业价值观，了解到她最看重的是追求新意和帮助他人，但是目前销售的重复性工作让她觉得很痛苦。咨询师给了她一些建议："换个角度看待你的工作，你的工作有助人性质，这样会让你感觉好很多。同时，调动你和公司的资源，看一下是否能够转岗到你感兴趣的职位。"三个月后艾米成功地进入了市场部。

4. 提高个人回馈的方案

观全局：以职业回馈的全局来计算收益（钱、发展空间、情感、平衡）。

看长远：看到本岗位未来可能的职业回馈。

先调查：通过职业调查，做出恰当的自我身份评估。

再要求：向企业合理地提出新的待遇要求。

比如：小草是一家心理机构的培训主管，最近这段时间她感觉自己的付出与收获总不成正比。她根据自己在生涯规划师课上学习的 CD 模型，对自己的情况进行了一些诊断，发现是个人回馈这方面出现了问题。她先从全局的角度看了一下现状，公司目前给的工资是有些低，但是发展空间也还不错，并且部门同事关系也都很好；从长远来看，这个岗位还有转成培训师的机会。她又从计算机上查到自己的工资比目前这个岗位的平均工资低很多。综合考虑后，她决定去和领导沟通，提出新的待遇要求。

任务 24　如何突破职业倦怠期（三叶草模型）

一、理想工作状态的三要素

理想的职业通常包括三个要素，即兴趣、能力、价值。兴趣是对一个领域感到新鲜、有趣、好玩、有意思，如果工作符合兴趣则会产生快乐感。很多新人刚来到一个工作岗位时都会觉得新鲜有趣，这就是有兴趣。能力是完成一项任务需要的素质，如果工作与能力匹配则会产生成就感。比如一个很善于说服的人去做销售，每当他成功地说服一个客户买单，就会有很大的成就感。价值是在工作中作出贡献得到的回馈，可以是物质的，也可以是精神的，如果工作可以兑现价值则会有满足感。有很多喜欢帮助他人的人，如果可以参与一些公益活动，在其中贡献出自己的力量并得到他人的认可，就会获得非常大的满足感。

二、三个要素与情绪状态的关系

如果三叶草模型如图 6-7 所示三要素中的某个要素长期缺失，会导致不同的负面情绪状态。根据生涯中表现出的不同情绪状态，可以很容易地识别出职业现状中存在的问题，即"情绪比人会说话"。

兴趣缺失会导致厌倦，常表现为无精打采、注意力涣散，长期得不到改善甚至可能会产生抑郁情绪。这种状态常见于比较成熟、变化较少的组织中，如大型的国企和外企。

能力缺失会导致焦虑，常表现为脾气暴躁、失眠、易怒、发烧和消化系统疾病。常见于职场新人、快速发展的行业和公司，以及竞争性文化盛行的组织中。

价值缺失会导致失落，常表现为缺乏动力、习惯性叹气、抱怨、自我价值感低等，长期得不到改善可能导致自卑。常见于在工作中长期无法得到领导认可的情况。

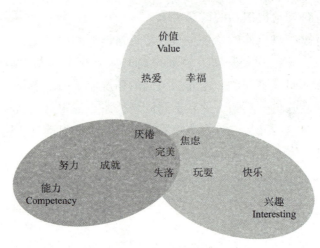

图 6-7　三叶草模型

三、三要素之间的关系与提升策略

三叶草模型中的三要素并不是孤立存在的，而是可以相互转化的循环，转动三叶草如图 6-8 所示。

如果持续在兴趣领域投入，就会形成相应的能力，这个过程的提升取决于自身的内在修炼。比如小张现在是一个公司的新媒体运营专员，他最开始只是对刷微博、微信感兴趣，后来开始对这些行为进行持续的总结、反思、实践，于是形成了新媒体运营方面的能力。

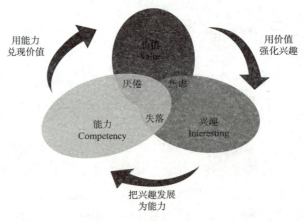

图 6-8　转动三叶草

如果找到合适的方式，就可以将能力转化为价值，这个过程取决于个人与职业的互动，双方缺一不可。比如小张经过长期的积累，已经具备了初级的新媒体运营能力，这个时候需要兑现价值，就需要有合适的环境。现在移动互联网非常发达，很多公司都在做自己的微信公众号，纷纷设立新媒体运营职位，这时他就可以通过这个能力兑现出价值。然而这种机会在移动互联网发展的早期是很少的，即使他再会写微博，可能也没有用武之地。如果持续地产生价值，这个价值感就会强化兴趣，这个过程是人的基本的心理过程，并不需要刻意行动。上边的例子中的小张在暑假找到了一个新媒体运营的职位，通过他的努力，微信账号订阅用户从1万增长到了3万。小张在工作中获得了工资和成就感，于是对新媒体运营更有兴趣了。这就是获得价值后强化兴趣的过程。

通过不断循环，三叶草中的各个要素会不断强化：兴趣会从感官兴趣逐渐转化为乐趣和志趣；能力从知识转化成技能和才干；价值经过反复强化成为定见。在以上的例子中，小张完成了三叶草的第一圈转动，如果小张持续不断地推动三叶草的转动，他对微博、微信的兴趣可能就会发展为志趣；可能会发展出自己的一套新媒体运营风格；最后形成自己对新媒体运营的定见。

当发现自己的三叶草循环运转不畅时，可以通过自己的情绪状态很快确定是哪一个要素出现了问题。那么又该如何进行相对应的改善与提升呢？失落对策如图6-9所示。

1. 厌倦对策（提升兴趣）

（1）悦纳。应对所有情绪问题，首先都是悦纳，其次才是改变。悦纳是一种积极接纳的心态，是面对工作、生活中出现的各种情绪都能愉快地接受。通常来说，一个人不能悦纳情绪的主要原因是心中有一些非合理信念。容易导致厌倦的非合理信念有"工作不能有不感兴趣的部分，一定需要100%都是有意思的""一开始工作就应该是做我最感兴趣的工作""我的所有兴趣都需要在工作中满足"等。悦纳的方法是用积极正确的信念进行思考，如积极的信念有"工作中就是有一些部分是无聊的""初级工作就是很多杂事，要从没意思的事情开始做起""即使工作不能满足我的兴趣，我也可以在工作之余做一些事情让自己的生活变得有趣"等。

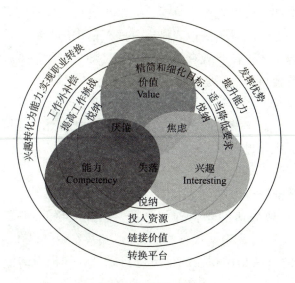

图6-9　失落对策

（2）提高工作挑战。有一种很普遍的厌倦叫作"缺乏挑战"。尝试找到一个自己职业领域的高手，与他进行一次深入的对话，然后适度提高工作或专业的目标，增加一些挑战，很可能会发现新的兴趣。

（3）工作外补偿。如果对工作或专业即使提高挑战也没有兴趣，那么可以换一个有兴趣的方向来补偿现有工作或专业带来的厌倦。若工作或专业不太有意思，那么就把业余生活变得丰富有趣一些。

（4）兴趣转化为能力，实现职业转换。这取决于对业余爱好的投入所产生的能力能否为企业所需。只要能将业余爱好培养成为企业所需要的能力就可以以此为职业，从而实现"身离曹营心归汉"的转变。

2. 焦虑对策（提升能力）

（1）悦纳。通常焦虑的非合理信念有"我要像××做得那样好""我一定要把所有的工作都做到完美无缺""如果我不能一次做到完美就完蛋了"等。悦纳的方法是用积极的信念进行思考，如积极的信念有"我可以向××学习长处和经验，但只跟昨天的自己比，看是否有进步""我可以允许工作中有做得不完美的地方，努力把自己擅长的工作做到极致，不擅长的工作想办法与其他人合作完成""许多工作都不能一次达到完美的状态，可以先完成一个初级版本的，再不断优化"等。

（2）精简和细化目标，适当降低要求。很多时候设定的目标太多而精力、时间、能力有限，就会产生压力，导致焦虑。这时精简目标，优先完成那些最重要的目标，就可以减少焦虑。同时，把大目标细分成当下能力可以完成的小目标，一个接一个完成，最终完成大目标，也可以降低焦虑。核心在于明确"我当下合适的目标是什么"，把要求减少，保留最重要的部分，让自己的能力能够胜任。

（3）提升能力。提升自己的能力可以使用"能力三核"的知识。针对问题首先补充对应的知识，如想学习烹饪，可以先参照菜谱，一步步进行操作，完成一道菜。练的次数多了，知识转化为技能，即使不看菜谱也能做出一些菜谱中的菜品。再过一段时间，技能成为才干，在烹饪的过程中不再按照现有的方式，而是加入自己的理解。一般来说，技能保持稳定之后就已经具备独自解决问题的能力了。

（4）发挥优势。每个人都有自己独特的优势能力，把自己优势的能力充分发挥，往往能够更快地获得成绩。自己不擅长的部分，除进行补习加强外，还可以利用自己的资源寻求合作，找到擅长的人来帮助自己一起完成。让不同的人发挥自己不同的优势，处理自己擅长的问题，自然焦虑就不再存在了。

3. 失落对策（提升价值）

（1）悦纳。通常导致失落的非合理信念有"企业应该知道我想要什么，却没有给我""我希望工作可以一次性完全实现自我的价值""我希望可以在这份工作中满足所有的价值需求"等。悦纳的方法是用积极的信念进行思考，如积极的信念有"企业并不一定清楚自己的价值需求，我需要自己去争取""价值的满足是分时间段的，工作早期先满足温饱的价值，以后再慢慢满足自我实现的价值""可能没有完美满足自己所有价值的工作，我可以在工作之余满足其他价值"等。

（2）投入资源。提升价值首先要明晰价值。具体的方式在"价值观"部分已经进行了阐述。知道自己想要的是什么之后，一定要采取行动，向其中投入资源，包括金钱、时间、情感等，有方向性的付出才能得到让自己满足的回馈。

（3）链接价值。很多时候，人们投入了大量的资源，得到了提升，却难以获得自己想要的价值。这并不是我们不努力，而是因为我们无法把努力和价值进行链接，或者说找错了努力的方向。比如，投入时间进行尤克里里的练习，却想要获得职位的提升，这无疑是南辕北辙。而将尤克里里和人际关系的价值进行链接，却很可能事半功倍。

（4）转换平台。有一种失落是因为自己想要的价值始终无法从工作中实现。这个时候首先要全面了解这份工作到底能给自己带来多少价值。如果工作带来的价值实在无法满足自己想要的部分，可以考虑将这部分价值在工作以外的平台来实现。一个会计，很想要有歌唱表演的机会，但是在从事本职工作时难以实现。他可以选择在下班后去酒吧演出来实现自己的价值。

以上三种策略也可以用一张图表予以总结，负面情绪的解决策略见表6-4。

表6-4　负面情绪的解决策略

负面情绪	厌倦	焦虑	失落
背后原因	缺乏兴趣	能力不足	价值不够
解决策略	1. 悦纳； 2. 提高工作挑战； 3. 工作外补偿； 4. 兴趣转化为能力，实现职业转换	1. 悦纳； 2. 精简和细化目标，适当降低要求； 3. 提升能力； 4. 发挥优势	1. 悦纳； 2. 投入资源； 3. 链接价值； 4. 转换平台

❖【案例拓展】

案例1：小周和小吴是一家事业单位的新员工。两人从同一所学校毕业，同时进入单位，能力相当但两人的工作态度大不相同。

因为是事业单位，以为自己端着"铁饭碗"，所以小周从进入单位伊始，对待工作就不是很积极。小周时不时地向同事宣称"在这样的单位，反正不会下岗，工作努力也不见得会有多大起色，还不如好好地享受生活。"小周的言辞过于极端，但因为是新人，同事们都对他采取包容的态度。可是，小周工作不积极，做事马虎被领导看在了眼里。领导希望小周有所改善，便单独找他谈话，不仅委婉地提出了批评意见，还从小周的自身情况出发对他的职业生涯提出了一些建议。小周对此不置可否，但在随后的工作中依然故我，工作业绩依旧不理想。

后来，见谈话没收到效果，领导渐渐对小周失去了耐心，对他很是失望，谈话内容也由鼓励、鞭策变为了严厉的训斥。可即便如此，小周仍然不加收敛。甚至，被训斥的次数多了，小周干脆自暴自弃，工作中错误百出。

另一个新人小吴则与小周完全不同。小吴有清晰的职业目标，他对工作极为认真负责，与领导和同事相处得极为融洽。他每天准时到达单位，主动打扫、整理办公室；他为人谦虚好学，对工作上的事情不懂就问；他还积极上进，对于自己擅长的事情，毫无保留地为其他同事提供帮助。这些行为获得了领导和同事的交口称赞。可想而知，一段时间后小吴在单位如鱼得水，很快便由一个新人变成了单位的得力干将，等待他的也会是一片美好的职业前景。

在年底的工作绩效考评中，小吴遥遥领先，小周则是垫底。虽然最终小周的考评结果勉强合格，但是如果继续这样下去，小周前途堪忧。虽然后来小周试图补救，开始认真工作，但是他的工作还是不易得到认可，因为别人对他的印象已经形成，想要改变这种印象很不容易。

案例思考：

（1）初入职场的大学生应有怎样的职业素养？

（2）进入职场后，大学生如何积极进行职业适应？

（3）大学生在职场中应该怎样面对上司的批评？

案例2：从事金融行业20多年的高管詹先生最近有点倦怠，早上经常不想起床，上班也不太能集中注意力，很多事明明知道很重要，但是又打不起精神来做。他很喜欢这个行业，也希望回到年轻时的激情状态，那个时候虽然很累，但是总觉得每天都有成长。他非常希望找回自己的工作状态。

案例讲解：

（1）詹先生通过学习生涯规划，了解到最佳的工作状态是"在热爱的领域里努力地玩"。

（2）通过三叶草测评和自我评估，詹先生找到自己的情绪主要是"失落"和"厌倦"。

（3）通过价值观的排序和打分，詹先生明晰了最希望提升的价值是成就感和智力刺激。

（4）经过思考，詹先生决定尝试互联网金融创业。但是在真正决定之前，詹先生制订了行动计划。

①用1个月时间对创业的朋友进行职业访谈，确认自己是不是真的适合。

②如果确定的话，用36个月的时间学习互联网知识，积累创业的能力和人脉。

③半年后重新评估准备是否充分并决定是否辞职创业。

④如果都不合适，在公司内部寻找新的职业机会，如转岗或者尝试内部创业。

案例3：小明是某互联网公司的销售，最近公司急速扩张，小明从一线销售升为销售经理。一开始小明很开心，感觉"出任总经理、当上CEO，走向人生巅峰"的道路越来越近了。没过多久，小明就发现工作并不像自己想的那样，他每天都很忙，天天当救火队员，没有时间跟下属沟通及制订计划，感觉"压力山大"，想辞职……

案例讲解：

（1）小明找到公司的 HR 谈话，希望 HR 可以帮到自己。HR 给小明介绍了生涯规划的知识，让小明理解到最佳的工作状态是"在热爱的领域里努力地玩"。

（2）通过三叶草测评和评估，小明的得分是兴趣 8、能力 3、价值 3。

（3）根据评估结果，小明的能力和价值都需要提高。但是因为精力有限，需要先从一个开始。于是 HR 问小明"你觉得能力和价值提高哪个会带动另一个要素的提高？"经过思考，小明认为能力比较关键。

（4）HR 与小明探讨了调适焦虑和提高能力的方法：首先，确定工作中哪些事情可以不做，减少工作目标；其次，把一些工作做好计划以后就分配出去；再次，发挥小明积极、热情的优势，给团队成员传递这种精神，提高团队的积极性；最后，学习一些管理技能，提高管理能力。

（5）在商定能力提高的方案以后，HR 与小明沟通了他需要的价值。原来小明希望给客户提供价值，而管理职位不能直接面对客户，于是他有些受挫。HR 通过沟通帮助小明发现管理职位可以带更多的人，让更多的人为客户服务，实现更大的价值。于是，小明在工作中更加努力了，即使很辛苦也没有什么怨言了。

案例 4：刘笛，27 岁，进入目前的公司做市场活动策划专员已经 3 年了，公司的平台不错，自己希望能够得到晋升获得更好的发展，但是参加了 2 次述职都没能成功晋级。自己一直搞不清楚问题出在哪里，就来找领导陈珊沟通，想知道自己到底哪里不如晋级的同事。陈珊就用 CD 模型来帮助她分析了一下。

案例讲解：

（1）理论介绍：陈珊告诉刘笛生涯规划中的 CD 模型是一个人职匹配的模型，有 4 个维度，2 条线，2 种循环方式。

（2）分析问题：刘笛听完介绍以后，她知道有自我能力、自我需求、职业要求、职业回馈几个维度。然后她在陈珊的引导下发现，自己对自我能力还是很清晰的：活动策划力、沟通能力、执行力都是自己的核心竞争力，也是自己竞聘的资本。但是好像对市场部主管的能力要求并不是很清晰。

（3）清楚问题：在陈珊的引导下，刘笛发现自己每次述职都在告诉大家她的业务能力有多强，但是并没有呈现出市场部主管所需要的能力，所以管理层和其他考评的同事无法评估她的能力，就没有给她晋升的机会。

（4）解决方案：陈珊带着刘笛做提升计划：

①跟上司和同事多沟通，清楚市场部主管的岗位要求。

②评估差距，看自己的能力和目标岗位所需要的能力差距，做能力提升计划。

③时刻关注企业内的变化趋势，观察那些晋升了的同事都有哪些可借鉴的经验。

④跟领导陈珊多学习。

◆【思考与练习】

1.分享职场情商心得体会。在职场中，有时情商比智商更重要，情商高的人更能与同事和领导和谐相处，情商高的人往往在职场中如鱼得水，非常受领导和同事的欢迎。下面请你根据日常的观察、了解及实践体会，谈一谈职场中情商高的人有哪些具体表现。

2.用三叶草模型诊断职业状态有两种方法，对职业状态比较不好、负面情绪突出的人可以使用负向情绪评估法；对职业状态比较良好、希望有进一步提高的人，使用正向情绪评估法是比较好的选择。以下是使用三叶草模型定位职业状态的通用方法，这种方法既可以运用于诊断自身的职业状态，也可以作为帮助他人的简单工具。

（1）请首先根据你的职业现状，来给自己的情绪评分。情绪可以反映你在工作中遇到的问题或者瓶颈，因此通过给情绪评分可以了解自己在哪个部分需要改变。在负向评估中得分最高的项、在正向评估中得分最低的项，往往就是你现在面对的最主要的情绪问题。有针对性地解决问题或突破瓶颈，往往会更加有效。

负向情绪评估法：请根据你的职业现状，给自己的情绪打分。

厌倦（0～10分）：我的分数是＿＿＿＿＿＿＿＿＿＿＿＿＿＿＿

焦虑（0～10分）：我的分数是＿＿＿＿＿＿＿＿＿＿＿＿＿＿＿

失落（0～10分）：我的分数是＿＿＿＿＿＿＿＿＿＿＿＿＿＿＿

正向情绪评估法：请根据你的职业现状，给自己的情绪打分。

新鲜、快乐感（0～10分）：我的分数是＿＿＿＿＿＿＿＿＿＿＿＿

成就、掌控感（0～10分）：我的分数是＿＿＿＿＿＿＿＿＿＿＿＿

幸福、满足感（0～10分）：我的分数是＿＿＿＿＿＿＿＿＿＿＿＿

（2）请你进行自我反思，确认自己的问题究竟是在兴趣、能力还是价值观。常见的反思问题有以下3种。

①为什么会是这样的分数？

②自己在哪个方面需要提升？

③如何提升自己的这个部分？

这个过程是确认自己需要改善的方面，进而把自己有限的时间和精力聚焦，去做最有效的提升。

（3）根据反思，制订自己接下来调适的行动计划。不同的人有着不同的生活背景，会有不同的具体问题，自然调适的方案也有着很大的不同。这个制订的过程可以和自己的伙伴一起完成，有伙伴的加入，你的行动计划也能得到很好的监督。下面提供的只是一份参考性的制订步骤，可以采纳，但最好是可以根据自己的现状进行灵活地制订。

兴趣不足（厌倦／新鲜、快乐感）：①提升职业的兴趣。你的职业中有哪些内容是有趣的？②发展成为副业。生活中有哪些事情可以满足你的兴趣？③把兴趣发展成职业。有没有可以发展成职业的兴趣？

　　能力不足（焦虑／成就、掌控感）：①降低要求。一个比较舒服却又有动力的目标是什么？②提升能力。有没有哪个能力的提升能迅速改善你的工作状态？③发挥优势。如何才能把现在的优势在工作中发挥出来呢？

　　价值不足（失落／幸福、满足感）：①投入资源。现在最重要的价值是什么？现有条件下如何提升？②链接价值。如果现在做的事情对未来有一些价值，可能是什么？③转换平台。有没有更能实现自己整体价值的平台？

　　（4）请找到一张纸，将你的行动计划写到上面，然后放在一个自己经常能够看见的地方，提醒自己将想法变成行动。如果你的计划能力足够强大，不妨把计划和日历结合，给自己定下一些小的时间节点，敦促自己去行动。

参 考 文 献

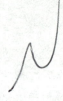

［1］金树人.生涯咨询与辅导［M］.北京：高等教育出版社，2007.

［2］张帆.大学生职业生涯规划5W教育模式实证研究［J］.高等职业教育（天津职业大学学报），2016，25（03）：41-45.

［3］朱士蓉.生涯混沌理论综述［J］.商丘师范学院学报，2019，35（08）：25-30.

［4］古典.你的生命有什么可能［M］.长沙：湖南文艺出版社，2014.

［5］吴芝仪.我的生涯手册［M］.北京：经济日报出版社，2008.

［6］［美］马尔科姆·格拉德威尔.异类：不一样的成功启示录［M］.季丽娜，译.北京：中信出版社，2009.

［7］［美］丹尼尔·科伊尔.一万小时天才理论［M］.张科丽，译.北京：中国人民大学出版社，2010.

［8］［美］米哈里·希斯赞特米哈伊.创造力：心流与创新心理学［M］.黄珏苹，译.杭州：浙江人民出版社，2015.